I0066218

L'AVOCAT,

OU

RÉFLEXIONS

SUR

L'EXERCICE DU BARREAU.

DISCOURS DÉDIÉ AUX MANES de SON ALTESSE SÉRÉNISSIME MONSEIGNEUR LE PRINCE DE CONTI, Prince du Sang, & prononcé à la rentrée de la Conférence publique de Messieurs les AVOCATS au Parlement de Paris, *le* 14 *Décembre* 1776.

Par M. CHAVRAY DE BOISSY, *Ecuyer, Avocat au Parlement.*

Tempore & loco incipe & scribe.

A ROME,

Et se trouve

A PARIS,

Chez L. CELLOT, Imprimeur-Libraire, grande Salle du Palais, & rue Dauphine.
Et COUTURIER fils, Libraire, Quai des Augustins, au Coq.

M. DCC. LXXVII.

AUX MANES

DE SON ALTESSE SÉRÉNISSIME MONSEIGNEUR *LE PRINCE DE CONTI,* PRINCE DU SANG, *GRAND PRIEUR DE FRANCE.*

MONSEIGNEUR,

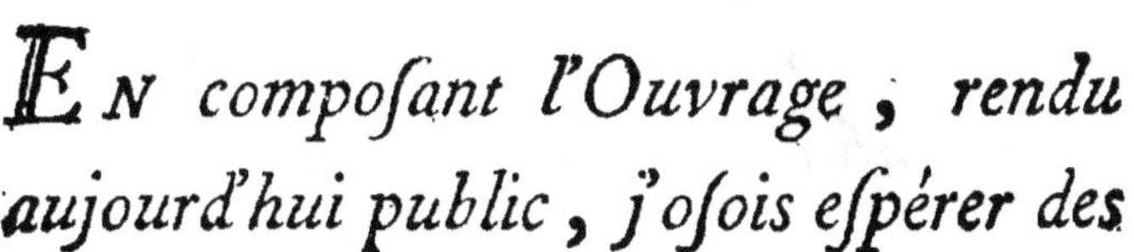

En composant l'Ouvrage, rendu aujourd'hui public, j'osois espérer des

bontés de VOTRE ALTESSE SÉRÉNISSIME, qu'il ne paroîtroit que ſous les heureux auſpices de ſon illuſtre Nom. Hélas! l'Ouvrage terminé & déja ſous la preſſe, les jours de VOTRE ALTESSE ſont en danger; & bientôt eſt ravi à la France un des plus grands Princes qu'elle ait vu naître. Tous les Ordres ſont dans la déſolation; l'Europe ſe couvre d'un deuil funebre: les Loix, la liberté publique perdent un de leurs plus fermes ſoutiens; l'Etat, un de ſes grands Hommes; les Guerriers, leur modele; LE ROI ET LES PRINCES, leur ami; les Magiſtrats, leur guide; les Citoyens, leur Protecteur; enfin un Fils unique, marchant *ſur d'auſſi nobles traces, le Pere le plus tendre & le plus éclairé* (*). *Elevé à l'ombre de l'auguſte Maiſon de* VOTRE ALTESSE SÉRÉNISSIME, *ſous les yeux d'un Pere qui ſe dévoua ſans réſerve au ſervice d'une* PRINCESSE (**), *qui vous fut toujours*

(*) A qui pourroit-on mieux adreſſer ces vers d'Horace, qu'à feu MONSEIGNEUR LE PRINCE DE CONTI, le *Germanicus* des François.

Qui didicit, Patriæ quid debeat, & quid amicis;
Quo ſit amore parens, quo frater amandus, & hoſpes;
Quod ſit conſcripti, quod judicis officium; quæ
Partes in bellum miſſi ducis; ille profectò
Reddere perſonæ ſcit convenientia cuique.

In Art. Poet. v. 312 & ſub.

(**) SON ALTESSE SÉRÉNISSIME MADEMOISELLE DE LA ROCHE-SUR-YON, Princeſſe du Sang, dont le Pere de l'Auteur à été le Secrétaire des Commandements & le Tréſorier de ſes Maiſon & Finances.

chere, & dont le ſentiment intime de ma foibleſſe, anéantit le déſir que j'aurois de pouvoir exprimer l'excellence de toutes les vertus; mes premiers regards ſe ſont portés ſur des exemples ſi rares. Que n'en devois-je point attendre, les grandes idées ſe formant de l'impreſſion que font en nous les images vivantes de la vertu héroïque ? Sort cruel & inexorable ! . . . La première perte a coûté bien des regrets à nos cœurs, mais la derniere les accable. Quelle reſſource nous reſtera-t-il dans une auſſi juſte douleur, ſinon, en prenant la liberté de diſperſer quelques fleurs ſur des cendres ſi précieuſes, d'imiter ce Perſe ruſtique, qui, offrant au plus *fier des Rois un peu d'eau dans le creux de ſa main, reçut du Prince un accueil favorable (*)? Puiſſe une offrande également modique, avoir même bonheur, lorſque je me haſarde de ſuſciter les Mânes de* VOTRE ALTESSE ; *pour leur conſacrer des réflexions qu'Elle même a fait naître, ſur l'exercice d'un Barreau qu'Elle honora de ſa confiance, & ſouvent de ſa préſence auguſte! Toutes foibles qu'elles ſont, daignez, ô Mânes toujours chéries, les agréer comme le plus pur hommage, que puiſſe vous préſenter un cœur tout pénétré de vos bienfaits. La mémoire*

(*) L'Hiſtoire atteſte que Xercès, fils de Darius, accepta avec bonté l'offre d'un peu d'eau qu'un vieillard de la Campagne lui apporta.

d'une telle faveur donnera une nouvelle vie à cet Opuscule, & le décorant, consolidera sa gloire, afin de le rendre digne de passer à la postérité; sous l'ombre immortelle de l'éclatante renommée, si justement acquise à un aussi excellent Prince.

Je suis avec le plus profond respect,

MONSEIGNEUR,

DE VOTRE ALTESSE SÉRÉNISSIME,

Le très-humble, très-obéissant
& très-obligé Serviteur,
CHAVRAY DE BOISSY.

AVANT-PROPOS.

C'EST une prévention, nuiſible aux productions de l'eſprit, de s'imaginer qu'un ſujet adopté par un goût de préférence, ne doit point être traité de nouveau, parce qu'il l'auroit déja été par bien des Savans. Toute matiere eſt, pour ainſi dire, inépuiſable, & ſur-tout celle qui, tenant aux grandes choſes, telles qu'aux Loix, à leur eſſence, à celle du Barreau, à ſon exercice continuel, enfin à l'exiſtence d'une des Profeſſions les plus importantes dans l'adminiſtration de la Juſtice. Eſt-il en effet un ſujet dont l'imagination la plus vive puiſſe ſe flatter d'avoir parcouru toutes les parties ? Cela eſt-il poſſible ?

Quoi qu'il en ſoit, ne voyons-nous pas auſſi, d'un autre côté, des perſonnes qui, regardant comme ſtérile un ſujet qui pourroit ouvrir à d'autres un vaſte champ de réflexions, blâment le choix qu'un Ecrivain patriote en auroit pu faire ? Erreur de l'un & l'autre côté ; car le haſard même, préſidant aux opérations de l'eſprit, ajoute quelquefois aux idées de l'un, ce qu'il refuſe aux recherches de l'autre.

Parmi les Savans & les Littérateurs, ceux qui ſe deſtinent aux hautes Sciences, telles qu'à l'étude des Loix & de la Juriſprudence, s'accoutumant à les conſidérer en elles-mêmes, ou à en combiner les différens rapports, & ce, eu égard à l'objet qu'ils veulent traiter; la plupart ne s'avisent pas toujours de les examiner d'un certain côté, qui, plus favorable, pourroit procurer une sorte de satisfaction; ne se donnant pas la peine de faire des recherches, ou de traiter leur sujet de maniere à pouvoir amener leur Lecteur à cette sorte de plaisir qu'il goûte même sans presque s'en appercevoir.

D'autres, peut-être moins instruits, mais plus sensibles, plus délicats sur ce qui pourroit flatter davantage, considérant les choses dans le rapport qu'elles ont avec leurs organes, ou avec les facultés de leur ame, démêlent ce qui est capable de procurer cette satisfaction intime, ou ce plaisir progressif si desirables; & se rapprochant de plus près du goût de leur Lecteur, s'ils joignent à la délicatesse de ce sentiment, cet esprit prédominant & créateur, qui devient si rare; alors on pourra, à juste titre, les qualifier d'heureux génies : s'ils en sont privés, (car les ressources de l'Art ne permettent jamais de forcer la nature,) ils plairont du moins en instruisant, parce que le choix qu'ils auront fait aura des qualités suffisantes pour le rendre agréable.

Il importe peu, dans la carriere des Lettres, qu'un homme ait beaucoup d'érudition, ou qu'il n'en ait que médiocrement; le point essentiel est de plaire, en consacrant néanmoins ses travaux & sa plume à l'utilité publique; les plus indociles voulant être instruits, & les plus chagrins desirant en outre d'être égayés.

Or, pour rendre plus considérable un Traité, qui ne jouissant pas de tous ces avantages, auroit cependant été composé dans la vue de délasser, pour quelques instans, des personnes laborieuses & instruites ; il auroit fallu posséder l'art de savoir lier les réflexions avec le sujet principal, & les consolidant par une véritable application à des principes constitutifs & à des idées analogues, composer, sans innovation, un ensemble plus didactique : car la plupart des Lecteurs ne s'accoutumant pas aux vérités toutes nues, les réflexions qui sont séparées ou dénuées de faits, leur paroissent toujours seches & douteuses.

C'est donc pour obvier à cet inconvénient, & y remédier, s'il est possible, qu'on s'est permis depuis que ce Discours a été prononcé, d'y ajouter des Notes morales & historiques, afin de lui donner en quelque sorte plus de consistance, & de l'appuyer d'exemples, la plupart connus.

On a cru aussi ces Notes de quelqu'utilité, parce que, jettant de la variété dans l'Ouvrage, elles pourroient peut-être le rendre plus agréable, ou au moins rappeller à la mémoire des traits qu'il est bon d'y conserver.

Tel a été le double point de vue qu'on a considéré ; trop heureux & bien dédommagé de ses soins, si on a le bonheur de réussir, étant jaloux de pouvoir faire en sorte de plaire, & d'être de quelqu'utilité aux différens Ordres de la Magistrature & d'un Barreau, qui ont formé l'objet principal de ce travail.

On ſait que la variété étant dans un Ouvrage, ce que la diverſité des fleurs eſt dans un parterre, la multiplicité des mets délicats ſur une table, & la différence des ſons, des nuances & des couleurs dans la Peinture & la Muſique, le Lecteur eſt plus à portée de ſe contenter. L'eſprit ſe plaiſant à voltiger, l'uniformité lui devient inſipide. L'Hiſtorien plaît par ſon impartialité & la variété des récits; le Philoſophe moraliſe par celle des réflexions & leur juſteſſe; enfin le Poëte Dramatique par les différens intérêts & par les changemens de ſcenes & de ſituations. Auſſi ceux qui deſirent de donner des préceptes d'une maniere agréable, modifient le ton de leur instruction : le même ordre de périodes, long-temps continué dans une harangue, devenant monotone, les mêmes nombres & les mêmes chûtes procurent l'ennui dans un Poëme de long cours.

Il faut donc user de variété, surtout quand le fonds des choses manque ; & si la matiere par elle-même est trop uniforme, la rendre plus piquante par un choix de courtes digressions ou de citations analogues, quoique paroissant d'abord étrangeres. Toujours est-on sûr d'être lu, & avec plaisir, si l'Ouvrage, ainsi diversifié, présente plusieurs objets bien combinés dans leur ensemble : car il n'est pas suffisant lorsqu'on s'ingere de moraliser, de savoir arranger des phrases. Il faut des principes & des exemples.

Quant à ces beaux génies à prétention & à ces eſprits chagrins, qui contrediſant tout, ne jettent les yeux ſur un Livre, que pour avoir la triſte ſatisfaction de le trouver mauvais, on doit renoncer au plaiſir qu'on auroit de leur en faire. Il s'en faut de beaucoup qu'on préſume aſſez de cet Ouvrage pour le croire capable de les faire changer d'humeur & d'opinion; non, ils n'en changeront point: car s'ils ſont obſtinés, fâcheux ou trop ſéveres, en vain s'efforceroit-on de vouloir les ramener à un caractere plus conforme aux agrémens de la Société, à moins qu'ils ne portaſſent en eux-mêmes, le germe d'une douceur ou d'une indulgence qu'on voudroit cependant faire en ſorte de leur ſuggérer pour des productions qui ſeroient plus de leur goût.

Au ſurplus, on oſe avancer que l'intention, en compoſant cet Ouvrage, a été droite. Ranimer le goût de l'Eloquence, en réchauffant le zele de la Juſtice, & en banniſſant cet amour du gain qui ſouvent ſe nourrit & s'enflamme par ce gain même : voilà le deſſein qui nous anime. Il n'y a de difficile que le canevas à remplir, & ſon exécution.

On n'ignore pas qu'il auroit fallu garder ſon manuſcrit aſſez de temps pour pouvoir le corriger ou le retoucher : c'eſt ce qui n'a pu s'exécuter, quoiqu'on connût parfaitement tout le prix de la lime & les conſeils merveilleux d'Horace, de Regnier & de Boileau; les Notes & Additions ayant été rédigées, l'Ouvrage principal étant ſous preſſe. Un motif de conſolation ſera l'eſpérance phyſique qu'un autre réuſſira mieux. L'imperfection, d'ailleurs, pouvant quelquefois fournir l'occaſion à un excellent Livre de paroître, ou du moins pouvant forcer de recourir aux Anciens, la ſource inépuiſable ; mais malheureuſement trop abandonnée en ce jour, où on ſe pique de tout ſavoir. L'Orateur de Cicéron, ſon Brutus, *de Claris Oratoribus*, feroient ſeuls l'éloge d'un auſſi grand Dialecticien. Peut-on rien de plus achevé que l'Inſtitution oratoire de Quintilien ; que le Dialogue des Orateurs attribué à Tacite ; enfin que la Rhétorique d'Ariſtote : mais qui eſt-ce qui lit ces Auteurs-là, tout divins qu'ils ſont? Les Gens qui ſe conſacrent entiérement aux Lettres. Que le nombre en eſt foible, comparé avec celui de ces Gens qui ne recherchent que les Livres futiles & les Brochures nouvelles & amuſantes ! Avouons-le avec amertume ; l'étude des Langues ſavantes ſe néglige un peu trop, ſurtout dans la premiere inſtitution, & il eſt à craindre, ſi l'on n'y porte attention, que les Sciences, pour les ſiecles à venir, ne s'en reſſentent.

On a encore parmi les Ouvrages relatifs à celui-ci, d'excellens Traités, tels que les Dialogues de Loyſel ; les recherches, à la vérité, en ſont bonnes, mais il n'y a pas aſſez d'ordre, & le ſtyle en eſt ſuranné. Nous devons beaucoup à M. Jolly ſon Editeur, d'y avoir conſervé les noms & le ſouvenir de pluſieurs grands perſonnages qui ont illuſtré le Barreau.

Enfin nous poſſédons l'élégant Traité *de Advocato*, de M. Huſſon ; mais il eſt trop auſtere : s'il a preſque l'expreſſion pure de Cicéron, il n'a ni ſa chaleur, ni cette aimable gaieté qui enchante.

Quant à nos Savans, on doit les reſpecter ; c'eſt au Public, toujours impartial, à juger de leur mérite : on ſera ſeulement flatté, quoique les ſuivant de loin, de ſe croire leur émule en quelque choſe, ayant, comme ces Modernes, ſouvent puiſé dans les ſources anciennes.

Les Œuvres inimitables de M. le Chancelier d'Agueſſeau, ainſi que quelques-uns de ſes Diſcours ſur la Profeſſion d'Avocat, ſur l'Eſprit & la Science, ſur l'Amour du bien public, ſur la Gloire, &c. inſérés dans les Ouvrages de M. Terrasson, qui se trouvent chez *de Nully*, mériteront toujours d'être recherchées, ainsi que nombre d'autres qui seront indiquées dans le cours de cet Ouvrage.

Quoiqu'après des Maîtres si célebres on ait eu la témérité de se faire imprimer, il ne sera pas difficile de s'appercevoir que l'épanchement secret de l'amour propre doit y avoir eu bien peu de part : en effet, il est constamment vrai qu'on n'y a consenti, qu'afin de concourir aux sages intentions de quelques Avocats zélés pour l'avantage d'un Ordre, qui leur sera toujours cher. Aussi hazardant tout pour satisfaire à un si noble motif, c'est un nouvel objet de déférence, qu'on rend d'autant plus volontiers, qu'on eſt intimement convaincu que le cœur de la plupart de nos Lecteurs n'étant pas fermé à tout accès d'une douce indulgence, ſi on n'a pas le bonheur de plaire à l'eſprit par une diction qui devroit répondre à la dignité du ſujet ; du moins oſera-t-on ſe flatter d'être ſupportable, ayant cherché de ſe rapprocher des nobles ſentimens par un choix de quelques réflexions, de diverſes penſées & de recherches analogiquement réunies ſur la gloire d'une Profeſſion, dans laquelle l'homme exact & inſtruit, jouiſſant à juſte titre de la confiance & de l'eſtime publique, devient l'eſclave honorable de ſes Concitoyens, ne vivant plus pour lui-même, mais pour le ſoutien des Loix, ainſi que pour la défenſe de l'honneur & des différens droits de tous les individus qui composent les grandes Sociétés.

Summa igitur, & perfecta gloria constat ex tribus his; si diligit multitudo, si fidem habet, si cum admiratione quadam honore dignos putat.

Cic. de Offi. Lib. 2, cap. 9.

Habeamus in commune quòd nati sumus. Societas nostra lapidum fornicationi simillima est, quæ casura, nisi invicem obstarent, hoc ipso sustinetur.

Seneq. Ep. 95.

DISCOURS.

MESSIEURS,

L'INGRATITUDE étant le plus abject de tous les vices, & la reconnoissance le premier des devoirs, (1) pourrois-je mieux

(1) De toutes les choses, celle qui vieillit le plus aisément & le plutôt, c'est le bienfait; car l'homme en perd aussi facilement la mémoire, que s'il y avoit plusieurs siecles qu'il l'eût reçu. Séneque l'a dit : *le desir qu'on a de recevoir un nouveau bienfait, est cause qu'on oublie l'ancien*. Mais d'un autre côté, il y a bien peu de gens qui savent obliger ; on le fait avec tant de lenteur, & de si mauvaise grace, que les bienfaiteurs eux-mêmes sont la cause s'il y a tant

commencer qu'en rendant de vives actions de graces en votre nom & au mien, à

---

d'ingrats. Ne faites pas trop demander, ni trop attendre les graces que vous voulez accorder. C'est une maxime qu'on ne peut assez se graver dans l'esprit. Heureux celui qui sait obliger, heureux celui qui accepte avec gratitude. L'un & l'autre ont des droits sur l'estime & l'amitié de quiconque sait penser & sentir.

Si la bienfaisance est une marque assurée de la générosité de l'ame; la reconnoissance est une preuve non moins certaine de son élévation : Ces deux vertus sont également fondées sur la noblesse de sentimens. Aussi tous les Historiens se sont-ils faits un devoir de rapporter dans les occasions, des traits relatifs à ces rares procédés ; & entre plusieurs qu'on pourroit citer, nous ne donnerons que celui-ci.

M. de Thou rapporte qu'en 1594, lorsque M. le Maréchal d'Aumont prit Crozon en Bretagne sur les Ligueurs, ce Général s'étoit vu forcé d'ordonner de passer au fil de l'épée tous les Espagnols qui composoient la Garnison de la Place. Malgré la peine de mort décernée contre ceux qui n'exécuteroient pas cet ordre, un Soldat sauva un des Espagnols.

ces ſavans Juriſconſultes, dont les travaux ſi utiles ont été partagés par les ſoins qu'ils ont bien voulu conſacrer ici à notre inſtruction.

Qu'il m'eſt flatteur d'être l'interprete de vos ſentimens ; & combien il le ſeroit à ma gratitude, ſi en ſe ſatisfaiſant, elle pouvoit expoſer tout ce que contiennent nos cœurs, & tout ce qu'ils ont ſi vivement reſſenti, lorſque ces reſpectables Confreres, diſcutant des principes de Juriſprudence, réſolvoient

Déféré pour ce délit au Conſeil de Guerre, le Soldat convint du fait, ajoûtant qu'il étoit diſpoſé à ſouffrir la mort, pourvu qu'on accordât la vie à l'Eſpagnol ; le Maréchal ſurpris, lui demanda pourquoi il prenoit un ſi grand intérêt à la conſervation de cet homme ? C'eſt, Monſieur, répondit-il, qu'en pareille rencontre il m'a ſauvé la vie, & la reconnoiſſance exige de moi que je la lui ſauve aujourd'hui aux dépens de la mienne. Ce Général charmé de trouver un cœur reconnoiſſant dans ce Soldat, lui accorda ſa grace, de même qu'à l'Eſpagnol, & les combla tous deux d'éloges & de faveurs.

ces points de droit aussi profonds que compliqués.

En effet, combien notre ame pénétrée de tendres sentimens, qu'il n'étoit possible d'exprimer que par cet accent du cœur, ce profond soupir, & cette émotion silencieuse, éprouvoit-elle de secrettes satisfactions? (1)

Jouir de tels avantages, c'est contracter une dette sacrée, dont il ne sera possible de s'acquitter, que lorsque la science la plus étendue, réunie au courage, nous accordant la faculté de seconder ces estimables Confreres, nous pourrons les aider dans d'aussi nobles exercices.

Avec quelle ambition souhaiterions-nous pouvoir y concourir, ou plutôt en ce moment contribuer à leur gloire, & en la publiant les faire d'autant plus connoître, qu'ils le sont déja par tant d'utiles productions sorties de leurs savantes plumes?

---

(1) Audi tacens verba Seniorum, sine causâ enim non proferuntur........ In Scripturâ Sacra.

Mais n'ayant qu'un hommage pur & respectueux à offrir, nous ne répondrons à tant de bienveillance, en admirant la sagesse de l'institution, que par une constante assiduité dans ce lieu, où l'amour du devoir & le desir d'une science propre à notre état, nous rameneront toujours avec empressement.

Pour remplir la tâche que vous avez bien voulu, MESSIEURS, me confier dans la derniere conférence, je me propose d'annoncer;

DIVISION.

Premiérement, l'origine de notre profession; & après avoir donné une idée historique du Barreau de Rome, de faire ce qui sera en moi, pour tâcher de détruire la fausse opinion d'une supériorité qu'on attribue si facilement à ce Barreau sur le nôtre.

Secondement, en désignant les divers talens qu'on doit apporter dans notre état, j'appuierai sur les vertus & les qualités qu'il est essentiel d'y posséder.

Troiſiémement enfin, je tracerai la route que doit tenir l'Avocat pour arriver à une plus grande perfection.

Perſuadé du deſir qu'ont nos jeunes Confreres d'y parvenir, c'eſt à ces ames ſtudieuſes que je prends la liberté de dédier cette Diſſertation, aux défauts de laquelle leurs lumieres ſuppléeront aiſément : les priant de l'agréer, non comme un traité didactique, mais comme un eſſai de réflexions que je leur ſoumets, eſpérant qu'ils voudront bien l'adopter, étant commun à tous, & pénétrés comme nous le ſommes, de la vérité des maximes qu'il contient.

Puiſſe cet eſſai, ce moderne Enchiridon, (1) foible tribut de mon amour envers l'ordre, avoir le ſuccès que je deſire! invitant à la vertu, faire aimer un joug ſi honorable à porter, & qui rendant meilleur, augmentera notre félicité.

(1) Mot dérivé du Grec, c'eſt un Traité ou Manuel rempli de traits de morale : l'Enchiridon d'Epictète eſt un des meilleurs qui nous ſoit reſté de l'Antiquité.

Oui, MESSIEURS, en me ſervant ici de l'expreſſion d'Horace, (1) je vais vous expoſer ce que nous penſons ſur les vrais moyens de ſe rendre heureux en rempliſſant les devoirs & en acquérant les qualités eſſentielles de ſon état.

Si vous n'y trouvez pas l'agréable joint à l'utile, c'eſt qu'il n'appartient pas à tous de pouvoir atteindre ce point de perfection (2); mais vous en ſerez dédommagé par le panégyrique, dont on ne peut que bien augurer, & qu'un de nos Confreres (3) s'eſt auſſi chargé de vous prononcer en ce jour, en l'honneur du judicieux Coquille, l'émule & l'ami du grand Dumoulin, reconnu pour le fidele interprete des loix

---

(1) Si quid noviſti rectius iſtis
Candidus imperti, ſi non, his utere mecum.
HOR. L. I. Ep. 6.

(2) Omne tulit punctum qui miſcuit utile dulci,
Lectorem delectando, pariterque monendo.
HOR. art. Poët.

(3) M. Mathieu.

de la Nation, le Cujas du Droit François.

Pour moi semblable au tranquille ruisseau formé par la nature, en portant avec fidélité une onde pure au vaste sein des eaux, je desire de pouvoir vous entretenir, non dans ce style empoulé dont parle Petrone, en usage autrefois parmi les jeunes Orateurs, lorsqu'ils vouloient s'exercer; mais dans ce style simple & naturel, l'emblême de l'ame & l'ami de la vérité. Heureux! si la sincérité faisant toute mon éloquence, & si l'impulsion du cœur me tenant lieu de génie, je pouvois, en vous intéressant, m'approcher de ce que la nature a de si aimable dans sa simplicité. (1)

DAIGNEZ soutenir mon courage, équitable THÉMIS; exaucez mes vœux; c'est l'amour de vos loix que je desire inspirer à des cœurs qui brûlent de s'y consacrer.

Accordez à cette jeunesse ici rassemblée, une partie des faveurs que vous prodiguâtes

---

(1) Tantùm de medio sumptis accedit honoris.
HOR. art. poët.

à notre MONARQUE lors de ſon avénement au Trône, le plus éclatant de l'Europe, où ſa naiſſance & les vœux de la Nation l'ont placé.

Ce Prince, le modele des vertus, né pour le bonheur de ſon Peuple, ſçut faire un ſi digne emploi de vos dons précieux, que ſans ceſſe, Protectrice favorable, vous l'accompagnerez comme ſon plus sûr appui; vous le chériſſez trop pour jamais l'abandonner.

Si la premiere qualité d'un Souverain, la plus eſſentielle eſt d'être juſte, (1) combien ce Légiſlateur confirme-t-il cette vérité? pendant qu'il tient la branche pacifique de l'Olivier, que le Temple de Janus eſt fermé, il ne s'occupe, ſage Thémis, que de vos dogmes divins; vous êtes l'objet de préférence, & le mobile de ſes louables actions. (2)

---

(1) Dans les Rois la juſtice eſt l'ame des vertus.

VENCESLAS, *Trag. de Rotrou.*

Maître de Corneille Act. 5. Sc. 9.

(2) Le plus beau préſent que les Dieux puiſſent

Écartant la brigue, le choix qu'il a fait de vos Miniſtres & de ceux de l'Etat; ceux-ci fréquemment élus parmi les vôtres, n'eſt-il-pas toujours fondé ſur le plus de vertus? (1) L'honneur, la probité, voilà les titres qu'il veut qu'on lui préſente. La protection accordée, les graces obtenues, ſont toujours

faire aux hommes, diſoit un ancien, c'eſt celui d'un Roi qui aime ſon Peuple, & qui par la juſtice & la douceur de ſon Gouvernement, fait envier aux Etrangers le bonheur de vivre ſous ſes Loix.

Un Prince qui peut tout; qui ne veut faire que le bien; qui deſireroit de ſe voir toujours environné d'heureux & continuellement en faire, on n'en fait pas ſans l'être, eſt l'ami des hommes & le pere de ſes Sujets, titres bien au-deſſus du Héros & du Conquérant.

(1) Appliquer ſagement les emplois aux per-
ſonnes,
Et faire par des choix judicieux & ſains,
Tomber le Miniſtere en de fidelles mains;
C'eſt d'où dépend ſur-tout le bonheur des Cou-
ronnes.

VENCESLAS *Act. 1. Se. 1.*

la récompenſe du mérite & des talens. Auſſi ſon choix, celui de l'équité & de la bienfaiſance, ſera-t-il ſans ceſſe applaudi ?

Il exiſte donc des ames élevées à qui la vertu étant naturelle, la preſſentent dans leurs inférieurs, la saiſiſſent, ſavent la mettre & la faire mettre en œuvre.

Dans votre Temple ſacré, auguſte Légiſlatrice ! ſur ce Trône où ne s'aſſied jamais que la vérité ; nous avons vu ce tendre pere de la Nation, accompagné des Princes de ſon illuſtre Sang, en faiſant le bonheur du juſte, rendre des Oracles toujours émanés de votre ſageſſe.

Auſſi les fideles Dépoſitaires des Loix, l'eſpérance & la conſolation du Citoyen, & ces voûtes antiques & reſpectables, le refuge de l'innocence & l'effroi du vice, ſeront toujours chers au cœur paternel d'un Prince ſi judicieux.

La promeſſe qu'il vient de donner, cette parole Royale, méritant d'être gravée aux endroits les plus apparens du Sanctuaire de la Juſtice, aux Portiques & ſur les vaſtes parois des Edifices publics, « Que l'ouvrage » de ſon regne ſeroit d'abolir & de réparer » les abus, » l'atteſte en donnant les plus grandes eſpérances.

L'effet ſuit de près le deſir du Légiſlateur, & déja l'on reſſent des avantages, dont l'accroiſſement ira juſqu'au dernier période.

En embelliſſant l'éclat du Trône, cette auguſte SOUVERAINE, dont l'ame eſt ſi ſenſible aux malheureux, (1) & dont les éminentes qualités entraînent tous les cœurs, & fixent tous les hommages, ajoutera encore au bonheur de la Nation.

O heureuſe Nation! enorgueillie d'avoir en ta Souveraine une ſeconde Minerve, un pere, un ami dans ton Roi, & des PRINCES qui, nés près du Trône, te ſont ſi

---

(1) De toutes les vertus, aucune n'embellit plus que l'humanité, & l'ame bienfaiſante, ſemblable à la roſe qui d'elle-même s'épanouit pour exhaler ſon plus doux parfum, n'attend pour répandre ſes bienfaits, que l'occaſion de les rendre plus à propos; auſſi le vrai moyen d'être heureux, c'eſt de chercher à l'être dans les autres.

précieux, étant les illuftres Protecteurs de la Patrie, fes premiers Avocats, tu chériras toujours la domination d'un Souverain qui, au printems de fes jours, ramenant les mœurs de l'âge d'or, (1) fait renaître dans nos ames, cette vive alégreffe, gage de la félicité publique, & ces tranfports toujours purs du véritable amour pour nos maîtres.

Oui, dans ce fiecle, celui des bienfaits; la vertu reparoît avec un nouvel éclat. Les Loix facrées du mariage font obfervées & refpectées : la fidélité conjugale & le joug de cette chafte union, n'ont plus rien d'affujettiffant; les doux liens de l'hyménée en augmentant ceux de la tendreffe & de la pure amitié, fe refferrent encore plus étroitement. L'amour filial, celui de la Patrie; l'ordre & l'honnêteté publique reprennent tous leurs droits; enfin le bonheur devient univerfel. (2)

---

(1) Jam redit & Virgo, redeunt faturnia regna :
Jam nova progenies Cœlo dimittitur alto.

VIRG. Eclo. 4.

(2) Les Sujets font pour l'ordinaire, les imita-

Qu'il nous ſoit donc permis de rendre à ce Roi tant aimé & ſi digne de l'être, le même hommage que la jeuneſſe Romaine adreſſoit à Auguſte, lorſque dans cette fête des jeux Séculaires, conſacrée en l'honneur d'Apollon & de Diane, elle chantoit d'un cœur & d'une voix unanimes ; » Déja la » foi, la paix, l'honneur, la pudeur anti- » que, & la vertu négligée depuis ſi long- » temps, oſent reparoître avec l'heureuſe » abondance & tous leurs avantages. (1) »

---

teurs de leur Prince : c'eſt ce qui a fait dire aux Chinois, que le Peuple eſt ſemblable à l'épi dans le champ :

Que l'air & les autans inclinent à leur gré.

Les mœurs d'un Roi influent de même ; Tacite le dit, *Ut eſt vulgus cupiens voluptatum, & ſi eodem trahat lœtum.*

ANN. 4.

(1) Jam fides & pax & honor, pudorque
Priſcus, & negleta redire virtus
Audet ; apparetque beata pleno
Copia cornu.

HOR. *Carnem ſeculare vel epod.* 14.

Quel avenir ne peut-on pas ſe promettre des commencemens d'un ſi beau regne ? (1) Quel eſpoir plus flatteur pour de fideles Sujets ? Auſſi, judicieuſe Thémis, vous placerez ce chef de la Nation à côté de vos plus dignes favoris, près des Charlemagnes, des Louis XII, des Henri-le-Grand, & des autres Princes ſi généreux & ſi populaires, que vous aurez immortaliſés.

Si la Juſtice eſt l'ame d'un Etat, elle en forme la proſpérité. Portant le flambeau de la vérité ſous les yeux du Souverain, elle devance en quelque ſorte ſon expérience : & l'aidant à ſupporter le poids de la Couronne ; cet heureux appui lui facilite les moyens d'acquérir ce nom par excellence, celui de Légiſlateur, le plus beau titre des Souverains, & celui qui les rends tels. (2)

---

(1) Le regne le plus sûr, eſt le regne des cœurs.
ASTARBÉ, *Trag. de* COLLARDEAU.

(2) De tout temps, la juſtice a été ſi bien adminiſtrée en France, que les Etrangers ſont venus ſouvent s'y ſoumettre.

Frédéric III, Roi de Dannemarck, remit au ju-

En donnant du mouvement à tous les Membres du corps ſocial, la Juſtice, cette mere commune, du milieu de ſon Palais, en conſerve la force & la vigueur : Agriculture, Commerce, Arts, Talens, Confiance, Crédit public, elle vivifie tout; enfin elle fait tout fleurir en maintenant l'ordre & l'harmonie : auſſi en rapportant ici le ſenti-

---

gement du Roi de France & de ſon Parlement, la déciſion de pluſieurs différents qu'il avoit avec le Pape Innocent X.

Du regne de Philippe-le-Bel, le Comte de Namur en fit autant, & quoiqu'il eut pour partie adverſe, Charles de Valois frere du Roi.

Philippe, Prince de Tarente, accepta pour Juge, le Roi ſéant au Parlement, ſur les conteſtations qu'il avoit avec le Duc de Bourgogne.

En l'année 1402, les Rois de Caſtille & de Portugal, envoyerent un pacte convenu entre ces Couronnes, pour le faire publier en la Cour de Parlement, & afin de procurer à ce Traité plus d'authenticité.

Si l'on parcourt l'hiſtoire, on y trouvera nombre de ſemblables Anecdotes.

ment

ment des politiques, & le paſſage allégué par nos zélés Patriotes: *La Juſtice doit paſſer avant tout, même avant le bien public, parce qu'elle ne peut jamais lui être contraire.* La maxime *unicuique ſuum*, ne démontre-t-elle pas la ſolidité de ce principe? Et combien il eſt important de rendre à tous & à chacun, la plus exacte juſtice! (1)

---

(1) Lorſqu'il s'agit de la juſtice, il faut la rendre ſévérement, & ſans acception de perſonne.

Licurgue, ce fameux Légiſlateur des Lacédémoniens, en donna un grand exemple. Il avoit établi une Loi qui ordonnoit que pour certain crime, la punition du criminel ſeroit de perdre la vue. Son fils tomba dans le cas de ſubir cette peine; tout le Peuple demanda ſa grace; mais Licurgue inexorable dans l'adminiſtration de la Juſtice, ne voulant ni déſobliger le Peuple qui prenoit la défenſe de ſon fils, ni manquer à la Loi, partagea lui-même la peine avec ce criminel qui lui étoit ſi cher, & perdit volontairement un œil pour en ſauver un à ſon fils.

« La juſtice eſt des Rois le plus noble partage:
» Elle eſt de la grandeur le plus digne ſoutien;

Avec quelle chaleur ne devons-nous donc pas accourir à ſa voix ? Eſt-il un emploi plus honorable, que la fonction terrible de rendre la juſtice ? & que de concourir par ſes talens à faire parler les Loix, ou à faire prononcer en leur nom ? En effet, celui qui y contribue, n'a-t-il pas, ou ne doit-il pas avoir toutes les vertus néceſſaires au Magiſtrat ? Ne feroit-il pas plus ; puiſqu'en lui portant le témoignage lumineux de la conviction, il le force, ſans la moindre violence ; mais en ſecondant ſes intentions, à rendre des jugemens toujours équitables ? Combien donc notre état eſt-il précieux ! (1)

» Par elle ils ſont de Dieu la véritable Image,
» Et les autres vertus ſans elle ne ſont rien ».

Malherbe.

(1) *Niſi utile quod faciemus fruſtra eſt gloria.*

L'homme vertueux eſt cent fois plus heureux en vivant dans l'ordre & dans la juſtice, qu'il ne le pourroit être en vivant dans le déſordre. Oui, celui-là ſeul eſt heureux qui, renfermé dans les bornes d'un état, dans lequel la Providence l'a fait naître, en remplit fidélement les devoirs ; qui,

Eſt-il effectivement une profeſſion plus noble, plus eſſentielle au bien de la Patrie,

---

ſans lutter contre la fortune, ſe contente du fruit de ſes talens; qui, ſans ambition & ſans envie, ſatisfait du peu qu'il a reçu de ſes peres, ne deſire pas au-delà de ce que la nature exige; qui, digne des plus grands emplois, s'eſtime autant heureux de les mériter que de les poſſéder, & qui, cher enfin à la ſociété, s'attire, ſans le vouloir, une réputation d'autant plus précieuſe, qu'elle n'eſt pas mendiée.

Lorſque ſur la nature on regle ſes beſoins,
Combien s'épargne-t-on de travaux & de ſoins!
Les biens qui, du bonheur, portent le caractere,
Sont la ſanté, la paix, le ſimple néceſſaire.
Pour vous, ô paix du cœur! digne fille des Cieux!
Vous êtes du bonheur le gage précieux.
La fortune en ſuivant un aveugle caprice,
Aux bons comme aux méchans peut ſe montrer propice;
Mais en vain de ſes dons ſommes-nous poſſeſſeurs,
S'ils ne ſont mérités, ils n'ont plus de douceurs.

DE FRÉDÉRIC, *Roi de Pruſſe.*

Quel riche au ſein de l'abondance,
D'un jour pur & ſerein, goûte les doux attraits?

que celle que nous osons embrasser ? En est-il de plus propre à donner cette émulation si nécessaire, la premiere vertu de l'esprit ? Est-il enfin une science plus étroitement unie à la saine morale ? Et en est-il de plus cretaine pour remplir ce goût si louable que vous témoignez pour l'étude ? Non, Messieurs, il n'en est point. Donc l'amour de la Justice, ce saint amour des Loix, cette passion sublime & généreuse, vous enflammant d'un feu toujours nouveau, sera l'objet de vos veilles. Vous deviendrez par le secours de cette Reine de la raison, des hommes utiles, des coopérateurs au bien de la société : cette société fera votre récompense, ce sera le prix attaché à la vertu. L'honneur & la

---

C'est celui dont la main ouverte à l'indigence
Compte ses jours par ses bienfaits.
Une fortune immense, imprévue, éclatante,
Peut d'une ame basse & rampante
Soudain faire un riche orgueilleux :
Mais la seule sagesse & le seul bon usage
Des trésors reçus en partage ;
D'un riche font un homme heureux.

gloire décerneront la Couronne Civique à celui qui se distinguera dans la carriere, prix suffisant, & l'unique auquel l'Avocat doit aspirer lorsqu'il se présente à l'arêne du Barreau. (1)

---

(1) Suivant Bourlault, un de ces esprits vrais & naturels du dernier siecle, il n'y a pas au monde une plus belle profession, pour un habile homme, que celle d'Avocat. Il en connoissoit beaucoup, disoit-il, qui faisoient revivre, au Parlement de Paris, l'éloquence du Sénat de Rome : & voilà, ainsi qu'il le rapporte dans une de ses lettres, quel étoit le sentiment d'un pere qui faisoit élever son fils avec grand soin.

Pucelle, fameux Avocat,
Eloquent, profond, délicat ;
Enfin du Parlement une des bonnes têtes,
Disoit : que si son fils étoit habile un jour,
Il ne seroit jamais qu'Avocat de la Cour :
Titre bien suffisant pour des ames honnêtes.

Enfin tout récemment M. Bouchaud, dans *sa Théorie des Traités de Commerce entre les Nations*, y dit : Cicéron, dont la Philosophie morale étoit si saine, ne s'est pas contenté de rejetter cette maxime si dangéreuse : *Que l'on ne peut gouverner*

Mais, Meſſieurs, entamons notre ſujet; & en le développant, commençons par donner l'origine de notre profeſſion, & une idée de ſa grandeur chez les Romains.

---

heureuſement la République ſans commettre des injuſtices; mais il a encore établi comme une vérité conſtante : *que l'on ne peut adminiſtrer ſalutairement les affaires publiques, ſi l'on ne s'attache à la plus exacte juſtice.*

La Providence, (ajoute M. Bouchaud,) nous a donné un Souverain & des Miniſtres pénétrés de cette vérité ſi précieuſe, & les Auteurs qui conſacrent à la défenſe de cette vérité leur érudition & leurs talens, ne peuvent manquer d'être honorés d'une diſtinction particuliere ſous le regne de la vertu & de la juſtice.

PREMIERE PARTIE.

Les hommes nés libres & réunis en société, ne se sont choisi un Chef ou un Roi, armé du pouvoir des Loix, que pour maintenir leur liberté, en assurant cette tranquillité qui forme le bonheur du citoyen. Ainsi convenus entr'eux, cette société politique, la source de ces biens nécessaires, & rendant la vie si agréable, n'a pu subsister sans l'honneur, la bonne foi & les autres vertus sociales, qui élevant l'homme à l'égal de lui-même, ennoblissent son essence, en l'approchant de la perfection.

Cette société nous liant tous par des obligations réciproques, & s'étant aussi formée pour garantir, par la puissance du corps social, à chacun de ses membres, trop foible pour se suffire à lui-même, sa vie, son honneur & ses biens, contre la cupidité, la fraude & la violence des autres ; chaque individu ne doit-il pas employer tous ſes ſoins pour contribuer à l'avantage commun de cette ſociété ?

Les Loix, cet Ouvrage ſacré des Légiſlateurs, ne préſentent que les moyens d'y conſerver l'ordre & la paix. L'impoſſibilité où ſe ſont trouvés les Souverains de pouvoir vaquer par eux-mêmes à la connoiſſance de toutes les conteſtations d'entre leurs ſujets, a donné lieu à l'inſtitution de Juges pour faire exécuter ces Loix ; & l'inſuffiſance de la plupart des particuliers, a introduit l'uſage de propoſer en Juſtice leurs demandes ou leurs défenſes, par la médiation de gens neutres, mais éclairés : c'eſt ce qui a donné naiſſance à notre profeſſion, dont les uſages, fondés ſur une expérience reconnue, ainſi que ſur l'avantage du bien public, percent, par une invariable & hiſtorique ſérie de ſiecles, la nuit de l'antiquité, & ſont auſſi vieux que le monde.

Quoique les noms des fondateurs ſe ſoient perdus dans les épaiſſes ténebres des premiers âges, nous découvrons cependant que tous les Peuples policés ont ſenti la néceſſité de cette profeſſion.

En effet, en parcourant les différentes Dinaſties, les Faſtes & les Annales des premiers Peuples, nous appercevons que les Egyptiens, les Phéniciens, les Chaldéens, les Perſes, enfin les Grecs & les Romains, avoient tous reconnus l'utilité de ces illuſtres ſoutiens & de ces Défenſeurs généreux des Loix. Que leur étant redevables de cette Loi ſi ſage, dont ils étoient les rédacteurs, & que l'ayant promulguée de l'ordre & ſous l'autorité des Souverains, aux Peuples, qui par-là commencerent à ſe civiliſer, ils ſe firent diſtinguer par tous ces Peuples, des autres claſſes de citoyens.

Ces Hommes de Loi firent encore plus; en s'intéreſſant par la ſuite au ſort de leurs compatriotes, ils entreprirent leurs défenſes contre l'injuſtice & la tyrannie: ils les conſolerent en faiſant valoir leurs droits. Enfin, en les ſoutenant, ils les aiderent & leur rendirent tous les offices dont ils étoient capables ; ce qui procura à leur profession cet ennoblissement & cette gloire que les uns font remonter au temps de cette splendeur de la Grece, le regne des arts & le triomphe des erreurs ; mais que d'autres ont fixé à l'époque de cette subite élévation des Romains. Tous sont fondés, & voici, en nous bornant aux honneurs qu'on leur rendit à Rome, une légere idée de ce qu'en ont écrit divers Auteurs, ainsi que de ce qu'ils ont dit sur la pompe & sur la magnificence de l'auguste Barreau Romain.

Idée du Barreau de Rome.

Il est peu d'Empires qui aient souffert autant de révolutions que celui des Romains, aussi la Jurisprudence qu'ils ont laissée a-t-elle éprouvé de continuelles vicissitudes.

Néanmoins rien n'est si beau que l'harmonie de leurs Loix ; il semble que les troubles fréquens dont Rome a été agitée, aient, en quelque ſorte, contribué à affermir la tranquillité domeſtique de ſes citoyens.

Différence étrange entre le Droit civil & le Droit canon ! celui-ci, fondé ſur la ferveur & le zele des premiers fideles, étoit magnifique, divin dans ſon origine : la tiédeur, le relâchement, les ſchiſmes l'ont énervé dans ſes progrès, & en ont ſi fort ſouillé l'ancienne pureté, qu'il eſt devenu méconnoiſſable.

L'autre ouvrage du génie & de la politique, étoit informe dans ſon principe ; la ſuite des temps l'a développé par degrés, & l'a preſque conduit à un état de perfection.

Quant aux cauſes, on ne peut diſconvenir que la plus part n'y fuſſent beaucoup plus ſolemnelles & plus ſuivies que les nôtres.

Dans ces temps reculés, les Patrons ou Défenſeurs étoient les parens, les protecteurs, ou les amis de ceux qui avoient quelques affaires à porter dans les Tribunaux. Les Patrons faiſoient de la cauſe, comme de la leur propre ; ils obtenoient l'audience, ſoit des Juges ordinaires, ſoit du Sénat ou du Peuple, ſuivant que l'exigeoient les occaſions & la nature de l'affaire.

Au jour indiqué, ils ſe rendoient dans l'ancien *Forum*, où ils plaidoient plus fréquemment. Là, ils tâchoient d'émouvoir les Juges par leurs diſcours, & encore par le concours d'un grand nombre de citoyens : ce qu'on appelloit *advocation*, du verbe *advocare.*

Il n'eſt que trop vrai que ce cortege influoit beaucoup ſur l'eſprit des Juges, en faiſant pancher la balance du côté le plus fort : auſſi chaque Avocat cherchoit-il à en avoir un plus conſidérable que celui de ſon adverſaire.

Dans le premier livre des Commentaires de Céſar, de ce premier Empereur, qu'on pourroit mettre à la tête des illuſtres Orateurs ; il eſt rapporté qu'un Avocat nommé *Vigetorix*, le jour qu'il devoit plaider, vint à l'audience, ſuivi de plus de dix mille perſonnes : ce qui lui procura ſur-le-champ le ſuccès qu'il deſiroit. Alors la voix du grand nombre ne fixoit que trop ſouvent l'opinion.

Mais les hommes s'étant éclairés de plus en plus, la raiſon & l'équité ont repris leur empire naturel, & ſoutenues de la Loi, elles ont ſeules formé des jugemens peſés dans une balance plus ſûre.

Lorſque Rome fut parvenue à ce degré d'élévation qui la rendit ſi célebre, les Avocats ceſſerent d'appeller leurs concitoyens pour les ſeconder : ce concours ſe formoit ſans y être excité autrement que par la réputation de l'Orateur & l'importance de la cauſe.

Dans la ſuite il y eut des Cogniteurs, inſtruits de la ſcience du Droit & des Loix : ils parurent lorſque *Cneïus Flavius* publia le livre des Actions Appiennes (1).

---

(1) Cneïus ou Cneus, ſurnom qui a été commun à pluſieurs grands hommes. Les Romains le

On créa en même temps des Cogniteurs ſubalternes, nommés *Formulaires* ou Praticiens; ces derniers s'occupoient uniquement de la procédure; ils n'entendoient ni

---

donnoient à celui qui venant au monde avec quelque marque naturelle, étoit ainſi remarquable; ce que les Latins ont appellé *Nœvus.*

Cneïus Flavius, C'eſt-à-dire Cneïus-le-Blond, Affranchi, fut le pere de *Caïus Flavius*, (*) Orateur, qui fut élevé à la dignité d'Edile Curule, malgré les Patriciens; mais pour ſe venger d'eux, il rendit public, vers l'an 300 de la fondation de Rome & environ 460 ans avant notre Ere, le Droit Romain, que le Sénat & les Patriciens avoient tenus fort ſecret entr'eux & dans les cabinets des Pontifes.

(*) *Caïus*, auſſi autre nom propre: les Romains diſoient *Gaïus* & *Caïa*, pour diſtinguer les deux ſexes. La lettre C dans la ſituation naturelle, ſignifioit *Caïus*; comme le même Ɔ renverſé marquoit *Caïa.* Quintillien rapporte que dans les fêtes nuptiales des anciens Romains, on faiſoit également mention de *Caïus* & de *Caïa*; ce que Plutarque confirme auſſi: *Ubi tu Dominus eris & pater familiæ: ego Domina ero & mater familiæ.*

Quintillien, *Livre I.*
Plutarque, *dans ſes Opuſcules*

la Loi ni son esprit ; ils dressoient les libelles, & conduisoient l'instruction des procès, sans pouvoir jamais porter la parole.

Il y avoit encore des *Moniteurs*, chargés de faire ressouvenir les Patrons des circonstances essentielles qu'ils auroient pu omettre.

Enfin des *Custodes*, dont l'office principal consistoit à tenir les boîtes ou les sacs qui renfermoient les titres & pieces de toutes les Parties. Leur devoir avoit lieu sur-tout en matiere criminelle, pour empêcher toute collusion entre l'accusateur & l'accusé. Tel étoit le cortege des Orateurs ; cortege nécessaire, & qui leur étoit subordonné.

Un second avantage, consistant dans la clientelle & l'importance des causes, relevoit encore l'éclat de la profession. C'étoit souvent des Gouverneurs accusés de péculat, à qui il s'agissoit de faire rendre compte de leur conduite ou d'une administration abusive.

Dans d'autres circonstances, il devenoit important de répondre à des Décuries assemblées pour l'établissement d'une Loi, qu'elles vouloient faire passer contre le gré du Peuple, ou borner par des Loix somptuaires les atteintes d'un luxe & d'une magnificence devenues ruineuses aux familles & à la République.

En certains temps, il falloit élire des Magistrats, des Ediles, des Préteurs, des Consuls, même un Dictateur, lorsque la République étoit menacée d'un péril éminent. Il importoit quelquefois de discuter un Edit du Préteur, & d'en démontrer les avantages ou les inconvéniens.

Les Avocats étoient aussi appellés dans les Jugements paternels & domestiques ; où les peres jugeoient leurs enfans, & les parens de la femme décidoient sur les plaintes du mari.

Quant à la clientelle, les Avocats, comme protecteurs de villes, de Provinces entieres, en défendoient les intérêts. Ils faisoient valoir les privileges du Peuple, des

des Grands & des Magiſtrats ; ils en ſoutenoient les droits ; enfin, ils parloient ſouvent pour les Rois & contre eux.

Auſſi les Conſuls, les plus célebres Magiſtrats, les plus illuſtres d'entre les Patriciens, en un mot, les plus grands & les plus riches de la République, ſe faiſoient-ils gloire d'exercer cette profeſſion. Nous pourrions citer ici l'Empereur Numerien (1), Regulus, Ciceron, Hortenſius ſon émule, Tuberon (2), la Famille des Marc-

(1) Marcus Aurelius Numerianus, qui vivoit à la fin du troiſieme ſiecle, s'annonçoit fréquemment en public, & avec une grace qui lui étoit particuliere. Il permit qu'on lui dreſſât une Statue ſous le titre d'Orateur, mais il ne voulut pas qu'on y ajoutât la qualité d'Empereur ; donnant à connoître par cette modeſtie, que la puiſſance ſouveraine n'augmente pas le mérite du ſavant homme.

(2) Tuberon, Orateur Romain, qui défendit contre Cicéron la cauſe de Ligarius, Proconſul d'Afrique, immortaliſé par ſon Défenſeur. Tuberon fut ſi fâché de l'iſſue de cette cauſe, qu'il renonça au Barreau. Et cette harangue admirable

Antoine ; celle des Pison, Quintilien ; Pline le jeune, son éleve, & beaucoup d'autres.

Oui, elle étoit souvent exercée par les Grands & les Nobles ; aussi l'étude des Loix entroit-elle dans leur éducation ; elle en faisoit la partie principale: Ciceron nous l'assure, en disant que cette jeunesse distinguée apprenoit par cœur toute la Législation que renfermoit la Loi des douze Tables.

Pourquoi n'en useroit-on pas de même dans une Nation aussi policée que la nôtre ; où les Loix tiennent autant à la constitution de la Monarchie, qu'à sa force ? Les Loix, ainsi que les armes, en conservant l'Etat par un accord mutuel, ne font-elles pas sa plus grande gloire ?

A peine un jeune Romain destiné pour le Barreau, avoit-il atteint sa dix-septieme année, qu'il y étoit présenté par les personnes de la premiere considération ; il re-

que prononça alors Cicéron pour l'accusé, passe, avec raison, pour un chef-d'œuvre.

cevoit la robe virile ; on le confioit à un célebre Avocat, ſous les yeux duquel il ſe formoit.

En diſtinguant les cauſes publiques des particulieres, on ajouta encore à la célébrité des premieres par le choix du lieu.

Dans les cauſes publiques & toujours importantes, les Avocats montoient, ſoit au temple de *Tellus*, Palais où s'aſſembloit le Senat, ou entroient au champs de Mars, montoient dans la tribune, & y haranguoient le Peuple & le Sénat.

Dans les particulieres, ou cauſes privées, comme elles n'intéreſſoient que quelques citoyens, les Avocats plaidoient dans le *Forum*, lieu où les Curies s'aſſembloient. Ce *Forum*, qui n'étoit pas couvert, ainſi que l'étymologie de ce nom le déſigne, étoit ſouvent ſujet aux intempéries des ſaiſons. En plaidant ainſi *ſub dio*, les Romains, à cet égard, ſuivirent l'uſage de la Grece.

Là, ces Orateurs plaidoient la tête couverte, debout dans une place commode

& remarquable : ils avoient la liberté de dire tout ce qu'ils croyoient d'avantageux à la cause, sans cependant s'étendre au-delà d'un temps prescrit, étant obligés de se resserrer selon les *Clepsidres*, qui leur étoient données par les Juges, & dont l'usage venoit aussi des Grecs (1). On observoit néanmoins que l'accusé eût pour se justifier un temps plus considérable que celui qui avoit été accordé à l'accusateur pour le convaincre. Cette différence équitable fut introduite par Cneïus Pompeius, fils aîné du grand Pompée, qui naquit la même an-

---

(1) La *Clepsidre* fut inventée par BIAS, Philosophe bien connu, l'un des sept Sages de la Grece, & qui expira en plaidant pour un de ses amis. Cette machine hydrolique étoit une espece d'horloge, composée d'une double phiole ; l'eau tomboit goutte à goutte de la premiere dans la seconde ; & le temps de l'écoulement fixoit à l'Orateur celui dans lequel devoit finir son plaidoyer. Ces *Clepsidres* étoient plus ou moins grandes selon la nature des affaires.

née que Ciceron, cent six ans avant notre Ere, & qui, au dire de cet Orateur, porta aussi l'éloquence à son plus haut degré (1).

Les Avocats avoient-ils finis leurs Plaidoyers, s'il avoit été question de l'état, de l'honneur ou de la vie d'un citoyen, enfin de quelque matiere grave, pour peu que l'Orateur eût eu du succès, l'auditoire prodiguoit ses éloges à voix hautes : les Juges mêmes se levant de leurs sieges, en présence de l'assemblée, *pro concione*, joignoient leurs acclamations à celles du Public.

Aussi-tôt le Préteur prononçoit *dixerunt*; & les Juges, au nombre ordinairement de soixante-quinze, opinoient ; c'est-à-dire, jettoient dans une urne ou dans une boîte

(1) Pompée, de simple Chevalier Romain, devint trois fois Consul ; il rétablit la puissance des Tribuns par la force de son éloquence. Ce grand Général, rival de César, & vainqueur de l'Europe, de l'Asie & de l'Afrique, mérita & obtint bien des fois les honneurs du triomphe.

l'une de leurs tablettes. On ignoroit par ce moyen ceux des Juges qui avoient condamné ou abſous; néanmoins, comme chaque Décurie avoit ſes tablettes particulieres, & que ces Juges de premiere inſtance étoient des Commiſſaires délégués d'entr'elles, ou tirés du nombre des Décurions, Chefs de ces Décuries: on ſavoit en général que telle Décurie avoit été plus favorable ou plus ſévere.

Enfin le Préteur, accompagné de trois Centumvirs ſes Aſſeſſeurs, quittoit ſa prétexte, & prononçoit le Jugement qui avoit été rendu en cette forme par les Juges ordinaires, *Judices ordinarii*, dans l'un des quatre Tribunaux ou Conſeils dont étoient composé les trente - cinq Tribus partageant le Peuple Romain; car dans chaque Tribu il y avoit trois Centumvirs, ce qui forma d'abord pour les trente-cinq Tribus, cent cinq Centumvirs; mais par la ſuite leur nombre augmenta juſqu'à cent quatre-vingts.

Il en fut de même des Decemvirs, de

ces dix Magiſtrats égaux en pouvoir dans l'ancienne Rome, qui furent élus juſqu'à ſeize pour le gouvernement de la ville, & afin de pouvoir ſubvenir à une exacte police.

Quoique le Jugement ainſi prononcé par le Préteur, d'après l'examen des tablettes, fut ſouvent confirmé par des applaudiſſemens, cela n'empêchoit pas qu'on en pût appeller, ſoit au Sénat ou au Peuple; & du Sénat même, au Peuple.

L'uſage de ces tablettes prenoit auſſi ſon origine des Grecs: il y en avoit de pluſieurs formes. On en donnoit trois à chacun des Juges ou Commiſſaires délégués de chaque Décurie, & ces Juges ordinaires étoient auſſi convoqués par billets tirés au ſort du ſcrutin. Sur l'une de ces tablettes étoit la lettre A. *abſolvetur*, ſignifiant le renvoi de l'accuſé. Sur une autre N. L. indiquant que l'affaire n'étoit pas ſuffiſamment inſtruite, *non liquet*; & la troiſieme portoit un C, ſigne rigoureux de la condamnation, *condemnabitur.*

Quand il s'agissoit de l'établissement d'une Loi, les Commices alors s'assemblant, deux tablettes suffisoient; l'une marquoit U. R. *uti rogas*; l'autre A. *abrogetur*.

Lorsque le Sénat fit par la suite la distinction des causes publiques, d'avec les particulieres; comme ces premieres, intéressant la République, attiroient souvent une partie considérable du Peuple, on crut que pour les traiter il seroit plus commode de construire un édifice, qu'on appella Basilique, & dont le nom en demeura aux causes Basilicanes, parce qu'elles s'y plaiderent.

On continua d'agiter les causes particulieres dans le lieu d'assemblée des Commices, près de la tribune aux harangues: c'étoit l'ancien *Forum* ou l'aire nue, qui n'étant pas couvert, étoit souvent très-incommode, par l'inclémence du temps. Valere Maxime en cite plusieurs exemples; entr'autres, celui où Appius Claudius (1)

---

(1) C'est cet Appius Claudius, Orateur Ro-

plaidant, il survint un orage si considérable, que les Juges ne pouvant soutenir la grêle qui tomboit d'une grosseur & d'un poids extraordinaires, ni entendre l'Orateur par le bruit continuel du tonnerre, leverent la séance, croyant que les Dieux s'intéressoient à la cause d'Appius, & n'oserent par la suite l'engager de la continuer; car on sait que la superstition, dans ces temps de ténebres, influoit sur tout.

---

main, & l'un des Décemvirs, qui, devenu éperdument amoureux de *Virginie*, jeune Romaine, promise par Virginius son pere à un Tribun, la fit comparoître à son Tribunal, & là comme Juge, ordonna qu'elle seroit remise & accordée à M. Claudius qui la recherchoit aussi, & avec lequel cet inique Juge, & son parent, s'entendoit : ce qu'appercevant Virginius, il tira sa fille à part, & levant le poignard, ma fille, dit-il, voilà tout ce qui me reste pour te sauver l'honneur, & après le lui avoir plongé dans le sein, il chercha à se sauver de la multitude. Ce crime fut la cause qu'on abolit les Décemvirs, & qu'on rétablit ensuite les Consuls.

De même l'Avocat *Lucius Pifon* (1), profitant d'une pareille circonftance, toucha les Juges au point qu'il les ramena à la clémence. Et encore dans une femblable occurrence, *Sefo* obtint fon renvoi, fondé fur l'importunité du temps.

Le Peuple cependant fe contenta de cet ancien *Forum*, jufqu'à ce que Jules Cefar en eût fait conftruire un autre, qui coûta immenfément, & dont on peut voir les plants & la defcription au livre cinquieme

---

(1) Il étoit de la famille fi connue des Pifons, l'une des plus illuftres, & qui donna plufieurs grands hommes à la République. *L. Calpurnius Pifon*, furnommé *Frugi*, fut Tribun du Peuple; il publia plufieurs Loix, entr'autres celle contre le crime de concuffion : *Lex Calpurnia de pecuniis repetundis*. Il fut auffi Cenfeur & Conful. Ses Annales & d'autres de fes Ouvrages ne font point parvenus jufques à nous.

Caïus Calpurnius Pifon, Orateur comme celui-là, & enfuite Conful, fut l'auteur de la Loi qui défendoit les brigues pour obtenir les Magiftratures : *Lex Calpurnia de ambitu*.

de Vitruve, célebre Architecte ſous le regne d'Auguſte (1).

Les affaires s'étant multipliées avec le nombre des citoyens, Auguſte fit élever un troiſieme *Forum* très-orné : il y en eut un quatrieme, commencé par Domitien (2), & achevé par Nerva Ceſar, ſon ſucceſſeur. Mais de tous ces Palais, le plus riche fut celui que l'Empereur Trajan (3) ordonna,

---

(1) Auguſte, ſecond Empereur, neveu de Jules-Céſar, le premier des Empereurs Romains.

(2) Domitien fut le dernier des douze Empereurs, qu'on appelle Céſars ; & Nerva, le premier qui ait été Empereur, n'étant pas Romain ou Italien d'origine.

(3) Trajan fut adopté & enſuite aſſocié à l'Empire par Nerva, après la mort duquel il fut proclamé Empereur par les Soldats & le Sénat. Ce fut dans cette grande occaſion qu'il écrivit au Sénat, que jamais aucun homme de bien ne feroit mis à mort par ſon ordre, & il tint parole. Ce fut un des plus grands & des meilleurs Princes qui aient regnés dans le Paganiſme. Il étoit ſi humain qu'ayant rencontré un bleſſé, il déchira ſes vétemens pour bander ſes plaies.

& qui fut conſtruit par le célebre *Appollodore de Damas*, au rapport de *Dion Caſſius* (1). On y voyoit une colonne de cent cinquante coudées, ſur laquelle étoient gravées les principales actions de ce Prince. Ce fut au faîte de cette colonne, qui fait encore de nos jours l'admiration & la ſurpriſe de tous ceux qui vont à Rome, que les cendres de cet ami de la Juſtice furent conſervées.

Enfin rien n'étoit plus impoſant que l'appareil du Barreau Romain (2): les affaires

---

(1) Appollodore, Architecte ſous Trajan & Adrien.

Et Dion Caſſius, Hiſtorien, qui fut élevé par l'Empereur Alexandre Sévere, ſucceſſeur d'Héliogabale, le Sardanapale de Rome, à la dignité de Conſul. Caſſius avoit compoſé en grec une Hiſtoire Romaine, dont il ne nous reſte plus qu'une partie.

(2) Barreau, *en terme de Palais*, ſignifioit, dans l'origine, une *barre de fer*, ou *fermeture de bois* à hauteur d'appui, qui ſéparoit l'anceinte du Tri-

fréquentes tenant au grand intérêt de la République, les acclamations du Peuple, les

bunal où étoient aſſis les Juges, d'avec les Parties. Mais par extenſion ce terme a ſignifié dans la ſuite, l'Ordre même des Avocats. C'eſt dans ce dernier ſens qu'on dit les maximes du *Barreau*, l'éloquence du *Barreau.* Quelquefois même ce mot eſt encore pris dans une plus grande étendue, comme ſynonyme au *Forum* des Latins; & alors il s'entend collectivement de tous les Officiers de Juſtice, Magiſtrats, Avocats & Praticiens; en un mot, de tout ce qui compoſe, ce qu'on appelle vulgairement la *Robe.*

Quintilien dans ſon *Inſtitution Oratoire*, nomme *Forum*, le lieu où les Jugemens publics étoient rendus.

Séneque ſe plaint au ſecond Livre *de la Colere*, que trois Barreaux, *Fora*, ne ſuffiſoient pas de ſon temps pour arrêter les parjures, les fraudes, les artifices & la dépravation du cœur humain.

Feſtus (*) dans ſon Hiſtoire du *Forum* Romain,

(*) Feſtus (Porcius), Proconſul & Gouverneur de Judée, après Felix, vers l'an 60 de notre Ere. Ce fut lui qui fit amener S. Paul pour être jugé à ſon Tribunal, lorſqu'il étoit à Céſarée; mais S. Paul ayant appellé à Céſar, Feſtus l'envoya à Rome.

aſſemblées, les harangues, les perſonnages, tout étoit une ſource intariſſable de

---

en compte de ſix eſpeces différentes ; mais nous nous ſommes bornés ici à celui dont Cicéron, dans ſon Plaidoyer pour le Roi *Dejotarus*, fait la deſcription : *Per Forum ſubſellia intelliguntur, hoc eſt Judicia publica quæ exercebantur ſub dio, aut certè ex eo loco undè Cœlum facilè perſpici poſſit :* lieu vaſte expoſé au grand jour, & qui s'agrandiſſoit à proportion de la majeſté du Peuple Romain. Là les Patriciens, c'eſt-à-dire, la plus haute nobleſſe, venoient au ſecours du Citoyen opprimé. Dès que la Loi des Douze Tables fut établie, du conſentement du Peuple, par les Décemvirs, & d'après ce que la ſageſſe de la Grece avoit imaginé de plus parfait en ce genre, il y eut une néceſſité qu'il ſe formât deux emplois illuſtres, comme la Loi : celui de Juriſconſulte & celui d'Orateur. De Juriſconſulte, pour l'interpréter & donner ſon avis ; & d'Orateur, pour défendre cette interprétation ou cet avis pour ou contre les Cliens : celui-ci s'appelloit proprement Avocat, *Advocatus*, comme qui diroit appellé au ſecours des Cliens.

Les Avocats à Rome, quant à la plaidoirie,

grandeurs. Aussi l'Ordre des Avocats y jouissoit-il des avantages les plus considéra-

---

faisoient la même fonction que nos Avocats font aujourd'hui au Barreau ; car pour les conseils, ils ne s'en mêloient point, c'étoit l'affaire des Jurisconsultes.

Les Romains faisoient la plus haute estime de la profession d'Avocat ; les sieges du Barreau de Rome étoient remplis d'Ediles, de Prêteurs, de Consuls, de Généraux d'Armées, *Imperatores*, & d'anciens Dictateurs, qui tous se tenoient honorés de la qualité d'Avocats. Ces mêmes bouches qui commandoient au Peuple Romain, étoient aussi employées à le défendre.

On les appelloit *Comites*, *Honorati*, *Clarissimi*, & même *Patroni*, parce qu'on croyoit que leurs Cliens ne leur avoient pas de moindres obligations que les Esclaves en avoient aux Maîtres qui les avoient affranchis.

Ceux qui aspiroient aux honneurs & aux Charges se jettoient dans cette carriere pour arriver au comble de la gloire.

Les Jurisconsultes ne plaidant point, comme il vient d'être dit, formoient une espece de Magistrature privée & perpétuelle. Leur cabinet, dit

bles ; entr'autres, celui d'être exempt de ſubſides & de charges publiques, ſans

---

l'Orateur Romain, étoit comme un ſanctuaire, où les Citoyens, venant conſulter l'Oracle, rendoient un hommage volontaire au mérite & aux lumieres d'une vieilleſſe ſage & expérimentée.

Une longue ſuite de Juriſconſultes réfléchiſſant ſur les Loix, & les appliquant à la diverſité infinie des faits & des affaires, a formé ce corps de doctrine qui fait encore la plus belle légiſlation qui ſoit au monde. Les lumieres alloient toujours croiſſant à proportion de la révolution des temps & des affaires. Quelle diſtance entre les connoiſſances d'un Appius, d'un Caton le Cenſeur, & celles d'un Scœvola ; (*) & à tant de lumieres, combien n'en ont point ajouté la profondeur d'un Paul, la ſagacité d'un Ulpien, & la ſublimité de l'illuſtre Papinien ! (**)

(*) Publius Scœvola & Quintus Cerbidius Scœvola, tous deux illuſtres Juriſconſultes du temps de Cicéron, & le ſecond ſous l'Empire de Marc-Aurele ; c'eſt de celui-ci que nous vient le proverbe de droit, *Vigilantibus Jura Scripta ſunt.* Il ne nous reſte de lui qu'environ 350 citations dans le Digeſte. Il fut le Maître de l'Empereur Sévere & du Grand Papinien.

(**) Paul, célebre Juriſconſulte & Conſeiller d'Etat, avec Ulpien & Papinien, vers l'an 192 de J. C.

compter

compter le privilege d'être élevés aux dignités de la Magiſtrature, même aux grades

---

D'un autre côté, les Avocats ne devenoient point Juriſconſultes avant d'être parvenus à la vieilleſſe; il n'y eut d'excepté que l'Orateur Romain, dont l'élévation du génie étoit faite pour les grandes choſes. Qui ignore ce qu'il nous a appris lui-même; qu'il avoit conſacré ſes plus belles études à ſe pénétrer du ſavoir merveilleux de Scœvola?

Enfin les Juriſconſultes étoient des gens choiſis pour interpréter les Loix, & en faire l'application aux différens cas qui ſe préſentoient. Les uns compoſoient des Commentaires ſur les Loix, d'autres donnoient de ſimples réponſes verbales ou par écrit aux gens qui venoient les conſulter ſur leurs affaires particulieres. Quand les queſtions étoient trop importantes pour s'arrêter à la déciſion d'un ſeul, on les propoſoit publiquement; elles étoient diſcutées en préſence d'un grand nombre de Citoyens, & cette diſcuſſion s'appelloit, *diſputatio Fori.*

Ces Commentaires & ces réponſes, *reſponſa prudentum*, eurent toujours beaucoup de poids. L'Empereur Auguſte ſoumit les Juges à ſe con-

militaires, où en effet, quelques-uns de ces Orateurs parvinrent par leur mérite, & s'y distinguerent par leur bravoure.

---

former à leurs décisions. Théodose donna même force de Loi aux écrits des anciens Jurisconsultes distingués par la justesse de leur esprit ; & enfin l'Empereur Justinien, qui a réalisé le vœu que César avoit fait de rassembler les Loix dans un même corps d'Ouvrage, a donné la même autorité aux écrits de tous les Jurisconsultes cités dans le Digeste.

C'est ainsi que la lumiere de la Jurisprudence semble s'être accrue depuis Romulus jusqu'à Justinien.

A l'égard des Avocats ou Orateurs ; si l'éloquence a fait des progrès plus rapides, elle s'est aussi arrêtée plus promptement ; si elle étoit encore dans son berceau du temps d'Appius, s'agrandissant par la suite, elle jetta quelques foudres sous *les Gracches* : ces deux illustres freres ayant été formés à ce grand Art par leur digne mere *Cornélie*.

Enfin Caton, Crassus, Pompée, César & Hortensius, nous préparent tout-à-coup aux merveilles de la plus majestueuse & de la plus sublime éloquence. Cicéron semble avoir égalé par la beauté de son génie l'étendue de la République Romaine ;

La République vouloit-elle élire un Préteur, des Tribuns, des Consuls, un Edile,

---

mais cette ſublime éloquence ſemble s'être éteinte avec cette République qu'elle avoit ſauvée, & ne revivre que dans les Ouvrages de ſon grand Orateur.

Un uſage qui étoit particulier au Barreau de Rome, & qui ſembloit prendre ſa ſource dans la plénitude de la liberté latine; c'eſt que les Avocats ſe diſtribuoient reſpectivement une portion de la défenſe & de l'attaque.

Quelquefois dix Orateurs ſe levoient ſucceſſivement pour accuſer, & autant pour défendre contre l'accuſation: L'un s'attachoit à une portion de faits, l'autre à un autre. Celui-ci à un ou pluſieurs moyens, celui-là à d'autres.

L'un avoit plus de talens pour s'inſinuer dans les eſprits; & auſſi le chargeoit-on de l'exorde.

L'autre plus fort par le raiſonnement ſe chargeoit de la confirmation & de la réponſe aux objections.

Hortenſius étoit admirable pour diſcuter des faits, écarter des diſpoſitions ou des titres, ou pour en profiter; & Cicéron étoit incomparable dans le pathétique & dans l'expreſſion figurée pour

des Duum & Triumvirs ; enfin de nouveaux Sénateurs, ces Magiſtrats étoient pris, pour la plupart, parmi les Avocats ; & ſouvent ces défenſeurs de la patrie étoient portés à ces dignités par acclamation publique.

---

triompher des cœurs les plus obſtinés. Auſſi avoit-il toujours les grands mouvemens à traiter : on lui cédoit à l'envi l'exorde, & la peroraiſon lui étoit comme dévolue de droit.

Enfin Quintilien, Pline, Tacite, Plutarque, alors à Rome, & Maternus, (*) ſemblent avoir terminé avec ſuccès la glorieuſe carriere de l'éloquence du Barreau de Rome.

Sur ces faits, rapportés plus au long, Conſultez, 1°. *Spiegelius* dans ſon Dictionnaire de Droit, & au Traité, qui eſt enfin *de Juriſconſulto* : 2°. l'Hiſtoire de la Juriſprudence Romaine par M. *Terraſſon*, Ecuyer, Avocat au Parlement ; & 3°. l'excellent *Lèxicon-Juridicum*, *Juris Cæſaræi*, &c. *de Jean Calvin*, vulgairement appellé *Kahl*, Profeſſeur de Droit à Heidelberg.

(*) Maternus, (Julius Firmicus) célebre Juriſconſulte & Ecrivain du temps des enfans de Conſtantin, vers l'an 350 de l'Ere chrétienne.

On appelloit ceux qui n'avoient pas pu parvenir aux grandes charges, mais qui avoient atteint la vétérance, des noms de Comtes & de Clariſſimes : qualités rares, qu'on n'accordoit même pas aux Militaires qui avoient ſervis depuis vingt ans dans les armées. Ces anciens Orateurs avoient le pas ſur les Chevaliers; on mettoit des palmes devant leurs maiſons, ſigne certain que l'honneur étoit l'ame & l'objet de leur profeſſion.

La mort enlevoit-elle quelques-uns de ces Ephores (1), on en portoit avec reſpect le corps, couvert d'un voile blanc, la tête couronnée de palmes triomphantes, & le laurier à la main, au lieu deſtiné pour ſon éternel repos.

Les buſtes ou les ſtatues élevés à ces grands hommes, étoient placés dans les temples inſtitués aux différens cultes, ſurtout dans celui de la Vertu, qui en avoit un particulier chez les Romains. Ce temple

---

(1) Magiſtrats à Lacédémone.

joignoit celui de l'Honneur, & il falloit paſſer par le temple de la Vertu pour y entrer : allégorie ſenſible & inſtructive.

En un mot, les Avocats jouirent à Rome de la plus haute conſidération, & telle étoit la définition qu'en avoit donné le ſévere Caton (1). *Orator vir bonus, dicendi peritus.*

---

(1) Caton le Cenſeur, dont les Hiſtoriens ont faït, à juſte titre, tant d'éloges, fut Tribun Militaire, Queſteur, Préteur & enfin Conſul. Il exerça la charge importante de Cenſeur avec une intégrité ſans exemple. Suivant Cicéron il étoit excellent Orateur, Sénateur accompli & grand Général. Il eſt fâcheux que, excepté ſes Diſtiques & ſon Traité *de re Ruſticâ*, ſes autres Ouvrages ſe ſoient perdus. Trois choſes lui tenoient à cœur, diſoit-il, la premiere d'avoir paſſé un jour ſans avoir rien appris ; la ſeconde d'avoir confié ſon ſecret à ſa femme; & la troiſieme, un peu minutieuſe, étoit d'avoir été par eau, lorſqu'il auroit pu voyager par terre.

Ce Cenſeur étoit l'aïeul de Caton d'Utique, ainſi nommé du lieu d'Utique où il mourut. Après la Bataille de Pharſale, la défaite & la mort de Pompée, de qui il avoit pris le parti comme le

Voilà une idée, mais bien foible, de ce ſuperbe Barreau, que j'ai eſſayé, Meſſieurs, de vous retracer, d'après ce qui nous en a été dit, ſans doute beaucoup mieux & plus hiſtoriquement.

Mais le temps, qui dévaſte tout, & dont la main inviſible mine les plus floriſſans Empires, n'a pas reſpecté davantage cette fiere République, qui auroit dû être immortelle. Elle s'eſt écroulée ſur elle-même, & a diſparu comme tout ce qui l'avoit précédé (1). On ne

---

plus juſte. Caton arrivé à Utique, & ayant appris que Céſar le pourſuivoit, conſeilla à ſes amis de prendre la fuite, & ordonna à ſon fils d'éprouver la clémence du Vainqueur. Enſuite s'étant jetté ſur un lit, il lut deux fois le Traité de l'Immortalité de l'Ame de Platon, Philoſophe ſi célebre, l'un des plus beaux génies de la Grece, & mit fin à ſes jours glorieux en ſe perçant d'un coup de poignard.

(1) Chaque Peuple à ſon tour a brillé ſur la terre,
Par les Loix, par les Arts, & ſur-tout par la Guerre.

MAHOMET *de Voltaire*, Act. 2. Sect. 5.

la connoîtroit plus ſans doute, ſi ſes Loix, ſon plus glorieux monument, n'euſſent franchi l'intervalle des temps. Semblables au redoutable incendie d'un vaſte & antique Palais (1), où on ne verroit que cendre & pouſſiere, ſi les métaux précieux que renfermoit l'édifice, n'euſſent réſiſtés à la violence des flammes, pour laiſſer à la poſtérité des traces de ſa ſplendeur & de ſa gloire.

O révolution étonnante des âges! que ton ſort paroît ſouvent cruel à l'ame née ſenſible! mais tel eſt l'arrêt irrévocable du deſtin, ſur ce qui exiſte dans ce double hémiſphere; tout y eſt périodique & ſujet à révolution. Conſolons-nous; il eſt ainſi ordonné: tout plie, tout fléchit ſous le

---

(1) L'Incendie, ſi menaçant pour le Palais, eſt arrivé le Jeudi 11 Janvier 1776 à deux heures du matin. M. le Premier Préſident, pour en faire diminuer le progrès, donna des ordres, & y fit porter de prompts ſecours, guidé par ce zele patriotique qui l'anime ſans ceſſe.

despotique empire du temps; la regle est générale, elle s'étend à tout, elle n'admet aucune exception (1).

---

(1) *Sic fata volunt, omnia fert ætas;*
Et omnium rerum vicissitudo est.

TERENCE, *in Eunucho.*

Toute chose a son regne, & dans quelques années
D'un autre œil nous verrons les fieres destinées.

REGNIER, *Sat.* 4.

Ce vieillard qui d'un vol agile
Fuit sans jamais être arrêté,
Le Tems, cette image mobile
De l'immobile éternité;
A peine du sein des ténebres
Fait éclore les faits célebres,
Qu'il les replonge dans la nuit;
Auteur de tout ce qui doit être,
Il détruit tout ce qu'il fait naître,
A mesure qu'il le produit.

ROUSSEAU.

Et vous qui pour dresser un superbe édifice,
Employez tant de soin, de peine & d'artifice,
Quelle est votre espérance, ambitieux mortels?
Doutez-vous que le tems à la fin n'en dispose,
Quand les Grands & les Rois qui peuvent tant de chose,

Ne peuvent affranchir leurs Palais, leurs Hôtels ?
A ce fier destructeur tout cede l'avantage,
Rome, Lacédémone, Athênes & Carthage,
Sur les autres cités ne prétendent plus rien.
Le Soleil qui voit tout, vit tomber sa figure. (*)
Et ce tombeau, dont l'art surpassoit la nature,
Ce tombeau de Mausole a rencontré le sien.
Invincibles Césars, Hercules indomptables,
Superbes Conquérans, Puissances redoutables,
Qu'un espoir infidele aux allarmes nourrit;
Vous ne pouvez tirer de toutes les conquêtes,
Où la fureur de Mars abandonne vos têtes,
Qu'un rameau de laurier, qui jamais ne fleurit.

(*) Le Colosse de Rhodes.

RÉFLEXIONS

Sur la prétendue ſupériorité du Barreau de Rome.

EN comparant notre Barreau avec celui des Romains, il ſembleroit que le nôtre, à la vérité, inférieur quant à la pompe, le ſeroit auſſi quant aux talens, comme l'ont témérairement prétendu quelques Ecrivains. Mais en conſidérant de plus près, on verra qu'il n'eſt plus de différence ; que s'il y en avoit, elle conſiſteroit moins dans la parole, ne pouvant briller ici avec une ſorte de liberté, que dans la conſtitution de notre Monarchie, dont la politique & les maximes auſſi ſages qu'anciennes, feront toujours incompatibles avec la liberté orgueilleuſe, & la faſtueuſe oſtentation d'un Etat républicain, occupé ſans ceſſe d'un ſyſtême arbitraire d'adminiſtration.

Dans l'Etat démocratique, celui de l'indépendance ; les diſcuſſions, les jalouſies ; les conjurations, les émeutes, enfin les révolutions qu'il éprouve en tout temps, dangereuſes, & préparant ſa ruine, font néanmoins valoir, comme cela n'a été que trop fréquent chez les Romains, quelques Chefs, ou quelques Orateurs fanatiques, qui, ſe mettant à la tête de factieux, haranguent avec autant d'audace que de véhémence un peuple effréné, qui, ne découvrant pas l'art, les reſſorts ſecrets, l'adreſſe & les pieges de l'Orateur, ſe laiſſe ſéduire par l'enthouſiaſme de l'éloquence, & ainſi ſubjugué, ſort des bornes du devoir, en devenant rébelle à ſa patrie ; ce qui la jette dans une anarchie bien douloureuſe, en précipitant les horreurs de ſa fin, ſouvent même par le feu dévorant des guerres civiles.

Mais dans l'Etat monarchique, il eſt très-rare & preſqu'impoſſible qu'il arrive de ſemblables révolutions ; l'autorité & la tendreſſe vraiment paternelle d'un ſeul Souveraine n:raînant à lui, & lui conciliant tous les eſprits, pendant que ſon pouvoir, ſa juſtice, ſa clémence & les Loix contiennent tous les ſujets dans l'obéiſſance; obéiſſance flatteuſe, & qu'ils chériſſent, étant l'effet de leur affection naturelle pour le Prince, la ſource reconnue de leur bonheur, celle de leur propre ſûreté & de leurs paiſibles poſſeſſions.

Auſſi eſt-ce cette conſtitution nationale qui a rendu l'Etat auſſi tranquille. C'eſt à l'excellence de cette légiſlation, à la prudence de nos Souverains, & à notre amour pour eux, qu'il eſt ſans exemple que dans cette Dinaſtie on ait jamais éprouvé de troubles réels, de tumultes, ni d'orages; conſéquemment aucuns partis, point de Chefs, & nul Orateur ſecondaire, qui oſe ou qui puiſſe en aucun temps élever la voix pour haranguer le peuple. La cauſe n'exiſtant donc pas, il ne peut y avoir d'effet.

D'ailleurs l'eſtime & la conſidération que les Romains accordoient à leurs Orateurs, jointes à cet appareil du Barreau, à l'importance & à la célébrité des Cauſes, tout contribuoit à ce grand éclat, à cette gloire où nous ne pouvons nous flatter d'arriver, vu les usages de la Nation, dans laquelle cependant tous les sujets se rapprochent, se lient & se confondent insensiblement.

Pour pouvoir jouir des avantages qu'on accordoit autrefois à notre état, il faudroit que nos mœurs fussent encore à l'époque de cette simplicité primitive, dont le regne n'a passé que trop rapidement.

Temps heureux des premiers âges de notre Monarchie! toi dont on ne conserve qu'un stérile souvenir, ah! renais encore, s'il est possible! renais, pour faire aimer de même la justice, l'honneur, la vertu, la défense & le soutien des Loix; ainsi que cette simplicité de mœurs, compagne de la vérité, & qui a toujours formé l'apanage caractéristique de notre Ordre : c'est le vœu du cœur patriotique, de celui d'un Avocat zélé pour le bonheur de sa Nation (1).

(1) Les mœurs, ainsi que vient de le dire un

Les Romains, toujours imitateurs des Grecs, enrichis de leurs dépouilles, par conséquent devenus le peuple le plus distingué de l'Univers, ne purent se maintenir dans cette prospérité que par la sévérité des mœurs, & un travail progressif en tout genre, sur-tout par le soutien des Loix & l'austérité de la discipline; c'est ce qui leur valut cet ascendant si décidé sur les barbares.

Rome commandant à toutes les nations, & si redoutable par les armes, ne l'étoit pas moins par la sagesse du Gouvernement

---

de leur brillant Panégyriste (*) faisoient autrefois la force de nos aïeux. Ce sont elles qui élevent les Etats; c'est le luxe qui les renverse; c'est lui qui, plus puissant que le Dieu de Guerre, vengea Carthage & l'Univers des fers qu'ils avoient reçu de l'Italie. Sous sa main se détend & se rompt le ressort des Gouvernements.

(*) M. L'Abbé de Moy, Chanoine honoraire de Verdun & Curé de S. Laurent à Paris, dans un discours qui a remporté les deux Prix d'Eloquence au jugement de l'Académie de Besançon.

& la puiſſance de ſes Loix. Le Code prodigieux qu'elle a laiſſé, garant ſuffiſant, ne nous laiſſe aucun doute ſur cet objet, & prouve inconteſtablement que tout ſe rapportoit aux Loix.

Il y a plus; on ſait que l'Etat républicain, ſous différentes conſidérations, a auſſi des avantages ſur l'Etat monarchique. Dans une République bien conſtituée, les eſprits s'élevant naturellement au grand, & le vif deſir du bien général étant le but où tendent toutes les actions des particuliers, ceux-ci travaillent à l'envi, plus pour l'utilité de la patrie que pour la leur propre; chaque Membre ſe regardant comme un des Chefs de la République, penſe & agit comme ſi elle réſidoit uniquement en lui.

Auſſi, lorſqu'au Barreau un Orateur, toujours conſidéré par la nobleſſe de ſa profeſſion, plaidoit une cauſe intéreſſante, à l'inſtant, ainſi que nous l'avons dit, chaque Citoyen le preſſoit, le combloit d'éloges: cette multitude, en l'inſpirant, enflammoit ſon courage: il n'étoit plus

mention

mention que de cette affaire; chacun y prenant part, elle devenoit la cause commune, n'eût-elle rapport qu'à un simple particulier, & son défenseur acquéroit une gloire proportionnée à la cause qui lui étoit confiée.

Mais dans l'Etat monarchique, la Société ne peut se mêler des affaires du Gouvernement, le silence lui étant prescrit sur ces importantes matieres; &. les Sujets devant s'en rapporter à la sagesse du Monarque, elles ne s'agitent jamais en public.

Les causes privées intéressent d'autant moins, qu'à peine le cercle étroit des connoissances, les amis, les parens même y prennent quelque part. Ces causes ne formant point un objet de publicité, ou du moins cela étant bien rare, le défenseur ne peut se faire connoître, & l'affaire s'instruit & se juge sans éclat, quoique fréquemment plaidée avec une éloquence égale, peut-être supérieure à celle qui tonnoit dans l'antique Tribune.

Ce n'est donc pas la faute de l'Avocat, si

ſa cauſe, ici privée de cette célébrité qu'elle auroit eue à Rome, & qui auroit immortaliſé ſon défenſeur, peut à peine le faire connoître au Barreau, ou lui commencer une ſorte de réputation.

Ajoutons à ces conſidérations, que ces premiers Maîtres ne connoiſſant pas, ou du moins très-peu, les formes judiciaires & légales, n'étoient point, comme nous, aſſujettis, ni captivés par ces formes : ils n'avoient point de ces queſtions abſtraites & ſubtiles du Droit national, ni de ces points de Coutumes entr'elles ſi contraires, ni encore cette multitude trop étendue d'Ordonnances, & ces variétés dans une Juriſprudence non conſtante & ſouvent arbitraire.

Toutes ces choſes jettant de l'obſcurité, & reſſerrant le génie, ainſi que le talent, ſont ſouvent la cauſe d'une ſéchereſſe & d'une aridité qui énervent les reſſources que pourroit employer l'Avocat ; & qui, éclipſant la lumiere par des nuages épais & ténébreux, privent ſon plaidoyer d'une chaleur d'élocution qui deviendroit plus brillante, ſi elle n'étoit reſtreinte dans des entraves trop étroites, & aſſervies ou limitées par une barriere épineuſe, encore hériſſée de toutes les ronces de la difficulté.

Au contraire toutes les cauſes de ces Anciens, établies ſur des faits poſitifs & conſtants, ou ſur des points intéreſſants, ſoit l'humanité, les mœurs, la diſcipline ou l'Etat, étoient fondées ſur de grands motifs; & ces cauſes, ainſi défendues par des moyens puiſſants, tirés du Droit naturel & public, ouvroient une vaſte carriere à l'Orateur, lequel donnant l'eſſor à ſon génie, & joignant encore cette ample liberté de pouvoir, par une déclamation pathétique, (1) émouvoir les différentes paſſions, ſubjuguoit l'Auditeur par les lu-

---

(1) Chez les Romains la déclamation n'étoit pas ſophiſtique, mais pathétique; & au lieu de ſéduire l'eſprit, c'étoit l'ame qu'elle eſſayoit d'intéreſſer en cherchant à l'émouvoir.

mieres ſimples & naturelles de la raiſon ; la force & le charme de l'éloquence.

A ces aſſertions non problématiques, ne pourroit-on pas ajouter, & auſſi véridiquement, que les inventeurs ont toujours eu la premiere place dans la mémoire des hommes ? Que ceux qui ſe ſont d'abord exercés dans un genre tel qu'il fût, ſe ſont fait une eſtime, que leurs ſucceſſeurs, quoiqu'auſſi habiles, n'ont pas tous acquis ; parce que nous étant accoutumés aux grandes choſes, les plus belles paroiſſent communes ? Qu'en général on ne loue pas plus ſes contemporains que ſes compatriotes ; & que s'étant habitué à avoir une admiration trop grande ou trop ſervile pour l'antiquité, ainſi que pour l'étranger, cette habitude ſemble avoir conduit à la dépréciation du mérite (1).

(1) Nous ſommes trop crédules ſur ce qu'on a dit, faux ou vrai, ſur les ſiecles reculés. Cette crédulité, vice tenant à la pareſſe, coûte moins que de douter ; c'eſt la corruption du tems pré-

D'ailleurs, le nombre des Orateurs à Rome, étoit fixé, & non arbitraire, comme parmi nous; ils ne furent qu'environ soixante dans leur plus grande concurrence; ce qui augmentoit la célébrité d'un chacun, en procurant plus souvent l'occasion de parler en public.

Il est vrai qu'ici, l'abondance ajoutant à la considération de l'Ordre, on peut en dire ce que l'Esprit-Saint a dit des Sages: *que ce grand nombre tourne au profit de la Société* (1).

Mais cette quantité mettant obstacle à la réputation que chaque Avocat mériteroit,

---

sent qui nous rend si faciles sur les vertus & le mérite des anciens: car il est pénible à l'ame honnête de penser que les hommes aient toujours été aussi imparfaits qu'ils le paroissent. Il a donc fallu se rejetter sur le passé pour estimer son espece, & accroître le mérite des anciens; afin qu'en augmentant l'émulation, nous nous efforcions de les surpasser.

(1) *Multitudo autem sapientium, sanitas est orbis terrarum.* Sap. 6. vers. 26.

& la gloire ſe trouvant plus diviſée, chacun ne peut en acquérir une portion auſſi conſidérable.

Quoi qu'il en ſoit enfin, pourquoi notre Barreau ſeroit-il inférieur à celui de l'ancienne Rome ? La ſcience, les connoiſſances ſeroient-elles auſſi dégénérées ? On a tant de fois prouvé le contraire, qu'il ſeroit abſurde d'en vouloir donner de nouvelles preuves.

La raiſon humaine s'étant perfectionnée ſur tous les objets, la ſcience des Loix n'a-t-elle pas dû également faire des progrès en devenant ſupérieure à celle des ſiecles précédens ? Ne doit-elle pas monter en raiſon des connoiſſances acquiſes ? Perſonne n'ignore que cette ſcience ſi ſuſceptible d'accroiſſement, n'en ait pris beaucoup dans les différens regnes de notre Monarchie. Combien nos Légiſlateurs ont-ils ajouté à ce grand édifice des Loix Romaines, depuis l'établiſſement de notre légiſlation ? Il ne faut que jetter un regard ſur la vaſte étendue de nos Codes, pour s'en convaincre. D'ailſeurs, comme l'a dit Bacon ; *le progrès des loix accompagne toujours celui des armes* (1).

Ne faut-il pas que nos habiles Juriſconſultes joignent à la ſcience du Droit Romain, qu'avoient uniquement ces anciens Orateurs, celle de la Légiſlation nationale, de nos Coutumes particulieres & locales,

(1) Bacon, ce fameux Juriſconſulte, Chancelier ſous la Reine Eliſabeth, donne une idée ſinguliere de l'Antiquité, & qui doit paroître raiſonnable, quoique contraire à l'opinion reçue : c'eſt que l'antiquité ayant été la jeuneſſe de la Nature ; c'eſt à nous, à proprement parler, que convient le nom d'Anciens : car tout étant alors nouveau dans l'antiquité, elle a inventé & défriché ; au lieu qu'à préſent ayant l'avantage de l'expérience, on peut profiter des modeles & des connoiſſances antérieures : auſſi beaucoup de gens ne veulent employer leur tems à lire les Anciens, non qu'ils les mépriſent, mais parce que, diſent-ils, les modernes ont poli, avec beaucoup d'étude & d'induſtrie, ce que nos peres ont penſé de plus juſte & de meilleur.

encore ces dernieres si souvent opposées entr'elles ? Qu'ils sachent impertubablement les Ordonnances multipliées de nos Rois ; enfin tout ce qui compose la partie trop immense de notre Jurisprudence, ainsi que du Droit civil & public de la Nation?

L'étude du Droit en général étant bien plus considérable à notre égard, qu'elle ne l'étoit pour ces Romains, la supériorité de science doit donc rester de notre côté, si l'on joint encore, comme il est indispensable, aux connoissances & à l'acquis de toutes ces Loix civiles, la science sublime des Loix divines, celle des saints Decrets de l'Eglise, & des Canons respectables des Conciles ; enfin celle du Code ecclésiastique, des Decrétales, des libertés de l'Eglise Gallicane, & des matieres bénéficiales, ces dernieres sur-tout, assujetties à tant de formes rigoureuses & indispensables.

Mais, abstraction faite de toutes ces sciences, les hommes de tous les siecles ne se ressemblent-ils pas; les lumieres du nôtre ne pourroient-elles entrer en comparaiſon avec celles des anciens Romains? S'ils ſont devenus ſupérieurs aux Grecs, pourquoi au moins ne les égalerions-nous pas?

Nous voyons que les Gaulois, cette horde libre & magnanime, qui, avec des mœurs auſteres, rapportoit tout au bien général, qui ne formoit point de Légiſtes, (1) ni de profonds Juriſconſultes, mais qui créoit des hommes, des citoyens robuſtes & fideles à l'Etat, qu'elle élevoit avec une ſévere éducation les uns pour les autres; nous voyons, dis-je, que cette Nation belliqueuſe (2) réduiſit en cendre Rome, cette Reine du monde. Pourquoi nous ſortis de ces invincibles Habitans des Gaules & de la Germanie, qui avoient déja pour principe national, qu'on ne peut trouver l'avantage particulier, que dans le bien public; pourquoi ne ſerions-nous pas auſſi les héritiers de leurs vertus?

---

(1) Docteurs ou Profeſſeurs en Droit.

(2) *Tu Galle memento,*
Parcere ſubjectis & debellare ſuperbos.

Mais puisqu'en effet nous sommes les descendants, les rejettons de ce Peuple de Héros, dont on pouvoit enlever la vie, & non jamais l'honneur, le courage, ni la grandeur d'ame; & qu'il est aussi visible par ces traits dominants du caractere de la Nation, dans lesquels tout François doit se reconnoître, que nous sommes pareillement les héritiers de leurs vertus, ainsi que de leurs lauriers; pourquoi les mêmes causes n'auroient-elles pas produit dans tous les tems & dans tous les lieux, les mêmes effets?

Le cœur & l'esprit de la Nation ne peuvent changer : nos vertus de prééminence, seront toujours l'amour de la patrie, l'honneur, la bravoure, la franchise, cette loyauté nationale & caractéristique; enfin l'amour des Sciences & des Loix, ainsi que cette passion décidée pour nos Souverains, & pour tout ce qui émane de sa justice (1).

---

(1) Je vois un Peuple antique, industrieux, immense;

Pourquoi donc avec des titres aussi nobles, n'atteindrions-nous pas la majesté

Ses Rois sur la sagesse ont fondé leur puissance :
Et du Peuple soumis l'heureux Législateur,
Le gouvernant en paix, y regne sur les Cœurs.

VOLTAIRE, *Orphelin de la Chine*, *Act*. 4. *Sce*. 4.

Un homme disant, en présence du Roi Antigonus, que tout étoit également juste & honnête pour les Rois : *Oui*, ajouta Antigonus, *pour les Rois babares, mais pour nous ce qui est honnête, & ce qui est juste, doit seul nous paroître tel.*

Comme on s'étonnoit de le voir d'une humeur si douce dans sa vieillesse : *C'est*, dit-il, *que j'ai besoin de conserver par la douceur, ce que j'ai acquis par la force.* Un Poëte l'ayant appellé Divin, *mon Valet-de-Chambre*, reprit Antigonus, *sait bien le contraire.*

Il avoit coutume de dire, *que la Royauté est une honnête servitude, & que si l'on savoit ce que pese une Couronne, on craindroit de la mettre sur sa tête.*

Comme on représentoit à Henri IV le peu de pouvoir qu'il paroissoit avoir à la Rochelle : *Je fais*

de ces anciens habitans du Tibre ? Ils n'ont pas toujours été invincibles, puis

---

repartit-il, *dans cette Ville tout ce que je veux, en n'y faiſant que ce que je dois.*

Il eſt donc important de s'inculquer de bonne heure dans l'eſprit, qu'on ne doit pas aimer la juſtice & la vertu, ni faire le bien en vue de l'eſtime & de l'admiration des hommes, des honneurs & des récompenſes humaines, qui ne ſont pas toujours la preuve & le prix du mérite, étant communs aux bons & aux méchants. Les actions honnêtes, le reſpect pour la juſtice, la bonne foi, la ſincérité, & ſur-tout la ſainteté des ſermens, portent leur prix & leur récompenſe. Si nous ne ſommes gens de bien qu'en raiſon de quelque profit particulier, dit Cicéron, nous ne ſommes pas tels, mais des trompeurs.

Au lieu d'entretenir un jeune Prince d'idées de grandeur & de puiſſance, parlez-lui des vœux que ces milliers d'hommes, ſur qui il doit regner un jour, font ſans ceſſe pour lui ; faites-lui ſentir la barbarie qu'il y auroit à n'être pas ſenſible à leur affliction : il s'accoutumera à chérir ſes Sujets. Un Roi qui aime ſon Peuple, en étant adoré, devient un Monarque bien redoutable à ſes ennemis.

que nos ayeux, ces Gaulois ont ſi bien ſu les réduire, en aſſiégeant leur Capitole, en prenant leur ville aux ſept montagnes & en devenant tant de fois leurs vainqueurs ; ſeroit-il plus difficile de parvenir à l'eſtre dans les Sciences ?

Ne ſçait-on plus que la nature, malgré l'étendue de ſon pouvoir, ne peut changer les eſſences ? Que les hommes étant nés pour l'étude & le travail, que ſe ſuccédant les uns aux autres ; la Science, les Arts & toutes les facultés en ſe tranſmettant ainſi, ont dus ſe perfectionner ? & qu'enfin la nature tend elle-même à cette perfection, avec une force d'autant plus sûre qu'elle eſt inſenſible ? Oui elle n'y avance qu'à pas lents, mais ſa marche eſt ferme & conſtante, en élaborant avec patience, elle ne varie point pour arriver à ce terme graduel de la perfection ; c'eſt l'ouvrage tardif, mais infaillible de la raiſon & le fruit de l'heureuſe libéralité de cette mere commune de toutes choſes.

Notre Architecture civile, militaire &

navale (1) la Musique (2); la Sculpture; la Peinture, enfin tous ces Arts aussi utiles

(1) MM. Gabriel, Contant, Soufflot, Rousset, Boullée, Dewailly & beaucoup d'autres, en donnent journellement des preuves sous une direction aussi éclairée que l'est celle de M. le Comte d'Angevillé.

(2) Rien ne fait mieux connoître quel est le génie d'un Peuple, que la Musique goûtée par sa Nation : « O Grecs, s'écrie presque à chaque » instant, Platon : prenez garde à votre Musique; » si vous la changez, c'est fait de vos mœurs ».

En effet, rien n'est plus propre à déceler le fond du caractere d'une Nation que le goût qu'elle fait paroître pour tel ou tel autre genre de Musique. Ne seroit-ce pas s'écarter des voies de la Nature, que d'adopter une Musique compliquée, confuse, & dont les mouvemens trop variés ne feroient que remuer un peu le sang, sans pénétrer jusqu'à l'ame? En cela, comme en bien d'autres choses, les êtres qui nous sont inférieurs devroient nous servir de modeles; & le chant des oiseaux sera toujours enchanteur, parce que l'oreille, détestant la confusion, aime à distinguer ce qu'elle entend, & à le goûter à loisir : elle veut porter jusqu'à l'ame la sensation dont elle est affectée, l'y

qu'ingénieux, ſous le regne de Louis le Grand, & depuis plus d'un ſiecle, ne

---

faire paſſer ſans travail; enfin lui en rendre pour ainſi dire raiſon.

Il en eſt de l'ouie à-peu-près comme de la vue, celle-ci veut ſe repoſer doucement ſur les objets pour pouvoir parcourir les beautés qu'ils renferment, les admirer & en être émus. Celle-là quoiqu'un peu plus prompte, à la vérité, veut néanmoins être entraînée comme malgré elle, & ſans aucune peine de ſa part, par les charmes d'une noble & douce mélodie.

Ainſi la Muſique, que l'on pourroit regarder comme la plus énergique, ne ſeroit-ce pas celle qui pourroit allier à la majeſté, au ſentiment flatteur, aux effets, à la mélodie gracieuſe & au tour auſſi élégant qu'agréable du chant françois; la vivacité, la légereté & la gaieté de la Muſique italienne, avec l'expreſſion des ſentimens pathétiques, & d'une déclamation lyrique que pourroient ſuggérer les différentes paſſions qu'on voudroit peindre, & ce, par des procédés qui tiendroient à tous les différens genres de Muſique? Oui, ſans doute; & ſi l'on conſidere principalement la nature, ſi on la conſulte comme un interprete fidele, ainſi que le cœur, l'eſprit & le

font-ils pas au degré de perfection, où on les avoit vus, dans les beaux jours de la République, sous le regne d'Auguste (1)?

Combien la sphère des connoissances humaines s'est-elle étendue? Dans les sciences,

---

caractere de la Nation où cette Musique énergique s'exécuteroit : la nature devant toujours être le point de vue de l'Artiste en tout genre. Mais pour la bien rendre, il ne faut point d'efforts; on deviendroit gigantesque, si l'esprit se trouvoit violenté pour composer; & il n'y auroit plus de graces, de goût ni d'expression. Sur-tout dans l'Art musical, qu'on évite la Monotonie, que l'on crée du chant, c'est la partie de l'invention, le vrai signe du génie; sans mélodie, point de musique; ce seroit de l'algebre & des sons que le hasard fourniroit plus ou moins harmonieux.

Discordia concors.

(1) L'homme donnant alors l'effort à son génie :

Sous son cizeau le marbre respira,
Sous ses pinceaux la tolle s'anima ;
De la cadence il fixa l'harmonie,
Et sous ses doigts la flûte soupira.

D'Abancourt.

que

que de nouvelles découvertes! Combien la morale, les connoiſſances philoſophiques, celles ſur la Phyſique, (1) les Mathématiques,

(1) M. de Bernieres, de différentes Académies, & trop patriote pour n'être pas de la Société libre d'Emulation de France; Société ſi intéreſſante, qui, à peine à ſon aurore, en répandant déja les témoignages éclatants d'un zele le plus généreux pour l'encouragement des Arts, Métiers & Inventions utiles, ne pourra par la ſuite que devenir très-précieuſe, & faire honneur au goût naturel de la Nation, ſur-tout ſi l'opulence deſire s'en occuper: M. de Bernieres, dis-je, ce Citoyen recommandable par ce génie auſſi actif qu'inventif, n'a-t-il pas de nos jours augmenté les lumieres ſur les recherches & les connoiſſances phyſiques? N'a-t-il pas enrichi les Arts de cette grande lentille à liqueur, poſée au Louvre dans le jardin de l'Infante? Ne lui ſommes-nous pas redevables des batteaux inſubmergibles; des canons courbes propres à l'Artillerie marine; d'un rouet à filer d'un même tems des deux mains; entr'autres machines, de celle à meſurer les réfractions; enfin d'une manufacture de Glaces courbées appliquables à tant de moyens, & dont il réſulte tant d'effets?

la ſcience du Génie, la Tactique & une infinité d'autres, ſe ſont-elles accrues &

Oui, toutes ces ingénieuſes découvertes, ces inventions utiles à l'humanité, ſi agréables, même à la ſimple vue, lui deſtinent une place à côté des Newton, des Deſcartes, des Nollet & des autres Géometres & Phyſiciens, dont la Nation s'honorera toujours.

Dans cet Art imitatif qui produit à l'infini des objets ſi variés : Art qui, en devenant utile à la Bibliographie, fait paſſer à la poſtérité des chefs-d'œuvres de l'Art, victime du tems, & ne pouvant s'y ſouſtraire. Dans la Gravure enfin, ne doit-on pas la découverte avantageuſe de la maniere au crayon, même celle d'ajouter les couleurs propres & locales à MM. François, Deſmarteau & Leblond ? Quel bon uſage, ou quel parti profitable pour les Eleves, ces Artiſtes ; & encore MM. Gaultier, Bonnet, Briceau & Janinet, n'ont-ils pas tiré de cette découverte, chacun dans leur genre ? Même dans ce moment, M. Regnault pour ſes planches, repréſentant les plantes uſuelles, relatives à la Botanique ; en un mot, quelle reſſource pour une prodigieuſe quantité d'Artiſtes, tant étrangers que nationaux qu'il n'eſt poſſibl

multipliées? Que de reſſources & d'inventions, pour écarter les maux qui aſſiegent l'humanité! Que de facilité pour contenter nos deſirs, pour prévenir le faſte, & ſatisfaire aux beſoins factices d'un luxe devenu dangéreux (1), en augmentant

---

de nommer ici, mais qui tous ſont déja bien connus?

(1) Un des plus malheureux effets du luxe eſt d'arrêter le progrès de la population, & ce dégoût du ſolide, ou plutôt ce goût du frivole, eſt cependant le fruit d'une ſorte de Philoſophie; mais quoiqu'il en ſoit, ce luxe a deux faces, l'une bonne, l'autre mauvaiſe, ſoit pour le Public, ſoit pour les Particuliers. C'eſt un profit évident pour ce Public que les Arts, ſoutien du Peuple, fleuriſſent; que les riches, loin d'entaſſer, dépenſent, & que la finance circule dans l'Etat comme le ſang dans le corps. Mais ce qui eſt nuiſible à tous, c'eſt l'uſage des choſes précieuſes, qui, ne naiſſant, ni ne ſe fabriquant dans le Pays, s'y conſomment cependant. Si en les payant bien cher, il faut encore les tirer du dehors; c'eſt une porte continuellement ouverte pour faire ſortir l'or de l'Etat à ſon

même celui de la nature par l'idre du rafinement ! Enfin que de moyens pour doubler les agrémens d'une vie douce & tranquille ! que d'Écoles ! que de sçavantes Académies ! & quelle vaste & profonde Encyclopédie !

---

désavantage, & pour enrichir l'Etranger, en appauvrissant le Citoyen.

Le luxe ne sied pas même aux Princes. Toutes les dépenses qu'ils font au-delà de celles qui sont nécessaires pour le soutien de leurs dignités, sont autant de superfluités ruineuses. Plusieurs d'entr'eux se sont repentis d'avoir employé à des vanités passageres une partie de leurs trésors. L'avis des meilleurs politiques est que le Prince fasse une épargne honnête pour les besoins qui peuvent survenir. Une foule de Loix concernant les dépenses, n'avoient été que des paliatifs & des remedes de peu de jours pour l'ancienne Rome, toute plongée dans le luxe. Vespasien monte sur le Trône ; l'exemple de sa modération & de ses épargnes suffit pour faire tomber le goût des dépenses excessives, & pour guérir de leur folie les Citoyens les plus prodigues de leurs biens, & les plus avides de ceux d'autrui.

N'eſt-ce donc pas une opiniâtre & folle manie, injurieuſe à la Nation, que de vouloir perpétuellement louer les aïeux, aux dépens de la poſtérité, en cherchant ainſi à dégrader les arrieres-neveux ? Ces progrès dans les ſciences, dans les Arts, toujours refleuriſſant dans les tems de paix, ne ſeroient-ils pas un préjugé favorable, & n'annonceroient-ils pas aſſez, que nos talens pourroient aller au moins de pair avec ceux des anciens ? La carriere du Barreau étant continuellement ouverte, & les reſſources de l'Art Oratoire étant inépuiſables ; car les Arts n'ont point de bornes ; n'avons-nous pas un champ toujours nouveau à façonner ? Oui, & qui cultivé par d'habiles mains, ne peut fournir que des moiſſons ſans ceſſe plus abondantes.

En effet ſi nous avions les mêmes cauſes, accompagnées de pareilles circonſtances & des mêmes avantages, il eſt conſtant que nos grands Orateurs les plaideroient aujourd'hui avec autant de force & de ſuccès qu'en ont eu ces Romains : encore étoient-ils ſecondés par une langue plus majeſtueuſe, plus féconde & plus flexible que la nôtre, & dont la beauté de l'idiôme n'a pas peu contribué à l'harmonieuſe énergie de leurs plaidoyers & à leur haute réputation.

On ſait que notre langue ne s'étant dépouillée de la barbarie, & n'ayant commencé à acquérir quelque élégance que ſous le regne de François premier, le reſtaurateur des lettres (1), elle n'a pu être en uſage au Barreau qu'en 1539; tems encor bien voiſin de celui-ci.

C'eſt donc ſans motif, par un jugement haſardé, ou par un eſprit purement ſatyrique, que quelques Écrivains ſe ſont ingérés de vouloir placer nos Ora-

(1) Ce fut François I. qui ordonna que les Actes publics & les Jugemens ſeroient à l'avenir rendus en Langue françoiſe ; car avant, c'eſt-à-dire, au quinzieme ſiecle, on employoit au Barreau que la Langue latine.

teurs au-dessous de ceux de l'ancienne Rome.

Ils auroient eu quelque fondement, dans ces premiers siecles d'ignorance, où la nation s'est vue plongée comme toutes les autres ; mais à présent que nous marchons sur la même ligne & d'un pas égal aux Romains ; que même depuis un si long espace, nos facultés se sont infiniment accrues dans la science des loix ; que la langue latine nous est restée dans sa pureté, comme elle l'étoit à l'ancienne Italie ; la possedant, & nous en servant même avec familiarité (1) ; qu'ayant encore

(1) Entre un nombre infini d'Ouvrages composés en Langue latine, nous avons de M. Husson, Avocat, dont le mérite éminent a fait la réputation dans le dernier siecle, un excellent Traité, *de Advocato*. Ce bon Livre, outre la solidité des préceptes & des maximes lumineuses qu'il renferme, confirme par l'élégance & la pureté du style, la vérité de cette assertion.

Les Œuvres du fameux Cujas, du grand Dumoulin, des immortels Pithou, freres, tous deux

des connoiſſances & un certain acquit ſur

Avocats ; les Dialogues de Loiſel ; les ſavans Ouvrages du célebre M. Pothier d'Orléans ; le Traité, *de Legibus naturæ*, traduit en françois par Barbeyrac, & en anglois par Jean Maxwel ; le *Libra veritatis* ; le Traité, *de veritate Religionis Chriſtianæ* ; celui intitulé : *Genealogiæ Imperatorum, Regum, Ducum, Comitum*, &c. (*) Enfin le *Prædium ruſticum* ; & celui qui a pour titre, *Ruris deliciæ*, par M. Bertrand, Avocat, Membre de l'Académie d'Angers, tous deux Poëmes charmants, & ſi énergiquement écrits. En un mot, beaucoup d'autres Ouvrages bien connus par les Littérateurs, n'en donnent-ils pas journellement les preuves, & des plus authentiques ?

Quant à notre Langue nationale, c'eſt encore aux principes établis & aux déciſions conſtantes de feu M. Reſtaut l'Avocat, qu'on s'en rapporte, & lorſqu'on veut écrire correctement.

Oui, la Littérature, quoiqu'on en puiſſe dire : ſe ſoutient dans ce ſiecle avec éclat. Que d'excellens Poëmes n'avons-nous pas en tout genre, inconnus aux beaux jours de gloire de Louis XIV ?

(*) Voyez enſuite de ce diſcours la Note générale de Supplément, (n°. 1.) juſtificative de ce que nous avançons.

celle des Grecs , ſur cette langue ſi

Tels , le Poëme épique de la Henriade : la France n'en avoit point.

Le Poëme didactique ſur la Peinture , par M. Watelet.

En latin , le Poëme des Paſſions , (*Motus animi ,*) du P. Brumoy , & ſon Théâtre des Grecs , un des meilleurs Livres de la Langue , ainſi que ſon Poëme de la Verrerie , (*de Arte Vitreâ.*)

Le Poëme du mariage des Fleurs , (*Connubia Florum ,*) par M. Mac-Encroe , Médecin de la Faculté de Paris , dont les vers ſont auſſi fleuris qu'harmonieux.

Celui encore ſur l'excellence de l'Imprimerie , auſſi en latin , par Claude-Louis Thibouſt , dont les vers ſont ſi coulants , & dont nous devons tout récemment la traduction à M. Thibouſt ſon fils.

L'inimitable Lafontaine , qui vient de paſſer preſque ſous nos yeux , ſouvent avec les mêmes graces , dans l'harmonie de la Langue latine.

Dans la Morale , peut-on deſirer un plus beau Livre que *la Théorie des Sentimens agréables* , qui rend , ſans perte , les charmes des Offices de Cicéron , le meilleur Livre de l'antiquité ; M. l'Evêque de Pooueilly , ſon Auteur , a été le pre-

expreſſive, ſi variée, ſi harmonieuſe & ſi

---

mier qui ait fait connoître les Œuvres du célebre Newton, & qui conçut la plus haute eſtime pour un génie ſi heureux & ſi modeſte. Les vrais grands hommes ne pouvant manquer de ſe connoître, ſe chériſſent toujours.

Dans les Sciences, peut-on monter plus haut que l'Encyclopédie ? Et les principaux Auteurs de cet incomparable Ouvrage ne ſont-ils pas, chacun dans leur genre, des plus ſavans que la France ait produit ?

Quel plus ſublime Auteur dans la légiſlation, dans le droit de la nature & des gens, ainſi que dans la politique des divers Peuples de la terre, que l'Auteur de *l'Eſprit des Loix ;* des *Lettres Perſannes ;* de *la Décadence de l'Empire Romain ?* Fut-il jamais un eſprit plus élevé, plus ſublime que Monteſquieu ? Eſt-il un aigle dont le vol ſoit plus hardi ? A-t-on jamais, après tant de force, montré tant de moelleux & tant de grace, que dans le charmant Temple de Gnide ?

Tout nouvellement M. l'Abbé de Mably ne vient-il pas de découvrir, avec tout l'art poſſible, dans ſon Traité de la Légiſlation, les reſſorts gé-

chere à toute oreille ſenſible. Qu'enfin

---

néraux & particuliers qui font agir & mouvoir les différentes ſortes de Gouvernemens, en établiſſant le bonheur ſur la baſe ſolide de la liberté & de l'égalité (*)?

Vit-on Juriſconſultes plus profonds, plus éloquents que Cochin, Terraſſon, Lenormand, Aubry, &c.?

Dans les Lettres avons-nous eu des hommes plus ingénieux que Fontenelle, plus brillants & plus diverſifiés que Voltaire? en avons-nous eu de plus ſpirituels que Pyrron, de plus tragiques que Crebillon? avons-nous poſſédés de genies plus dignes de la Nature que MM. Buffon & de Juſſieu? de plus élégants, de plus gracieux que Greſſet, que Crebillon le fils, Saint-Foix, l'Abbé Deliſle, Dorat & le pompeux Thomas? de plus naturels & de plus faciles que Collardeau? de plus ſublimes Mathématiciens que d'Alembert? de plus ſéduiſants & de plus réels Philoſophes que le Citoyen de Geneve?

(*) Liſez à la fin de ce Diſcours l'Epître en Vers, adreſſée à M. l'Abbé de Mably, par M. Cailleres de l'Eſtang, Avocat, & vous verrez que le ſavant interprete de Thémis, peut auſſi quelquefois l'être des doctes Sœurs, & mériter leurs rares careſſes.

la nôtre, dialecte de ces deux langues; s'en enrichit continuellement (1). D'après

La main se fatigueroit s'il falloit écrire tous les noms des heureux génies de nos jours. Je suspens à regret, & me vois forcé d'en passer sous silence un grand nombre, tels que MM. Lacurne de Sainte-Palaye, Helvetius, Daubenton, Saurin, Marmontel, Leblanc, de Belloy, l'universel M. de la Harpe & une infinité d'autres, l'honneur des Sciences & de la Littérature.

(1) Parmi nous, ceux qui se rendent familiers avec les Langues mortes & celles étrangeres, plusieurs ont encore conservé ce goût, cette noble passion pour les beautés de la Langue grecque.

Feu M. de Jolly, Avocat, nous a laissé une traduction élégante des Pensées, écrites en grec, de l'Empereur Marc-Aurele, Antonin, le Philosophe (*).

Et encore MM. Cailleres de l'Estang (**), Sain-

(*) On vit sous le regne de cet Empereur, qui nâquit l'an 121 de J. C., l'accomplissement de cette ancienne maxime des Grecs: « Que le monde seroit parfaitement heu» reux, si les Philosophes étoient Rois, ou si les Rois étoient » Philosophes ».

(**) Avocat généreux, estimable Confrere,
Esprit savant & juste, excellent caractere,
Ami sûr & fidele, obligeant & discret
Cailleres, dans mon cœur, tel j'y vois ton portrait.

tant d'avantages accumulés ; comment pourrions-nous être inférieurs à ces Romains ?

J'ose le dire avec confiance ; tant que l'honneur, le goût pour l'étude & le zele de notre état, continueront d'exister parmi nous ; que nous serons guidés dans nos fonctions par ces astres dominans, nos efforts seront suivis des mêmes succès,

---

tin Leblan, Lohier, & beaucoup d'autres Savans Jurisconsultes, ne pourroient-ils pas facilement donner des preuves de leur érudition sur une Langue qui forme souvent leurs délassements ?

Il y a plus : l'édition grecque avec la traduction latine récemment faite du Dictionnaire d'*Appollonius*, un des meilleurs interpretes d'*Homere*, par M. d'Anse de Villoison, estimé dans la République des Lettres, & déja reçu, quoiqu'à peine à son sixieme lustre, de l'Académie des Belles-Lettres, & de presque toutes les autres Académies de l'Europe ; ne nous donne-t-elle pas la certitude qu'on n'a pas encore oublié les élémens d'une Langue aussi précieuse, mais qu'au contraire cette mere de tant de Langues se cultive avec succès ?

que ceux des Grecs & des Romains (1) : & nous ſerons toujours leurs rivaux, ſans devoir diſcontinuer, en les admirant, de les imiter, quoique nous parvenions *diem ex die*, à les gagner de ſupériorité ; oui :

Oſons ſans fanatiſme admirer nos aïeux ;
Qu'ils ſoient nos conducteurs, mais ſans être nos Dieux.

Ep. attribuée à Voltaire.

Il eſt vrai qu'il eſt bien important de conſerver l'honneur, cette vertu ſacrée, perle ſi précieuſe & l'ame de notre état. C'eſt à des mœurs pures, & à la diſcipline qu'on en devra le maintien ; la regle cette ſage gouvernante, doit en être la ſauvegarde ; tant qu'elle ſera ferme & exacte, elle produira d'excellens effets ; mais ſi

(1) *Cedite Romani Scriptores, cedite Graii,*
Neſcio quid majus, naſcitur Iliade.

Properce.

Cedez Grecs : oui, cedez ; & vous auſſi Romains ;
Domat, Monteſquieu, tels ſont nos Ecrivains.

par une fatalité ſans exemple, elle ſe relâchoit, que les chaînons vinſſent à ſe rompre ; il en réſulteroit que n'y ayant plus d'honneur à eſpérer, la chûte de cette claſſe nombreuſe en Citoyens, ſeroit inévitable, & que le dernier crépuſcule de ſa gloire s'évanouiroit auſſi-tôt.

C'eſt donc à l'ordre, à cette famille raſſemblée, toujours integre, prudente & ſans reproches, en veillant ſans ceſſe, ſemblable aux Veſtales, à y entretenir ce feu ſacré de l'honneur, pour qu'il ne puiſſe jamais s'éteindre, & afin qu'à la moindre tache, l'ordre puiſſe lui-même y apporter un ſecours auſſi prompt qu'efficace.

Nous pouvons à cet égard, nous repoſer ſur l'infatigable vigilance de Meſſieurs les Anciens, convaincus comme nous le ſommes, que ſi jamais quelque membre s'écartoit de ſes devoirs, ces zélés confreres ſauroient ſans lui cauſer d'ameres mortifications, l'y faire rentrer, ſans bruit ni ſcandale ; même qu'ils auroient l'art de le ramener aux vrais principes, toujours par la voie sûre & agréable de l'honneur. Par ce moyen ils transmettront à leurs successeurs, l'ordre dans un état aussi pur, qu'ils l'auroient reçu; & se survivant à eux-mêmes, ils en perpétueront la chaîne non interrompue, dans une suite de siecles aussi vaste & aussi éloignée, que l'est à présent de nous, celle de ces illustres Romains, encore les objets de notre admiration.

Mais, Messieurs, en désignant les qualités & les devoirs essentiels de notre état, passons à la seconde partie de ce discours.

SECONDE PARTIE.

QUELS ſont donc ces devoirs & ces qualités ? Que faut-il faire pour y parvenir & les remplir ?

Joindre les vertus de l'homme à la ſcience des loix ; aux talens du Juriſconſulte, unir les qualités du cœur avec celles de l'eſprit.

Qui, dit un Avocat, annonce & ſuppoſe dans celui qui porte ce titre, tout ce qui conſtitue l'honnête & le galant homme ; l'homme ſavant, ſur-tout dans la ſcience exacte des loix, le vrai Legiſte & l'Orateur ayant l'uſage des Belles-Lettres, mais ſans en faire abus (1) : Enfin

(1) *Otium ſine Litteris mors, & hominis vivi Sepultura.* SÉNEC. Ep. 82.

D'un bel eſprit ne retraçons l'image,
C'eſt un follet qu'éteint le moindre vent ;
Mais le bon ſens, mépriſé ſi ſouvent,
Ne craint ni les vents ni l'orage.

Par M. Bruſſel, Auditeur des Comptes. Cet

le bon Citoyen & l'homme public, auſſi recommandable par la douceur, la mo-

---

ami de la Philoſophie careſſe tour-à-tour les Muſes; il eſt leur favori : Belles-Lettres, Poéſie, Muſique, Peinture, toutes lui ſont également familieres ; elles rempliſſent alternativement les doux loiſirs de ce mortel, chéri de la Nature.

Nous devons à cet amateur diſtingué, la ſuite complette du *Virgile traveſti*, ainſi que la *Promenade utile & récréative de deux Pariſiens*, ou *Relation de leur Voyage en Italie* : Ouvrages gais & burleſques, qui rappelleront toujours avec un nouveau plaiſir, ces génies inimitables des *Scarron* & des *Bachaumont*, les illuſtres modeles de M. *Bruſſel.*

Sans le ſecours des Muſes ou des Lettres, la ſolitude a peu de charmes ; d'après ce principe, il faut regarder la néceſſité de l'étude comme l'aliment de l'homme privé.

Le tems, ce poids ſous lequel plie, s'affaiſſe & ſuccombe toute la Philoſophie étayée de la raiſon, s'échappe, & n'eſt preſque point ſenſible à l'homme de Lettres. Semblable en quelque ſorte à celui qui voyage en ſonge, il touche au tombeau, & ne s'eſt pas encore apperçu qu'il ait vécu.

dération & l'urbanité, que par la ſupériorité des talens & l'exactitude à remplir les devoirs de ſon état.

Tel doit être l'Avocat, & c'eſt ainſi que Quintilien, d'après Caton, a voulu le définir, en le nommant, *Orator vir bonus dicendi peritus.*

Donnons à préſent, & ſi vous le permettez, Meſſieurs, les moyens néceſſaires à chacun, pour atteindre à cette perfection, & à l'ordre pour ſe maintenir dans ſon intégrité.

Nous naiſſons tous également dans les ténebres d'une ignorance profonde ; il

* O vous que la ſcene du monde n'a pas encore éblouis ! Vous qui, par votre état, ſongez à rompre ſes chaînes brillantes, ſacrifiez en ſecret à la Sageſſe ! Voulez-vous être vraiment ſages ? Aimez les Muſes, cultivez-les ; leur commerce détache de celui de ces hommes importuns, & verſe dans l'ame un ſentiment délicieux, qui fait perdre juſqu'au goût des autres plaiſirs ſouvent vains & futiles.

n'eſt poſſible de diſſiper ces ténebres ; de ſuppléer à ce défaut de ſcience, que par une éducation & des études , tenant lieu d'une ſeconde nature. Ces études, aliments devenus néceſſaires à l'eſprit, produiront enfin la ſcience : mais qu'elle ſera tardive à ſe manifeſter ! Le cercle de la vie eſt ſi étroit, & ſon cours ſi rapide : *ars longa , vita brevis*, a dit Seneque (1), *ſed nihil mortalibus arduum eſt*, ſuivant Horace. Auſſi les peines qu'on ſe donnera ſeront-elles rarement infructueuſes :

---

(1) *Longum per præcepta , brevè per exemplum iter.* QUINTILIEN.

Séneque , Orateur & Philoſophe , donna des preuves de ſon eſprit, ainſi que de ſon éloquence , dans ſes divers Plaidoyers. Mais comme il étoit trop libre , & qu'il ſe déchaînoit ſouvent contre les vicieux , il quitta le Barreau dans la crainte de déplaire au mépriſable & fou Calligula. Ses principaux Ouvrages ſont auſſi connus que ſa fin tragique, ordonnée par le cruel Néron , dont il avoit été cependant l'Inſtituteur dans ſa jeuneſſe.

elles ne pourront qu'être couronnées à leur terme.

Salvius Julianus, excellent Juriſconſulte, ainſi que l'a qualifié Juſtinien (1), témoignoit pour l'étude une ardeur incroyable : & cette ſoif de la ſcience, devenant en lui toujours plus grande, le portoit à dire habituellement, *ſi alterum pedem in tumulo haberem, adhuc tamen addiſcere vellem* (2).

Trente années d'études ſuffiſent à peine

---

(1) Cet Empereur, ſurnommé le Protecteur des Loix, mérita bien ce titre glorieux. Son Code, les Digeſtes ou Pendectes, les quatre Livres d'Inſtutes, & ſes Novelles, l'auroient immortaliſé, quand il n'auroit pas rétabli l'Empire Romain dans ſa ſplendeur, comme il le fit, ſecondé par ſon Général Béliſaire, l'un des plus grands Capitaines de ſon ſiecle, & qui, après avoir reçu pluſieurs fois les honneurs d'un triomphe mérité, refuſa la Couronne que les Goths lui offroient.

(2) C'eſt de Julianus, cette Sentence du droit, qui ſe trouve encore ſi véritable : *Nulla Lex tam latè patet ut ad omnia pertingat.*

pour former un Jurisconsulte ; on ne prévoit pas, & il est bon que cela soit ainsi, ce qu'il en coûtera de veilles pour se mettre au fait des loix, afin de se rendre en état de parler convenablement & d'écrire avec quelque distinction pour ses cliens.

On ne peut réussir qu'à force de méditation & d'exercice ; aussi le seul motif qui puisse aider à les soutenir, c'est l'honneur, cette gloire dont on se flatte pour l'avenir : mais que cette attente est souvent vaine ! L'âge gagne ; on avance dans sa carriere ; on se trouve insensiblement, hors de combat ; les infirmités surviennent ; dans cet intervalle le jour fuit (1) ; la tempête de la nuit s'approche, & déployant

(1) *Fugit hora, mors venit.*

L'homme n'est qu'un enfant à la stature près,
De mille objets divers, ses desirs sont avides ;
Qu'il les possede, il passe à de nouveaux souhaits,
Il veut tout, vole à tout, hormis aux biens solides.

enfin ſes voiles épais, le nuage ſe fend; & l'on paye à la nature l'inévitable tribut qu'elle exige, & dont la ſcience & les talens ne peuvent affranchir. *Hìc meta laborum* (1).

Ce ſont-là les fatalités preſque toujours inſéparables de celui qui, animé par l'amour des loix & du ſavoir, y conſacre des jours que l'Eternel accorde plus ou

---

(1) Car dès que d'éternels décrets
Nous ont du fier Minos fait ſubir la Sentence,
Il n'eſt point de talens, de vertus, de naiſſance
Qui puiſſent éluder ſes rigoureux arrêts.

LAMOTTE.

Pallida mors æquo pulſat pede pauperum tabernas,
Regumque turres. HOR. *od.* 4. *L.* 1.

Le Pauvre en ſa cabane où le chaume le couvre,
Eſt ſujet à ſes Loix;
Et la garde qui veille aux barrieres du Louvre,
N'en défend pas nos Rois.

Malherbe.

La mort d'un même coup jette à bas à la fois,
Cabanes & Palais des Bergers & des Rois.

moins longs : car comme Pope l'avance ; quoique le livre des destinées paroisse ouvert à tous les hommes, ils ne peuvent cependant en lire que les premieres pages, concernant le passé & l'état présent ; le Ciel ne leur permettant pas d'en découvrir la suite toujours cachée à leurs yeux : ce qu'en ce genre nous venons d'éprouver le confirme.

Permettez, Messieurs, que le tendre attachement & l'affection particuliere que je portois à un de ces vertueux Confreres, qu'une mort précipitée a ravi à la fleur de l'âge, m'arrachent encore en ce moment quelques soupirs, foible expression d'une douleur bien légitime, en rappellant cet ami, à la mémoire de cœurs vraiment fraternels. Si cette perte vous a été aussi sensible, combien, Messieurs, a-t-elle dû l'être pour moi qui dois entr'autres, au tendre sentiment de ce Confrere (1), aussi estimable par les mœurs que par les

(1) M. Trousseau.

heureux talens, l'honneur que vous m'avez fait, Meſſieurs, de m'avoir admis parmi vous.

Mais ne nous effrayons pas ; c'eſt le ſort inſéparable de l'humanité & de ſa déplorable condition. Cet événement n'a jamais troublé le Sage, le Philoſophe Chrétien, c'eſt-à-dire, ſuivant la juſte acception de ce terme, le Citoyen qui a de la Religion & des mœurs ; en un mot, l'Avocat qui peut ſe dire :

Eſt-ce un ſi grand malheur que de ceſſer de vivre ? (1)

PHEDRE, *de Racine.*

Armons-nous cependant de courage, contre ce glaive menaçant ſuſpendu ſur nos têtes, & ſoyons ſoumis à la loi irrévocable de la nature, qui ne prouve que trop, que malgré l'étendue des connoiſſances, nous ſommes toujours très-peu de choſe. (2) Oui, quoique la trame

(1) *Uſquè adeò ne mori miſerum eſt ?*

VIRG. L. 12.

(2) *Mors ſola fatetur*
Quantula ſint hominum corpuſcula.

JUVENAL, *Sat.* 10, *v.* 172.

précieuſe de nos jours ſoit ſi fragile ; quiconque ſe deſtine au Barreau, doit pendant le ſonge de la vie, lutter ſans ceſſe, & progreſſivement contre l'ennui & les dégoûts inſéparables d'un état ſédentaire, pour devenir un Citoyen utile & recommandable par les talens.

Eſt-il après tant de peines parvenu à ce triomphe ? bien dédommagé & comme par une heureuſe métamorphoſe, il en reſſent tout l'avantage en revenant pour ainſi dire, à ſon Printems (1). Sa raiſon éclairée acquiert une nouvelle force ; ſa mémoire, ce tréſor univerſel deſcience (2) & le sûr dépôt des obſervations & du fruit de tant de veilles, lui préſente des fleurs toujours nouvelles & prêtes à être cueillies : enfin l'Automne de ſes jours vaut la premiere ſaiſon d'un autre ; il jouit dans l'âge mûr des reſſources de la jeuneſſe, ſans en craindre les écarts.

---

(1) *Vis animi, cùm corpore creſcit.*

(2) *Scientiarum omnium Theſorus.*

CICERON.

Conſervant le feu céleſte du génie, tempéré par la ſageſſe de cette ſaine raiſon qui nous conduit au bonheur ; conſervant, dis-je, cette ſcience lumineuſe, juſque dans le froid de ſa vieilleſſe : ce ſage Neſtor (1), l'Aigle du Barreau, pour ſoutenir les droits de ſon client, parle & écrit avec cette fermeté & cette aiſance que donne le ſavoir, quand il eſt accompagné d'un exercice qui n'a point été interrompu par les différentes paſſions de la jeuneſſe & le tourbillon des ſociétés.

L'Avocat ne doit pas ſe borner à la ſeule ſcience des loix, toute immenſe qu'elle ſoit : Ciceron & nos grands maîtres exigent qu'il ſe muniſſe encore de connoiſſances ſuffiſantes ſur les principes de

---

(1) Neſtor, Roi de Pyle, qui alla au ſiege de Troye avec Agamemnon, fut célebre à cauſe de ſa ſageſſe, de ſon éloquence & de ſon grand âge. Il vécut, au rapport d'Homere, trois générations d'hommes.

tous les genres, parce qu'en ſe prêtant de mutuels ſecours, ces connoiſſances nous conduiſent plus facilement à la perfection de notre état : tels que l'Agriculture, la Marine militaire & commerçante, le Négoce (1), les Finances, les Arts Libéraux & Méchaniques ; même ceux

(1) Le Commerce ou le Négoce, les Finances, le Trafic & l'Échange ſeront toujours des liens néceſſaires parmi les hommes, auſſi la Providence ſemble avoir mis tous les Peuples dans une dépendance réciproque, en variant les productions de chaque climat, en ſorte que le ſuperflu de l'un, devient le néceſſaire de l'autre : & l'on peut dire que ſi on retranchoit le faſte exceſſif que le luxe introduit, le Commerce n'en ſeroit pas moins important pour favoriſer l'Agriculture & exciter l'Induſtrie. Sans l'Agriculture, les ſources du Commerce ſeroient bientôt taries. Sans l'Induſtrie, les fruits de la terre ſeroient ſans valeur. On doit donc protéger le Commerce, ſans toutefois devenir le Panégyriſte de ce luxe outré, confondant tous les états, qui partagent la ſociété civile.

de beſoin & d'agrément (1) ; enfin ſur tous les objets diviſant & formant les différentes claſſes de Citoyens.

Rien ne doit lui être étranger, pas même les ſciences abſtraites & ſpéculatives ; Obſervateur judicieux & profond ſur toutes choſes, la haute ſcience de la politique des cours & les intérêts reſpectifs des couronnes, l'affecteront pareillement, ainſi que l'hiſtoire ancienne & moderne des nations, les particulieres de nos voiſins & la nôtre ſinguliérement, dont les richeſſes répandues de tous côtés, en rendent l'étude ſi facile : enfin les différents Traités, Anecdotes, Journaux (2), Mémoires & autres Ecrits

---

(1) *Artibus ingenuis*
Pectora moleſcunt, aſperitas quæ fugit.
OVID. *de Pont. L. 1.*

(2) Il ſeroit inutile d'inviter celui qui ſe deſtine au Barreau de s'aſſurer du nouveau Recueil, ainſi que du Journal intéreſſant des Cauſes Célebres ; ces Collections ſi précieuſes lui étant

Polémiques, ſans oublier les monuments nationaux, que l'Art n'aura pas travaillé

ſans doute bien connues. D'ailleurs ces Journaux conſacrés à la Juriſprudence, devenant ceux de l'Avocat, (du moins doit-il l'eſpérer :) ils doivent donc être pour nous, ſans prétendre donner l'excluſion à aucun autre, ceux d'adoption & de préférence.

Les Auteurs (MM. de Mars & des Eſſards,) en faiſant l'un & l'autre des recherches utiles, & en indiquant les ſources où ils puiſent, paroiſſent ſe donner tous les ſoins néceſſaires pour rendre leur important Ouvrage plus complet; ainſi près de M. Guyot de Pitaval (*), ils augmenteront une ſuite qu'il importoit eſſentiellement de continuer.

Raſſembler dans un dépôt littéraire des Jugemens rendus dans tous les Tribunaux du Royaume, & même dans ceux des divers Pays étrangers, ſur les affaires les plus importantes, & dont, par un tableau analytique, on rend un compte exact des faits & des moyens employés dans les différens

(*) M. Richer vient de donner une nouvelle Edition des Cauſes Célebres, recueillies par M. de Pitaval. Ce qui en paroît donne les plus grandes eſpérances pour la ſuite complette de ce bon Ouvrage.

uniquement pour le plaisir des yeux; mais qui en attirant d'avides regards, fixeront l'attention, si l'on veut sérieusement en découvrir toutes les beautés.

Ces merveilles qui frappent en saisissant, ces sensations diverses, que le Sublime ne manque jamais d'imprimer dans les ames qui en sont susceptibles, peuvent devenir le sujet principal, ou orner les accessoires d'une cause illustre.

Il ne sera pas plus inutile d'avoir pris des connoissances sur la partie militaire, en ce qui concerne la justice prompte & distributive; l'examen & la discussion de titres, droits, privileges, usages & coutumes d'une province ou d'une ville recé-

---

Mémoires des Défenseurs; c'est satisfaire à-la-fois l'empressement & la curiosité du Public; & en lui devenant encore plus utile, c'est enrichir le Barreau, & conserver à ce Licé des objets d'instructions & des motifs d'émulation propres à encourager ses Athletes, & à faire accroître des talens, à qui il ne manque souvent que d'heureuses occasions pour se faire connoître.

ment conquiſe ; ſur des queſtions relatives aux finances & à des opérations quelquefois captieuſes de traitans (1) : enfin

(1) Les Finances, nerf d'un Etat, en formant le ſoutien de la Paix, ainſi que de la Guerre, du Commerce, des Arts & de la ſplendeur d'un Empire, forment auſſi le lien qui aſſure le bonheur des Peuples avec celui du Souverain.

Les Sujets, pour faire reſpecter davantage la dignité royale, & la mettre en état de les ſoutenir, de les protéger, lui ont décerné des honneurs, & lui ont accordé des ſubſides, qui par des principes d'une Finance bien entendue, s'accroiſſent en raiſon du nombre des Sujets, de leurs occupations & de leur aiſance. Tels ſont les reſſorts actifs & durables de cette partie auſſi belle qu'eſſentielle de l'adminiſtration.

De cette convention générale eſt née la conſtitution publique, par laquelle l'Etat eſt cenſé vouloir ce que veut le Chef. Les différentes formes du Gouvernement n'en ont jamais altéré le fond, ſoit qu'anciennement la Puiſſance ait été diviſée entre pluſieurs, ou ſoit que depuis elle ait été réunie entre les mains d'un ſeul.

La Souveraineté renferme donc u naſſemblage

ſur

ſur celles d'Aides, Gabelles, droits domaniaux, fournitures des vivres & d'étapes, ainſi que

---

de divers droits ou pouvoirs, comme ceux légiſlatifs, celui de faire la Guerre ou la Paix, & le droit de lever les Impôts. Ces Impôts ſont une dette juſte & légitime; c'eſt le revenu de l'Etat, aucun Citoyen ne peut s'y ſouſtraire. Si les Sujets doivent ſupporter les taxes avec tranquillité, les Rois doivent auſſi les faire lever avec modération.

Les Impoſitions étant à un Etat, ce que les voiles ſont à un vaiſſeau; elles ne ſont point faites pour le charger ou l'accabler; mais pour le conduire & l'aſſurer.

Qui n'eſt convaincu que M. le Comte de Maurepas, MM. Taboureau, Moreau de Beaumont, Necker, d'Harvelay, Mazade de S. Breſſon (*), Duvergier; enfin que tous nos integres Adminiſtrateurs & fideles Dépoſitaires de fonds royaux ou de revenus publics de la Nation; ainſi que MM. Baudon, Boulongne de Préninville, d'Agincourt, de la Hante, de Montcloux, de Lareyniere, Paulze, Lavoiſier, Serpaud & tant d'autres, dans les cinq groſſes

(*) Cet honnête & vertueux Financier, qui méritoit ſi bien l'eſtime publique, vient de mourir, emportant avec lui les regrets de ſa famille, de ſes amis & encore de l'humanité indigente dont il devenoit le pere.

ſur nombre de détails, qui ſont ſuite néceſſaire d'une armée bien diſciplinée.

Tous ces objets paroiſſant d'abord peu analogues à notre profeſſion, y entrent cependant, étant quelquefois conſultés ſur ces ſortes de matieres, exigeant de la célérité dans les avis & ſur la déciſion.

La Politique ne ſera même pas hors de notre Sphere : elle, qui faiſant partie du grand art de ſavoir gouverner, eſt ſi néceſſaire aux Têtes couronnées, & qui étant d'ailleurs la ſcience la plus vaſte, tient toutes les autres à ſa ſuite : enfin cette Politique, qui ſachant s'accommoder aux tems, aux lieux & aux circonſtan-

---

Fermes, n'aient ſans ceſſe d'autres motifs dans la régie des Finances, que l'équité, fondée ſur la droite raiſon, l'exacte économie, & l'amour de l'Etat ? Sur-tout ſi animés, comme en effet ils le ſont, par les regards d'un Roi qui veut être lui-même ſon premier Miniſtre, dans une partie auſſi importante, ils n'operent ou n'agiſſent que dans la vue de ſervir leur Maître, & d'être utiles à la Patrie.

ces, balance également les intérêts des Puiſſances voiſines, & qui par de prudentes modifications, de ſages & prévoyants accords ou de fideles traités, aſſurant le repos, la gloire & le ſalut d'une partie du globe, ne doit avoir pour objet que le plus grand bonheur des Nations, l'abondance & la tranquillité des peuples ; en un mot cette politique enfantant, conſervant & vivifiant la paix, la population, la juſtice & le progrès du Commerce & des Arts : par elle, oui par les connoiſſances perfectionnées de points & de différens rapports des cauſes finales (1), aux principes, & par l'organiſation de toutes les parties qui compoſent cette ſcience ſublime de gouverner plus parfaitement & d'agrandir les limites d'un État ; laquelle quand elle eſt traitée par un eſprit vaſte & profond, cherchant auſſi à tendre à d'heureuſes fins & à la gloire de ſa nation,

(1) *Felix, qui rerum potuit cognoſcere cauſas.*
VIRG.

ſait mettre des bornes à l'arbitraire du Souverain avec lequel il traite ; nous deviendrons, dis-je, ſecondés par cette ſcience glorieuſe & triomphante, plus utiles & plus néceſſaires (1) : nous ſervirons la Patrie, les Grands, les Princes, le Chef même de l'Egliſe, ce Pere commun des Peuples, des Rois & des Empereurs ſucceſſeurs des Céſars; enfin ce Souverain Pontife à qui nous avons témoigné une fidélité particuliere (2). Oui toutes ces puiſſan-

(1) M. Molé, Avocat au Parlement, qui ſe livre particuliérement à l'étude du Droit Public univerſel, a compoſé un Traité des Ambaſſades, ou Principes élémentaires ſur la Correſpondance politique des Etats de l'Europe. Il ſeroit à deſirer qu'il voulût gratifier le Public de cet Ouvrage important, & qui a mérité le ſuffrage unanime des perſonnes éclairées, auxquelles il l'a communiqué.

(2) Dans chaque Univerſité du Royaume, il y a un Chancelier autoriſé par le Saint-Siege, entre les mains duquel chaque Licencié en Droit renouvelle les actes de foi, & prête ferment d'obſervance.

ces dans leurs divers intérêts pourroient s'adresser à nous pour l'interprétation de traités, concessions ou autres pactes & conventions, dont elles voudroient connoître la teneur & l'esprit.

Ou plus souvent encore nos lumieres leur deviendront officieuses dans la refonte de quelques loix, où dans la création d'un nouveau Code, plus sage, plus doux, plus clair & plus succinct : nos avis toujours integres & prévoyans étant dictés par l'amour du bien public & de l'humanité, enfin par cet attachement inaltérable à la constitution de la Monarchie, & encore par cet esprit d'équité ou de justice, inné en chacun de nous, l'ayant puisé à la véritable source du droit public, à celui d'une nation qui l'a porté à un si haut degré de perfection.

C'est donc à l'étude que nous serons redevables de toutes ces connoissances. Elle fera encore plus, car en étendant le ressort de l'esprit, de cet esprit qui polit le cœur, en le rendant estimable, elle agira auſſi puiſſamment ſur les facultés de l'ame ; elle en augmentera l'intelligence, & en perfectionnant la maniere de ſentir & de voir, elle nous fortifiera dans ce jugement ſain, dans ce raiſonnement juſte, cette logique & cette raiſon droite, ſi néceſſaires à notre état.

A cette ſcience capitale des loix & du droit des gens, à celle encore que l'on pourroit dire univerſelle, que doit avoir le Juriſconſulte, & dont il ne s'approchera que par le ſacrifice des plaiſirs & qu'en s'appliquant à une étude variée, mais continue; car l'eſprit ne ſe repoſant jamais, a comme le corps, toujours beſoin de nouveaux aliments ; il eſt d'autres vertus, des qualités de l'ame, enfin des reſſources du goût & d'un génie créateur, que rien ne captive, qui toutes lui ſeront auſſi indiſpenſables, devant également concourir au même but de perfection.

C'eſt à ce génie, ce don prédominant de la nature ; c'eſt à ce goût, à ce diſcernement vif & sûr, par lequel l'ame appréciant les idées , fait répandre fur les ouvrages de l'efprit, un certain fel, une pureté, une grace, enfin ce fel attique, que l'Avocat fera redevable de fes fuccès, & que l'on diftinguera la diverfité des talens & les différens degrés de mérite.

Horace, le Poëte de la raifon, nous annonce que l'étude, fans le talent naturel, eft inutile, & rapportant ici fa propre expreffion; *je ne vois pas*, dit-il, *ce que peut faire le travail fans le génie, ou le génie fans l'étude ; ils doivent s'entr'aider mutuellement & concourir aux mêmes fins* (1).

En effet c'eft le génie qui, tel qu'un Pilote habile tenant le gouvernail du Vaiffeau, dirige la manœuvre : c'eft lui qui en indiquant la route, la calcule, l'abrege & la facilite. S'il n'eft poffible

(1) *Ego nec ftudium fine divite vena,*
Nec rude quid profit video ingenium ; alterius fic
Altera pofcit opem res & conjurat amicè.

In Arte poeticâ.

de le réduire en principes, puisqu'il prend sa source dans les facultés de l'ame, en le cultivant néanmoins, il se développe, il s'accroît, & donne enfin l'essort au talent. L'Avocat, celui qui plaide, qui écrit, doit en être également doué comme l'homme de Lettres.

Ce genre, cette différence d'esprit & de goût qu'on remarque dans chaque Avocat, & qui semble caractériser chaque Écrivain en particulier, est cependant unique, & toujours le même sous différentes formes: puisque c'est le goût en général, ce goût par excellence, qui, ainsi que le Cameléon, varie suivant les aspects où il se place, & qui unissant à la délicatesse des traits, l'éclat & la variété des différens coloris qu'il veut prendre & s'adapter, fait le charme de l'Auditeur.

Ce Goût, cette sensation délicate, consistant en certaines notions du vrai, du beau, en un mot en ce qui attache en ravissant, est aussi comme l'air qui ne se voyant pas, se fait néanmoins sentir.

Il eſt encore pour l'Orateur comme une glace fidelle, qui lui réfléchit ſes propres penſées en lui procurant le moyen de les apprécier : telle Aglaée la premiere des Graces, ayant ſur ſa toilette des fleurs ou des plumes variées, dont elle voudroit former ſa parure, ne pourroit choiſir celles d'entr'elles qui lui ſiéroient le mieux, ni les ajuſter avec art ſur ſa tête, ſans le ſecours de la glace & de ſon reflet : de même ce goût ſera-t-il pour l'Avocat qui ne pourra rien créer de parfait ſans lui.

Si la nature l'ébauche, l'art le perfectionne ; c'eſt un bien qui devenant propre à qui le poſſede, ne peut ſe tranſmettre à un autre, comme on pourroit le faire de principes de droit, d'une regle d'Algebre, ou de quelqu'autres connoiſſances de fait.

Cependant il faut que l'Avocat qui voudroit épuiſer toutes les reſſources, & ſuppléer à l'infécondité du génie, en ſe formant un genre de goût qui parut naturel, marche long-tems dans la route de ceux qui ont eu le bonheur de le saisir. Qu'en consultant les Chefs d'œuvres des grands maîtres, il écoute encore ceux qui parmi nous se distinguent en ce genre.

Il trouvera de parfaits modeles soit dans les écrits des anciens, soit parmi ceux des modernes, tels que ceux d'Homere, Sophocle, Platon, Demosthenes, Aristote, Horace, Michel Montaigne, la Rochefoucault, Domat, Pascal son illustre ami, & une infinité d'autres, qu'on lit toujours avec utilité, étant sur-tout, parmi ceux de la Nation, la source du vrai & de la saine Logique.

Mais qu'il médite scrupuleusement sur les ouvrages de ce Philosophe profond, de cet Orateur toujours chéri; qu'il les lise & relise avec attention, entr'autres ses admirables Traités des Loix, des Offices, & de l'Amitié; ses Catilinaires, ses Plaidoyers pour Déjotarus, Marcellus & Ligarius, & singuliérement celui pour le

Poëte Archias : on ſait que Cicéron (1), ce Pere de la République & ſon libérateur,

(1) Perſonne n'ignore que Cicéron naquit à Arpino en Italie, cent ſeize ans avant l'ere chrétienne. Que ſon pere l'envoya étudier à Rome, où il y apprit les Lettres grecques, & qu'il y fit paroître par la ſuite, des talens extraordinaires pour les ſciences & pour les affaires. Mais peu de temps après ſon entrée au Barreau, il fut obligé, pour éviter le reſſentiment de Sylla, contre lequel il avoit déclamé avec véhémence, de ſe retirer en Grece, où il étudia de nouveau ſous les Orateurs & les Philoſophes les plus célebres. Il fit paroître tant d'éloquence dans une harangue qu'il prononça à Rhodes, qu'Appollonius Mollon, ſon maître, s'écria qu'il déploroit le malheur de la Grece, qui, ayant été vaincue par les armes des Romains, l'alloit être encore par l'éloquence du diſciple. Cicéron devint Queſteur & Gouverneur en Sicile. De retour à Rome, il obtint la charge d'Edile ; enſuite fut premier Préteur & Conſul avec C. Antonius, ſoixante-trois ans avant Jeſus-Chriſt. Pendant ſon Conſulat il découvrit la conjuration de Catilina : ce qui lui valut le nom de *Pere de la Patrie*. Cependant la

dont le nom eſt dans toutes les bouches ; & dont les écrits devroient être dans

---

brigue de Claudius le fit bannir ; mais on le fit revenir l'année d'enſuite, à la ſollicitation de Pompée qui le fit nommer Proconſul en Cilicie. Quoiqu'il fut l'ami intime de Brutus, il n'eut aucune part à la conſpiration de Céſar. Après la mort de cet Empereur, il favoriſa Auguſte ; mais Antoine, contre lequel Cicéron avoit écrit les *Philippiques*, étant devenu Triumvir, le fit aſſaſſiner comme il fuyoit en litiere vers la mer de Cayette, & étant alors âgé de ſoixante-quatorze ans. Le meurtrier fut un certain Popilius Lenas, auquel Cicéron avoit ſauvé la vie dans une cauſe où il avoit été accuſé d'avoir tué ſon pere. Ce perfide aſſaſſin lui ayant coupé la tête & la main droite, les porta à Marc-Antoine, qui les fit expoſer ſur la tribune aux harangues.

Il nous reſte de cet Orateur Romain, l'un des plus grands hommes de ſon ſiecle, nombre d'Ouvrages, qu'on diviſe ordinairement en quatre parties. Les Livres qui traitent de l'Art oratoire, ſont dans la premiere ; les Harangues, dans la ſeconde ; les Epîtres, dans la troiſieme, & les Œuvres Philoſophiques, forment la quatrieme. Les

toutes les têtes ; on sait, dis-je, que dans cette cause il y plaidoit celle des Lettres ; & que, suivant la remarque de M. Patru, (1) il y dévoila en leur faveur, tous

---

Ouvrages de Cicéron sont des modeles d'éloquence. On y admire l'esprit, le bon goût, l'art, l'invention & les qualités d'un grand Orateur, d'un excellent Philosophe & d'un habile Politique. Le style en est clair, noble, élégant & d'une pureté admirable. M. l'Abbé d'Olivet a donné une très-belle édition des Ouvrages de Cicéron, en 9 vol. *in*-4°. M. Midleton, Bibliothécaire de Cambridge en Angleterre, & M. Morabin ont écrit l'Histoire de la vie illustre & intéressante de ce savant homme.

(1) Olivier Patru, célebre Avocat, l'un des plus judicieux critiques & des plus élégans écrivains du dernier siecle, mérita, par sa réputation, une place à l'Académie Françoise. Il fit en 1640, à cette occasion, un remerciement qui plut tant aux Académiciens, qu'ils arrêterent qu'à l'avenir tous ceux qui seroient admis parmi eux, feroient un discours dans ce genre ; ce qui s'est depuis observé à la satisfaction de tous les gens de Lettres,

les mysteres de son art, & qu'il en découvrit toutes les richesses.

Parmi les modernes qu'il s'entretienne l'esprit avec les écrits vrais, nobles & touchants de ce même Patru, le conseil & l'ami du célébre Despreaux, & avec les Œuvres immortelles des Dumoulin, des Coquille, des Loiseau, des d'Argentré, des Duplessis, des Lemaitre, des Lebrun, des Ricard, des Pothier, des d'Hericourt, des Terrasson, des Aubry, des Cochin, des Lenormand, des Montesquieu & de tant d'autres Orateurs & Jurisconsultes, dont la multitude manque ici de place, mais qui ont tous illustré le Barreau en faisant la gloire de leur siecle (1).

& avec un succès progressif. Tous les Savans de cette Capitale se font un plaisir d'y assister. Il est seulement fâcheux que la salle de ce Muséum distingué, ne soit pas plus vaste pour pouvoir donner accès à l'affluence des gens de goût qui s'y présentent.

(1) Voyez la Note de Supplément (n°. 1.) étant à la fin de ce discours, dans laquelle les noms de nos habiles Jurisconsultes & leurs principaux Ouvrages, sont cités.

Enfin que l'Avocat fréquente ceux qui font l'ornement du nôtre, & qu'on se plairoit aussi à nommer, si l'on pouvoit dès-à-présent s'arroger le droit de les célébrer ; mais comme ils sont si près de vous, Messieurs, il n'est pas à craindre que vous les méconnoissiez.

Oui, si le génie est le propre de tout homme de Lettres, combien doit-il l'être de celui qui par état entreprenant la défense de la juste cause, se range du côté de la vertu souffrante, de cette vertu accablée, ne cessant d'attendrir le cœur de celui qui a quelque goût pour elle ? Que d'occasions se présenteront au Jurisconsulte ! Que de difficultés il sera forcé de vaincre pour découvrir le vrai, & afin de le rendre sensible à la justice : la vérité perce si lentement ! Que de détours, que de pas en arriere pour pénétrer le Dédale obscur de la chicane (1) & les sentiers

(1) Gallien, en expliquant les vieilles dictions d'Hipocrate, dit que le mot Grec, *sikanos*, d'où

tortueux de la procédure ! Pour s'applanir, pour s'y frayer une route claire & facile ou comme une autre Ariane, cet ami de la vérité, ce *Philalederaton* (1) accompagnera ses juges éclairés du flambeau de la démonstration & guidés par cette unique vérité,

dérive celui de chicane, signifie *insidiatoria malicia* ; plaie plus déplorable que la lepre des Juifs.

Les Romains, ennemis de la chicane, avoient fait dresser au milieu de leur auditoire, la statue de Marsias tenant un couteau, pour donner à entendre que celui qui intentoit inconsidérément un procès, devoit craindre le même supplice que souffrit ce malheureux Phrygien, qui, en effet, trop confiant sur ses talens, osa contester du prix de la Musique avec Apollon, mais qui, n'ayant pas réussi, fut attaché à un chêne & écorché vif.

Caton le Censeur disoit, qu'il falloit faire paver les avenues des Auditoires de chausses-trapes, afin d'en éloigner les Chicaneurs, écueils toujours dangéreux à la Justice : *sternendum forum muricibus*.

(1) *Veritatis amator*.

dont

dont l'Avocat sera toujours le fidele organe & le Client né : car si nous la devons à tout le monde, combien plus encore ne la devons-nous pas à la Justice ?

Enfin, quelle énergie ? quelle vivacité ne faut-il pas pour répliquer sur le champ à un adversaire, dont l'esprit subtil & hardi, voulant tout ramener à son sentiment, se sert de moyens captieux & insinuants, pour mieux y parvenir ?

Que de talens pour instruire, persuader & convaincre des esprits quelquefois prévenus, pour faire rendre, en confondant la mauvaise foi, & en l'humiliant, à cette droiture & à cette craintive innocence, tout l'éclat dont elles doivent briller ? En un mot, pour faire triompher les droits d'une cause compliquée, exigeant toute la science du vrai Jurisconsulte, jointe à la force inexpugnable d'un raisonnement solide & aux ressources inépuisables du génie.

O Génie, être sublime ! Toi qui parles au cœur comme à l'esprit, créateur de tous ſentimens, maître ſouverain de tous les Arts & pere des Talens & des Graces, qui pourroit te dépeindre, ainſi que les grands effets que tu produis ? S'il eſt facile de les ſentir, de les admirer, il n'en eſt pas de même, lorſqu'il s'agit de les définir. Pour réuſſir il faudroit un pinceau plus exercé; il faudroit le tien. Comment pourrai-je t'exprimer, te faire connoître? Trop novicé, à peine puis-je commencer ta plus foible ébauche !

Les pinceaux des Michel-Ange, des Rubens ; ceux de ces ſavans Peintres de l'humanité, des Fenelon, des Fleuri, des Boſſuet, des Flechier : encore ceux de ces organes de la juſtice & de la vérité, des Montholon, des l'Hopital, des Sulli, des Tallon, des Seguier, des Bignon, des Mollé, des Lamoignon, des Dagueſſeau, enfin ceux de tous ces grands noms, qui, n'ayant beſoin d'épithetes, forment par eux-mêmes, les éloges des illuſtres Perſonnages qui les ont porté ; tout vigoureux & ſublimes qu'ils aient été, feroient peut-être à peine suffisants.

Descends, Divinité favorable, de la voute azurée, viens éclairer & remplir mon zele, prête à ma débile voix ces accens vifs & flatteurs qui seuls pourroient rendre le tribut des louanges que tu mérites. Non, porte plutôt, avec l'espoir certain du succès, à la jeunesse de cet Ordre, & qui lui devient si chere, ce flambeau lumineux, dont le simple reflet s'étendant sur les diverses parties du tout, leur procure tant d'éclat. Pénetre-les, & les embrase des immortels rayons sortant de ton ardent foyer, leur point de réunion. Jette à cette bouillante jeunesse des étincelles de ce feu vif & pétillant que tu sais si à propos répandre pour échauffer, émouvoir & faire germer la masse des idées, en leur procurant cet accord, cette élévation & cette chaleur qu'on ne remarque, comme à toi, que dans l'Astre du jour ; oui que dans cet Astre animant la nature, Astre si propice à la terre, si nécessaire pour la rendre féconde, & si avantageux pour faire éclorre les vives couleurs de ses productions toujours renaissantes & génératives.

Elle est digne, cette jeunesse, de tes faveurs : seconde son zele, fraye-lui un chemin au grand, au sublime. Forme-toi des sujets, des Argonautes modernes & courageux, de nouveaux Prométhées, qui augmentant ton Empire, feront la gloire d'une Nation favorisée des regards propices de la nature & de la justice ; enfin d'une Nation noble & généreuse, que tu sembles avoir particuliérement adoptée, de celle des François, l'asyle ou la mere-patrie des gens de Lettres (1), ainsi que du foible opprimé.

Et vous, Athletes ambitieux de la vraie gloire, redoublez de courage, accourez

---

(1) *Aurum, & opes, & rura frequens donabit amicus :*
Qui velit ingenio cedere, rarus erit.
MART. *Epig.* 18. *L.* 8.

L'esprit nous sert fort dans la vie,
Sans cela nous n'y faisons rien ;
Cependant cet esprit nous attire l'envie,
Plus que les honneurs & le bien.

à l'envi dans ce refuge paisible de jurisprudence : c'est l'Arsenal de vos armes les plus précieuses, des Loix ! Faites avec elles de continuels exercices ; que ces agréables & utiles occupations fassent la source de vos nobles délassements ! Jouissez ici du digne objet qui vous anime; vous y êtes environnés des œuvres immortelles de nos Souverains Législateurs, des Ministres de Themis & de leurs laborieux Commentateurs ; suivez donc leurs traces. *Nihil absque labore, & labor omnia vincit* (1). Faite un fréquent usage de ces recueils de loix toujours en vigueur, de ces statuts de la nation, ils en sont l'expression, ainsi que celle de la raison :

(1) Un Empereur de la Chine, trouvant un homme oisif, déchira ses vétemens de dépit ; sans doute parce que l'homme qui ne travaille pas, fait souffrir un autre qui seroit vigilant & laborieux. Si ce Prince eût parcouru les différens Etats de l'Europe, combien de fois n'eût-il pas eu occasion de témoigner la même indignation !

Des Aménités Littéraires.

méditez sur ces Chartres, sur ces Capitulaires, & Ordonnances de nos Rois? Ces sources sont si pures! Pénétrez-en vos ames; feuilletez ces Diplomes, ces antiques & sacrés monuments de la Monarchie; saisissez-en l'esprit & la sagesse; ils sont la base de l'Empire, l'appui du Trône, sa garde, le salut du peuple, ainsi que la cause de sa tranquillité; en un mot c'est le droit public & civil de la nation:

L'Oracle de son Peuple & la leçon des Rois (1).

VOLTAIRE.

---

(1) Rois cessez d'être Rois, ou regnez par les Loix.

A dit le Philosophe Saadi, Poëte Persan.

Regnez par les bienfaits, par les mœurs, par les Loix,
Le malheur des Etats, fait le malheur des Rois.

COLLARDEAU, *Trag. d'Astarbé.*

Les Scites poursuivis par Alexandre jusqu'au milieu des bois & des rochers qu'ils habitoient, dirent à ce Conquérant, qui vouloit se faire passer pour le fils de Jupiter Ammon: « Tu n'es pas » un Dieu, puisque tu fais du mal aux hommes ».

Quinte-Curce.

C'eſt dans cette enceinte, dont le patriotique M. de Riparfond a le premier jetté les fondemens, & qu'ordinairement nous conſacrons en ce jour, comme un légitime & premier devoir, à ranimer la cendre de ce vertueux confrere, en lui portant l'hommage de notre reconnoiſſance, & en nous pénétrant d'un tendre ſentiment, pour faire en ſorte de le communiquer à ceux qui nous écoutent. C'eſt, dis-je, dans ce lieu que ce zélé bienfaicteur, ainſi que quelques autres de nos généreux prédéceſſeurs, dont la mémoire ainſi que le bienfait nous ſeront toujours chers, ſe ſont plû d'enrichir de leurs ouvrages; oui, c'eſt dans ces Archives de Loix, ainſi que dans les écrits de nos célébres Juriſconſultes, ſans négliger ceux d'un moindre mérite, que vous retrouverez ces grandes queſtions qui agiterent ſi ſouvent le Barreau.

Liſez ces queſtions avec l'eſprit de recueillement qu'elles demandent: formez-vous en de nouvelles; cumulez, commentez, & vous vous appercevrez que ſemblables à ces mines riches & fécondes, ces queſtions fourniſſent toujours quelque choſe de nouveau à meſure qu'on les approfondit; qu'elles ſont auſſi comme ces minéraux d'abord bruts & informes, mais précieux, qui paſſant par les mains de l'Artiſte, deviennent des pieces épurées: & qui frappées à l'effigie du Prince, forment des monnoies d'aloi, ayant cours dans l'Etat & recherchées de l'étranger. Telles ſont dis-je, ces grandes queſtions, qui travaillées par nos habiles Juriſconſultes, ont ſouvent contribué à la ſageſſe de jugements rendus dans les différens tribunaux, & qui y influant encore journellement, fixent notre juriſprudence; laquelle également recherchée de l'étranger, pour y puiſer des principes propres à ſe former un corps ſolide de légiſlation, ſi néceſſaire dans un État policé; nous rend en quelque ſorte, & ſans exubérance, les Citoyens de toutes les différentes Peuplades des Nations (1).

---

(1) Quiconque examinera de près les rapports

C'eſt donc en méditant ſur les excellents ouvrages conſacrés dans cet édifice à l'utilité publique & particuliérement à la nôtre (1), que cette fleuriſſante Pépiniere

---

d'une Nation à une autre, trouvera que les Peuples gagnent à ſe communiquer leurs lumieres, & qu'ils ne ſont jamais plus ſolidement heureux, que lorſqu'ils peuvent procurer à leurs voiſins, les moyens de l'être.

Tel eſt l'empire de la Juſtice, & s'il étoit poſſible, en ne conſultant que la nature & le bien univerſel, que le genre humain ne put former qu'une ſeule famille ; ce ne pourroit être que l'ouvrage de la Juſtice ou celui d'une même Loi pour le gouvernement général.

(1) Il eſt bien à deſirer que l'Ordre veuille décidemment accomplir la généreuſe réſolution dans laquelle on aſſure qu'il perſévere depuis long-temps, en mettant au jour le Catalogue raiſonné, & par ordre de principales matieres, des livres & manuſcrits que contient cette importante Bibliotheque. L'Ordre peut y être d'autant plus encouragé, que les lumieres & les talens du Bibliothécaire, (M. Drouet) bien connu par d'ex-

de l'Ordre, sa flatteuse espérance, se fortifiera dans la science des Loix.

C'est aussi en concourant aux travaux hebdomadaires, à ces consultations gratuites avec une vraie persévérance, & non avec ce desir momentané, qui comme une foible étincelle s'évanouit en naissant ; que cette brillante jeunesse, secondée des riches présens de la nature, se perfectionnera dans la Théorie-pratique de sa profession ; sur-tout si joignant encore l'exactitude la plus severe, aux différentes Audiences des Peres de la Patrie, elle fait des efforts pour se montrer avec distinction à ces Audiences, en y portant souvent la parole.

---

cellens Ouvrages, garantissent d'avance la bonté de son travail, & que les soins qu'il y donneroit, rendroient cet Ouvrage plus intéressant. Par ce secours on faciliteroit aux jeunes Avocats, l'étude & le progrès dans une science aussi pénible que l'est celle de la Jurisprudence, mais, comme on le sait, d'ailleurs si utile.

Là, ces jeunes Auditeurs apprécieront le talent de celui qui s'exercera. C'eſt dans la plaidoirie qu'éclate principalement le génie ; & ce ſera pour l'Orateur un jour de triomphe & de gloire, s'il a le bonheur d'y plaider une cauſe intéreſſant l'humanité (1).

Ils y découvriront cet eſprit d'ordre qui ſait expoſer en peu de mots tout le plan de ſon ſujet.

La préciſion de ſa demande, la narration, la marche & l'expoſition hiſtorique des faits ; le tout naturellement lié par une chaîne méthodique & ſimple, ne laiſſeront rien à ſouhaiter pour la parfaite inſtruction.

Les grands moyens qu'il aura l'art d'en tirer, la maniere de les préſenter, de les établir & de les placer, les uns faiſant valoir les autres, & ſe prêtant mutuellement de la vigueur ſans ſe nuire, ny s'of-

---

1) Le génie peut être puiſſant, mais il n'eſt grand & admirable qu'étant utile à humanitlé.

fusquer ; cette raison droite, ces idées claires bien encadrées ; cette science profonde du droit, des coutumes & des ordonnances ; cette fermeté sur les vrais principes ; cette force & cette chaleur soutenues, dans un raisonnement serré & persuasif, & sur les conséquences de ces principes, sur leur analogie & leur forme légale ; enfin leur véritable rapport & leur juste application ; ce stile animé & cette heureuse multiplicité de moyens décisifs : en un mot toutes ces choses ainsi rassemblées, excitant l'intérêt, augmenteront le desir de savoir ce que pourra y opposer l'adversaire.

Cette récapitulation concise & touchante de faits, reprochés de moyens victorieux ; cette facilité, cette variété & cette richesse dans les tours & la parole ; cet extérieur décent, ce maintien modeste, mais d'assurance, ce son de voix, cette expression du geste, ce regard noble, ces mouvemens libres & non à ressorts ni contraints, qui donnant une certaine grace, ajoutent encore à la force ; enfin cet enſemble harmonieux & ſenſible : tous ces agrémens réunis à l'art d'attacher & de réveiller l'attention, prouveront l'étendue & la maturité des talens.

Mais ce qui attirera des éloges & le cri d'admiration en raviſſant le ſuffrage du Public éclairé, dont le concours nombreux & ſoutenu, atteſtera le mérite de l'Orateur ; ce ſeront ces traits ſublimes, ces coups de force & de génie dans un raiſonnement ſolide & conſéquent ; ce ſera ce ſtile coupé & Didactique, cette Eloquence noble & vigoureuſe, en un mot cet enthouſiaſme, qui prenant ſon foudre inviſible dans le cœur, & ajoutant à la penſée des ailes enflammées, frappe & émeut l'Auditeur, le gagne & le ſubjugue ; ce ſera encore ce goût, ce feu vif du ſentiment & de l'expreſſion, qui tel qu'Iris, cette brillante meſſagere, réuniſſant tant d'éclat, annonce ſi bien la ſupériorité, & qui ainſi porté au point de la perfection, en faiſant le triomphe de la vérité, fera également le charme de l'eſprit & des ſens.

Auſſi la poſſeſſion de toutes ces merveilles, aſſurera-t-elle à l'Avocat, cette célébrité, que l'habitude au travail & l'expérience conſommée du Barreau, ne manqueront pas d'accorder à celui qui aura eu avec perſévérance, le véritable amour de ſon état.

Célébrité d'autant plus flatteuſe pour celui qui y parvient, qu'il n'en eſt redevable qu'au travail, à la ſcience & aux reſſources du génie, en ſachant tirer ainſi & ſans affectation tout le parti d'une cauſe, ſouvent bien incertaine, & dont les replis ne pouvoient être trop développés pour obtenir un jugement canoniſé par les loix, & que la raiſon applaudit.

Quoique muni de ces grands exemples, que l'Athlete courageux ne quittera point à l'éclat des Audiences, il ſera encore convenable, s'il veut ſe fortifier plus promptement, qu'il ait l'attention d'y crayonner des notices ou courtes remarques, ſur la queſtion principale & ſur les objets y relatifs, ainſi que ſur les principes & les moyens réciproques, que les Avocats contradictoires établiroient ; afin que dans le ſilence du cabinet, il puiſſe faire des recherches ou des études analogues.

Puis qu'il retourne à l'Audience pour y entendre les repliques, & voir ſi l'arrêt qui y ſera rendu, ſeroit conforme à celui qu'il auroit précédemment projetté. Quels ſeront les moyens qui auront le plus frappés le Miniſtere public ; ceux impérieux que fera ſi noblement valoir l'un de ces éloquens & Premiers Avocats du Royaume : oui Premiers Avocats, & plus encore par leur propre mérite que par la dignité de leurs charges. Enfin quels ont été les moyens qui paroîtroient avoir décidés ces auguſtes Sénateurs, pour ou contre dans leur jugement, & duquel il ſeroit à propos que l'Avocat prit auſſi note pour la joindre à ſes obſervations ultérieures.

C'eſt en mettant tout le tems à profit, en ſuivant le conſeil d'Horace. » Tâchez » de vous faire admirer par votre élo» quence, d'attirer ſur vous mille regards;

» soyez le premier au Barreau, n'en sortez » que le dernier (1) «, que l'Avocat puiseroit ce goût, ce talent vif & délicat de la parole, le plus précieux de sa profession, & que semblable à la diligente abeille, il se composeroit un fond solide pour l'avenir, qu'il augmenteroit encore dans la force de l'âge, pour se former un trésor inépuisable de richesses (2).

Trésor qui lui procurera de grandes ressources, dans l'âge mûr, sur-tout

(1) *Gaude, quod spectant oculi te mille loquentem*
Gnavus manè forum, & vespertinus pete tectum.
HOR. Ep. 6. L. 1.

(2) *Homo doctus in se semper divitias habet.*
PHEDRE, L. 4. Fab. 19.

C'est encore aux célebres MM. Pierre & François Pithou, freres, qu'on est redevable de la découverte du manuscrit des Fables de Phedre; ce sont ces illustres éleves de Turnebe & de Cujas, qui l'ont publié pour la premiere fois. Voyez ensuite de ce discours, ce qui a été dit à leur sujet dans la Note de Supplément, n°. 1.

s'il

s'il réunit à ces exercices & au travail du cabinet, quelques études ſérieuſes, faites à diverſes conférences entre confreres ou amis, qui ſe raſſemblent, en s'uniſſant ainſi par les talens, & le deſir louable de les augmenter (1).

---

(1) *Plus in amicitiâ valent morum ſimilitudo, ſtudiumque Litterarum, quàm affinitas.*

CORN. Nep. Pomp. Att.

Homines nihil agendo malè agere diſcunt.

L'Eſpion dans les Cours, *Tom.* 2. *pag.* 158, dit que *l'ame de l'homme eſt de la nature du feu, c'eſt-à-dire, toujours en action*; ou pour la comparer, comme l'ont dit les Hébreux, à un autre élément; il eſt auſſi difficile qu'elle ceſſe d'agir, qu'il eſt impoſſible à l'eau miſe dans un crible de ne point s'écouler.

Les hommes exercent donc toujours leurs facultés de maniere ou d'autre, & n'y ayant point de milieu entre le bien & le mal, celui qui ne s'occupe point à l'un, tombe néceſſairement dans l'autre. Ce ſont des points où aboutiſſent toutes les lignes des actions humaines, le centre où tendent toutes nos affaires.

Préparé de cette ſorte ; c'eſt dans cette Aſſemblée de Savans, qui par goût pré-

---

Lâches & Pareſſeux, ſouffrez qu'on vous inſ-
truiſe ;
Redoutez du loiſir le dangereux effort :
Sur un cœur deſœuvré il n'a pas moins de priſe
Qu'en ont des ennemis ſur un homme qui dort.
Plongés dans le repos, ces fardeaux inutiles,
De la Société membres ſecs & ſtériles,
Craignant le moindre ouvrage, & fuyant les tra-
vaux,
Trouvent pour des renvois des prétextes nou-
veaux :
Il eſt trop tard ; demain l'affaire ſera faite.
Ce jour arrive ; alors c'eſt une autre défaite :
Ils ne ſortent jamais de leur oiſiveté.

Segnities robur frangit ; longa otia nervos
Debilitant, ignava quies effeminat artus.

PALINGÈNE, *in Capricorno*, *V*. 140.

Tout languit, tout ſe détruit même en nous par l'inaction : c'eſt un fait conſtant. Auſſi il n'eſt perſonne qui n'ait éprouvé plus d'une fois, que moins on agit, moins on ſe ſent diſ-poſé à agir. Une eau ſans mouvement ſe cor-

ferent la ſcience des Loix, que l'Avocat fera ſes premiers eſſais, sûr d'y trou-

---

rompt bientôt ; le corps ſans le travail devient promptement malade.

Cernis ut ignavum corrumpant otia corpus,
Ut capiant vitium, immoveantur aquæ.

Ovid. de Pont. L. 1.

Les gens qui n'aiment point le travail s'imaginent que l'étude eſt contraire à la ſanté ; c'eſt une erreur groſliere. On voit autant vieillir de Gens de Lettres, que de toute autre profeſſion. L'Hiſtoire en fournit une infinité d'exemples; MM. Fontenelle & Voltaire ſuffiront. En effet, cette vie réglée des gens d'études n'entretient-elle pas la bonne conſtitution, & n'éloigne-t-elle pas toutes les cauſes qui la peuvent altérer ? Pourvu que la chaleur naturelle ſoit d'ailleurs excitée par un exercice modéré, & qu'elle ne ſoit pas étouffée par une quantité d'alimens diſproportionnés aux beſoins de la vie ſédentaire; que faut-il de plus ? Mais ceux qui paſſent leur vie ſans rien faire, ſont comme des gens endormis ; leur ſang s'épaiſſit, leurs humeurs croupiſſent ; & de-là viennent tous les maux compliqués enſemble, & qui nous menent douloureuſement au tombeau.

ver cette indulgence protectrice & cette force résultante de la réunion (1), corroborées par la communication & les entretiens de MM. les Anciens, qui, à l'exemple de ces grands Philosophes de l'Antiquité au milieu de leurs Disciples, se font une récréation, en satisfaisant aux droits de l'amitié, d'y cultiver pour le bien de l'Ordre le germe du talent de leurs jeunes confreres.

Le nouvel Orateur s'y présentera avec cet air honnête qu'il aura remarqué dans ses modeles au Barreau. Les demandes, les objections, les solutions & les réponses aux difficultés, enfin les citations & les autorités seront justes, précises, exposées & rendues en bons termes; il y aura de la facilité, de l'ordre & de la netteté.

Si en effet l'un des Jeunes parle, ou qu'il ait écrit avec quelque distinction : si annonçant des connoissances lumineu-

---

(1) *Vis unita major.*

La force réunie augmente sa vertu.

ſes, qui vu ſa jeuneſſe paroîtroient prématurées, & qu'à la clarté des idées, il réuniſſe l'agrément d'une diction pure, les années qui lui manqueront, augmentant ſon mérite, le feront d'autant plus conſidérer. Il ſe ſentira éguillonné par le nombre & excité par cet applaudiſſement muet, mais ſi nous pouvons le dire, pour lui ſenſible, de ſes concurrens toujours ſes amis, qu'une noble émulation & l'exemple encourageront auſſi à l'égaler, même à le ſurpaſſer, s'il leur étoit poſſible.

Ainſi dans cette eſpece de Licée, où cette ſorte de Lice, il ſe fait un aſſaut, un concours toujours utile & méthodique ſur des queſtions ſcientifiques & relatives à la Juriſprudence, où les forces s'exerçant tour-à-tour, ſe croiſent & ſe développent dans toute l'étendue que la queſtion exige, & ſans aigreur ni jalouſie; mais toujours avec cette douceur & une érudition prudemment ménagée de la part de MM. les Anciens, qui, à la moindre aberration, ayant l'art de ramener au point précis de la difficulté, empêchent que l'Athlete ne ſoit ſéduit par de faux principes, ou des principes mal appliqués (1).

---

(1) L'Ordre, & principalement la Jeuneſſe aſpirante d'y être admiſe, doivent une vraie reconnoiſſance à M. le Batonnier & à MM. les Anciens, qui veulent bien encore ſe donner la peine de ſe tranſporter chaque Samedi à la Bibliotheque, pour y former cette Conférence ſi avantageuſe, & dont ils ſont l'ame & l'eſprit.

Nous ne doutons pas que de les nommer ici, ſeroit bleſſer leur délicateſſe; mais à cet égard, le ſentiment prévalant ſur nous, aux riſques de déplaire, nous demandons cette permiſſion à M. Pothouin, à M. Lefebvre de Dampierre, & à MM. Eſtienne, Lepreſtre de la Motte, Maſſon, Le Berche des Fourneaux, Terraſſon, Delpech, Thetion, de Calonne, Richard du Ponchel, Marguet, Guerin de la Bréardiere, Le Gouvé, Beaucouſin, Timbergue, Henrion de Pancé, Molé, Léon..., qui, tous animés pour la gloire de l'Ordre, ſacrifient généreuſement en faveur de la Jeuneſſe, des heures qu'ils dérobent à la vigilance qu'exigent les affaires dont ils ont bien voulu ſe charger.

Enfin lecture faite de quelques nouvelles productions, ces Mentors modernes, appréciant ces premices d'études, trouvent toujours l'occasion de pouvoir leur donner quelqu'éloges, soit à l'égard d'un raisonnement solide, ou soit au sujet de quelques citations, dont l'exemple calqué sur le principe, en augmente la force, ou bien encore soit à l'occasion de faits historiques ou de choses de sentiment rendus avec une exactitude littérale & sans sécheresse. Que de motifs pour l'émulation & la reconnoissance (1) !

(1) Le moyen de rendre les hommes meilleurs, est de leur imprimer, dans l'adolescence, toute l'horreur possible pour l'ingratitude, & de leur faire sans cesse le plus grand éloge des cœurs reconnoissants. Nous naissons tous avec la bienfaisance dans l'ame ; mais c'est la maniere d'obliger qui embellit le bienfait : d'ailleurs, l'amour propre est flatté qu'on ait recours à nous ; car si l'on se refuse au plaisir d'obliger, ce n'est que par l'expérience du monde ou par l'idée qu'on ne fera peut-être que des ingrats. On seroit presque súr

Ainſi ces Maîtres généreux & réellement Patriotiques, conférant, *ex amicitiâ*, avec leurs jeunes confreres comme s'ils étoient leurs propres enfans, les rendent promptement héritiers de leur ſcience. Eſt-il donc poſſible que dans un Ordre ſi laborieux, la

---

de n'en pas trouver, ſi s'étant accoutumé à regarder l'ingratitude comme une infamie auſſi deshonorante, & pareille à celle d'un homme qui fuiroit dans une bataille, on s'étoit perſuadé que la reconnoiſſance eſt la ſource de toutes les vertus. En effet, elle contribue à former un cœur humain & ſenſible : elle inſpire l'amour pour la Patrie, & nous fait conſidérer les liens les plus doux dans l'attachement pour nos parens, pour nos égaux, ainſi que pour nos ſupérieurs & nos inférieurs.

Un bienfait perd ſa grace à le trop publier :
Qui veut qu'on s'en ſouvienne, il le doit oublier.

P. Corneille, Théod.

Iſthæc commemoratio
Quaſi exprobatio eſt immemoris beneficii.

Terence in Andriâ.

Un bienfait reproché tient toujours lieu d'offenſe.

Racine, Iphigénie.

Doctrine des Loix s'affoiblisse, ou qu'elle y dégénere ? Non, par ces savans entretiens le génie percera avec plus de facilité, & les talens ainsi réunis, ajoutant au mérite, l'un des jeunes Aspirans parviendra dans peu à briller sur ses Emules, sans vouloir les éclipser.

Tel dans un parterre agréable & soigné, un jeune Lis environné de fleurs, croît & s'éleve dès le Printems au dessus d'elles, & se fait ensuite admirer, même rechercher par l'éclat de sa blancheur, ou l'excellence de son odeur ; tel le génie dans cette ame honnête dans ce jeune Collegue, se fera d'abord distinguer par la richesse des idées ou le coloris nouveau qu'il saura leur donner ; enfin par l'éclat des succès & l'excellence de ses fruits ; fruits aussi parfaits qu'abondans, & souvent mûrs, quoique précoces.

En effet les productions de ce Candidat, accueillies à l'instant, deviennent utiles au Public ; étant fréquemment de prudentes & sages consultations qu'il distribuera avec cette ſenſibilité ſi précieuſe, puiſqu'elle eſt le principe de toutes les vertus & la compagne de ſon âge, à des Citoyens infortunés ; qui les recevant avec autant de confiance que d'admiration, & après en avoir ſenti toute l'équité, démontrée par des raiſons ſolides, encore étayées du texte de la Loi, empêcheront que ces honnêtes, mais que trop nombreux Citoyens, ne diſſipent le reſte de leur modique patrimoine, en leur évitant des procès, dont les frais, ſuite indiſpenſable d'une diſcuſſion longue & ruineuſe, les jetteroient dans l'horreur de la plus grande néceſſité.

Ou bien ce ſeroit le bon droit qui ſe manifeſtera dans la prétention légitime, qu'un Client infortuné voudroit former contre un homme en place & puiſſant : ou ce feront les moyens d'une défenſe raiſonnable & fondée, qui ſe découvriront contre une uſurpation tyrannique.

Dans ces cas, l'Avocat qu'excite le zele

de la juſtice & encore cette colere (1), ou plutôt cette haine légitime qu'il doit à l'oppreſſion, ſe ſaiſira de la cauſe & muni de titres & pieces, il s'en chargera volontiers pour ſe préparer à la défendre.

Le génie s'exerçant avec liberté, dans la retraite, la réflexion a le tems de s'y mûrir : là dans le calme du cabinet le Juriſconſulte goûte ce plaiſir indicible, dont l'ame ſe nourrit dans la ſolitude des penſées ; plaiſir qui ſe ſent mieux qu'on ne peut l'exprimer, & dont l'homme d'étude connoît ſeul tout le prix.

Il y refléchira aux moyens qu'il doit employer ; en s'interrogeant il deſcendra en lui-même, ſe fera des objections : il conſultera la Loi & les Auteurs, il s'en pénétrera. Enfin il projette, il compoſe, il écrit.

Sa cauſe ainſi préparée, il la plaidera avec

---

(1) *Ira furor brevis eſt : animum rege, qui niſi paret,*
Imperat, hunc frænis, hunc tu compeſce catena.
Hor. L. 1. Ep. 2. v. 62 & 63.

confiance, sûr que les Juges y donneront leur attention. Il en fera valoir tous les droits, paré de cette noble ſimplicité, qui pouvant s'allier avec l'éloquence perſuaſive & touchante, à l'inſtruction réunit encore le don de plaire. Ce que l'on conçoit, ainſi que ce qu'on ſent vivement, s'exprime de même (1).

Les Juges, ces incorruptibles Aréopagiſtes l'accueilleront favorablement, & après l'avoir entendu avec une entiere ſatisfac-

---

(1) *Quæ volumus & credimus libenter, & quæ ſentimus, ipſi reliquos ſentire ſperamus.*

C'eſt une remarque de Céſar, dans ſon Hiſtoire des Gaules, Liv. 2. ch. 27.

Nous croyons, *dit-il*, volontiers ce que nous ſentons & ce que nous ſouhaitons ; nous perſuadant même que les autres ſeront de notre ſentiment.

Verbaque proviſam rem non invita ſequentur.
HOR. Art. poét.

Ce que l'on conçoit bien, s'énonce clairement,
Et les mots pour le dire arrivent aiſément.
BOILEAU, Art. poét.

tion, ils authentiqueront le bon droit par un Jugement que les Loix & les principes d'une Juriſprudence conſtante & déterminée juſtifieront.

Alors l'Avocat reconnoîtra toute la ſolidité des moyens qu'il aura employés. Il ſentira le poids de ceux qui auroient paru avoir décidé les Juges & le peu de fondement qu'avoit la demande inſolite de ſon adverſaire.

Enfin ce Défenſeur auſſi content qu'heureux d'avoir ſecouru l'opprimé, ne voudra accepter d'autre récompenſe, que celle que procure toujours le bienfait par lui-même, à qui le rend (1); & le ſuccès de cette cauſe augmentant le zele de l'Avocat, & le faiſant connoître davantage, donnera l'eſſor à des talens qui ne demeureront plus oiſifs; *& vires acquirit eundo.*

---

(1) *Beneficii merces, ipſum eſt beneficium.*

L'honneur a tant de part à ce que nous faiſons.
Qu'un procès eſt payé, dès que nous le gagnons.

Dans d'autres circonstances, où le mérite, pour n'être pas aussi ostensible, n'en est pas moins honorable ; ce Jurisconsulte fera en sorte les concilier les parties sur leurs prétentions respectives : n'épargnant rien pour y réussir, il éteindra le feu d'une division qui auroit peut-être consommé leur fortune, & tarira cette source de discorde, & de haine en étouffant l'Hydre du procès, qui entraîne ordinairement avec lui la ruine de celui qui le recherche.

On le choisira pour Arbitre, il dressera un Compromis (1), rendra la Sentence Arbitrale, où il projettera une transaction motivée, qui anéantissant tout sujet de débats, rétablira la concorde, & cimentera cette union si désirable entre gens honnêtes. Enfin les parties de divisées qu'elles étoient, devenant amies, se féliciteront mutuellement de s'en être rapportées à un Arbitre tel & aussi généreux.

(1) C'est la Promesse réciproque qu'on s'en tiendra à la décision de l'Arbitre choisi.

Oui, Arbitre généreux, chez qui l'honneur & la Justice dans la parole comme dans les Ecrits, président aux conseils! Tu jouiras de la consolation d'avoir évité à tes Cliens de longues discussions suivies de frais que tu ne vois jamais employer qu'avec chagrin. Quelle satisfaction hélas pour l'Avocat! Et combien fait-il fréquemment de pénibles efforts pour empêcher ses cliens de plaider, & afin de les obliger à faire plutôt le libre sacrifice d'une partie de leurs droits, qu'à en poursuivre l'évenement: leur donnant à cet effet de solides raisons & des exemples démonstratifs, pour les convaincre que par le moyen d'une sage conciliation, toujours préférable à un événement douteux, ils retireroient un parti plus avantageux de leur affaire (1). D'ailleurs

---

(1) Il leur prouve, bien loin de les faire combattre,
Qu'un Procès qu'on évite, en sauve souvent quatre.

Poisson.

cette voie n'eſt-elle pas celle de l'honnêteté, de la prudence, ainſi que de la nobleſſe de ſentimens ? Oui certes.

Et c'eſt toujours le but où tendent nos conſeils (1).

---

(1) *Impatiens animus, nec adhùc tractabilis arte,*
Reſpuit, atque odio verba monentis habet.
OVID, L. 1. de Rem. Am.

Un eſprit turbulent que rien ne peut dompter,
Mépriſe un bon conſeil, ſans vouloir l'écouter.

Et Judex petit, & petit Patronus,
Solvas, cenſeo, Sexte, creditori.
MART. Epig. 13. Lib. 2.

Si tu plaides, tu dois t'attendre
Qu'Huiſſiers & Procureurs auront chacun leurs droits.
Le plus certain ſeroit, ſans vouloir te défendre,
De ſatisfaire à tout ce que tu dois.

René, Roi de Sicile, & Comte de Provence, qui mourut en 1474, laiſſa pour prétendans à cette Comté, Charles Dumaine, ſon neveu, & René, Duc de Lorraine. Le Roi, Louis XI, qui vouloit faire ſentir à ces Compétiteurs la fri-

Dans

Dans des occaſions plus agréables, un pere de famille, des parens viendront à ce Juriſconſulte; ils le prieront de projeter les articles d'une alliance qui leur eſt chere; la jeune Prétendue, l'eſpérance d'une nombreuſe poſtérité ſera aſſurée d'y trouver l'état certain d'un douaire, avec une dot & des avantages dont elle, ſes proches ou ſes deſcendans reſſentiront après une ſuite de temps, tous les bons effets.

Les dépoſitaires de la foi publique donneront l'authenticité à ces conventions, le Sacrement couronnant le contrat civil, rendra le lien indiſſoluble; & l'Avocat jouira

---

volité de leurs prétentions, jetta, étant à table, une épaule de mouton à deux chiens, qui, pour ſe la diſputer, commencerent à ſe battre; auſſitôt un dogue, que tenoit en leſſe un Page, ſe dégageant, ſe ſaiſit de la proie. Alors le Monarque leur dit, il en ſera de même de votre prétention, Meſſieurs; un plus puiſſant interviendra, qui l'emportera ſur vous: *Inter litigantes, tertius gaudet.*

encore de cette satisfaction qu'éprouvent les ames bienfaisantes lorsqu'elles ont pu contribuer au bonheur de leur semblable: car il est d'un cœur patriotique d'encourager aux mariages, de les faire propager, enfin d'y concourir par de sages & prudents conseils; c'est l'avantage de la Nation, que le zélé Citoyen ne doit jamais perdre de vue, ainsi que pour tout ce qui peut tendre au bien & au progrès de la population (1).

---

(1) Lorsque les mœurs commencent à se corrompre, on se dégoûte du mariage, qui ne présente que des peines à ceux qui ne sont point enclins aux plaisirs de l'innocence. Ecoutez, dit Bacon; quand on ne connoîtra plus de Nations Barbares, que la politesse & les Arts auront énervé l'espece; on verra les hommes peu curieux de se marier, dans la crainte de ne pouvoir entretenir une famille, & tant il en coûtera pour vivre chez les Nations policées! Voilà ce que l'on vit à Rome lors de la décadence de la République.

Qu'il nous soit donc permis de nous récrier ici, avec M. de Montesquieu, contre ce célibat,

Enfin dans des ventes, dans des acquisitions, des partages, des liquidations, des comptes de communauté, des divisions d'apanages, de terres titrées, de fiefs, de biens nobles assis en différentes coutumes, entre aîné & puisnés ; dans des donations, des institutions contractuelles, des testamens ou codiciles, des

---

qui, en formant le libertinage, corrompt également les deux sexes, & fait mépriser une union qui devroit nous rendre meilleurs, pour vivre dans une autre qui nous rend toujours pires. C'est une regle de la nature, plus le nombre des mariages diminue, plus se corrompent ceux qui sont faits ; car moins il y a de gens mariés, plus il y a d'infidélités dans les mariages, parce que les larcins sont plus fréquents, en raison des voleurs qui restent.

Mais voulez-vous être heureux, choisissez une compagne honnête, d'une humeur égale, d'un caractere solide, d'une vertu sociable & douce : aimez sans inquiétude, possédez sans dégoût, desirez pour jouir, faites des jaloux, & ne le devenez jamais : vous toucherez au comble de la félicité.

réductions à légitime, des substitutions, des rigoureuses exhérédations, le conseil de la Loi sera toujours important. En un mot, dans la rédaction de tous ces actes susceptibles de divers intérêts, les parties ne se repentiront jamais de l'avoir suivi.

Il seroit inutile de rapporter toutes les occasions qu'a journellement l'Avocat qui témoigne de la ferveur pour sa profession: sur-tout lorsqu'à de connoissances profondes, il joindra le don d'écrire & de parler avec autant de solidité, que d'élégance.

Cette mere affligée, cette veuve qu'anéantissent sa triste situation, son état & ses larmes (1); ces orphelins, ces tendres pupilles, dont le sort affecte toujours un cœur né sensible, accourront aux conseils de ce Jurisconsulte, sûrs d'y trouver de la consolation, des secours, enfin des lumieres; qui faisant prévaloir leurs droits sur d'avides créanciers, ou qui confondant des débiteurs de mauvaise foi, sauveront du

(1) Hélas ! en cet état, qu'elle est intéressante !

naufrage, plusieurs débris, que leur foiblesse ou leur défaut d'expérience, auroient sans cet aide tutélaire, laissés submerger (1).

Les Juges mêmes assurés de trouver dans ce Jurisconsulte, la science & les talens du Magistrat, & cherchant à faire diminuer cette quantité de procès, dont l'instruction leur prend un tems précieux & toujours destiné à l'utilité publique ; ne choisissent-ils pas dans diverses circonstances un d'entre nous, pour rendre sa décision sur des causes instantes ? Oui, & ils accordent ainsi des *Renvois* à l'Audience, convaincus de la prompte justice & de toute l'intégrité qu'emploira celui qu'ils auront nommé.

Quelle fonction plus honorable ! Et quoi de plus propre à inspirer l'émulation, afin de pouvoir répondre aussi digne

(1) Aussi l'appelle-t-on, par son intégrité
Ne cherchant en tout que la seule équité ;
De Thémis le soutien, des malheureux le frere,
Des veuves le mari, des orphelins le pere.

ment, à une telle marque de confiance (1)?

---

(1) Un Juge, dit Séneque, doit paroître dans ſon Tribunal avec un viſage tel qu'on ſe figure que ſeroit celui de la Loi, ſi elle en avoit un, c'eſt-à-dire, calme, exempt d'émotion, de haine & de colere, ſans crainte lâche ni opiniâtreté, & nullement dirigé par ce reſpect humain qu'a le commun des autres hommes.

Qu'eſt-ce qu'un Magiſtrat; s'il n'eſt, pour ainſi dire, la victime de l'exactitude à remplir ſes devoirs, s'il n'a droit à toute l'eſtime publique, en ſe ſacrifiant à l'examen des affaires les plus compliquées, en réprimant tous les mouvemens qui pourroient tendre à lui faire altérer la plus exacte juſtice? De quelle ignominie ne ſe couvriroit-il pas; ſi Juge léger, il employoit dans de vaines diſſipations un temps deſtiné à prononcer ſur la fortune ou ſur la vie des Citoyens?

Pour faire un bon Juge, un grand Magiſtrat, il faut avoir une parfaite connoiſſance du Droit divin & humain, une intelligence profonde des Loix, des Ordonnances & des Coutumes; un uſage familier ſur les formalités & la procédure. Avoir un cœur docile pour recevoir les impreſ-

Mais ce qui attirera l'estime par excellence, ainsi que la plus grande considération; ce seront ces vertus dominantes, ces qua-

---

sions de la vérité, noble pour s'élever au-dessus des passions & de l'intérêt, tendre pour assister les malheureux, ferme pour résister à l'iniquité. Enfin un esprit avide de tout savoir, & capable de tout apprendre; prompt à concevoir les matieres les plus élevées; heureux à les exprimer; discernant non seulement le bon d'avec le mauvais, mais encore le meilleur d'avec le bon; appliqué à examiner les difficultés, & à les résoudre, à chercher la vérité, & à la suivre après qu'il l'a découverte; enfin à connoître tout, en tirant toujours quelque fruit de ses connoissances, & qu'il soit, en un mot, sans passion comme les Loix.

Discite justitiam moniti, & non temnere divos.

VIRG. Ænéid. 6.

Soyez justes; *dit-il*, à toute heure, en tous lieux;
Mortels, à mon exemple, appréhendez les Dieux.
Mais cela ne suffit, il faut chérir les hommes,
Supporter les défauts de tous tant que nous sommes.
Consulter la prudence & suivre l'équité,
Ce n'est encor qu'un pas vers l'immortalité.
Qui n'est que juste est dur, qui n'est que sage est triste;

lités caractéristiques d'une ame honnête ; aussi nécessaires, que la science, le génie & les talens dont nous venons de parler : tels que cette intégrité soutenue, dans les conseils ; dans les actions l'honnêteté ; la douceur dans les mœurs ; dans les écrits la fidélité, la prudence & la discrétion : enfin cette aimable aménité si prévenante dans la conversation & les usages de la société (1).

Ayant souvent l'occasion de fréquenter les Magistrats & les Grands ; l'Avocat jaloux

---

Dans d'autres sentiments l'héroïsme consiste :
Le Conquérant est craint, le Juge est estimé,
Mais le bienfaicteur charme, & lui seul est aimé ;
Lui seul est vraiment Roi : sa gloire est toujours pure,
Son nom parvient sans tache à la race future.
A qui se fait aimer, faut-il d'autres exploits ?
Ami de l'humanité, il satisfait les Loix.

(1) C'est peu d'être agréable & charmant dans un Livre,
Il faut savoir encore, & converser & vivre.

DESPRÉAUX.

de se faire distinguer par cette classe si attrayante du beau monde ; oui par cette classe du savoir vivre & de l'élégance des manieres, qu'on nomme vulgairement la bonne compagnie ; & qui en effet est l'élite des personnes élevées par leur naissance, la dignité de leur charge ou de leurs emplois : il faudra que l'Avocat soit doué de cette réserve & de cette liante urbanité, fruits d'une heureuse naissance, & encore plus de cette excellente éducation qui ne s'acquiert que dans l'aurore de la jeunesse (1) & dans le savoir des grandes Villes (2) : qua-

(1) Oui dans cet heureux âge où le moindre plaisir
Est saisi par un ame avide de jouir,
Où le chagrin, de son affreux bitume,
ne prolonge jamais la funeste amertume.

M. BRUSSEL.

(2) L'urbanité regne avec plus d'éclat dans les Villes capitales, qu'ailleurs ; le savoir y étant plus commun, les esprits se polissent l'un l'autre en se heurtant en quelque sorte ; enfin l'affluence des grandes choses engendrant l'extrême délica-

lités précieuſes, qui ne réuſſiront à ces ames candides, qu'autant qu'elles continueront de rechercher la bonne compagnie (1). Il

teſſe, on ſe plie plus aiſément aux loix de la fine critique.

(1) Car l'école du monde, en la façon de vivre,
Mieux la jeuneſſe inſtruit que ne fait aucun Livre.
Moliere, Ecole des Maris, Sce. 2.

C'eſt connoître les devoirs de la Société que de faire céder ſon humeur particuliere à celle des autres ; & d'avoir pour ceux avec leſquels nous vivons une douceur dans le caractere qui fait le principal lien de la Société. On peut dire que l'eſprit de ſociété eſt la même choſe que la charité & la juſtice. En voici une preuve :

« Henri II, ayant offert une place d'Avocat-» Général au célebre Henri de Meſmes, ce Magiſ-» trat prit la liberté de repréſenter à ce Souverain » que cette place n'étoit pas vacante : *Elle l'eſt*, ré-» pliqua le Roi, *parce que je ſuis mécontent de celui* » *qui la remplit. Pardonnez-moi, Sire*, répondit » Henri de Meſmes, après avoir fait modeſtement » l'apologie de l'accuſé, *j'aimerois mieux gratter la*

faudra, dis-je, qu'en parlant peu, mais avec réflexion & dignité, & qu'écartant ce timide

---

» *terre avec les ongles, que d'entrer dans cette Char-* » *ge par une telle porte.* Le Roi eut égard à cette re- » montrance, en laiſſant l'Avocat-Général en ſa » place ». Celui-ci étant venu le lendemain pour remercier ſon bienfaicteur, à peine Henri de Meſmes put-il ſouffrir qu'on ſongeât à vouloir lui rendre graces pour une action, qui étoit, diſoit-il, d'un devoir indiſpenſable, & auquel il n'auroit pu manquer ſans ſe deshonorer lui-même pour toujours.

Quand on lit de telles actions, eſt-il poſſible de réſiſter à l'impreſſion qu'elles font ſur le cœur? Cet exemple n'eſt pas ſi ancien, mais il n'auroit aujourd'hui preſque plus d'imitateurs. On ne tient pas à la Société par la vertu, ſouvent on ne ſert les autres que pour ſon intérêt particulier. Cependant ce ſont les bonnes qualités du cœur qui, en faiſant le vrai mérite de l'homme, le rendent auſſi un inſtrument propre à procurer le bonheur des autres. Donc rien ne mérite plus d'être encouragé, ſoit en nous-mêmes, ſoit dans nos ſemblables, que ces offices mutuels de bienveillance & de compaſſion.

embarras qui étouffe le génie, l'Avocat y apporte cette condeſcendance ſi propre à s'accommoder aux volontés des uns, lorſqu'elles paroîtront raiſonnables, & à ſupporter, ſans même le faire appercevoir, le peu d'expérience que pourroient avoir les autres, & particuliérement le Sexe dans un genre, où les formes légales, les principes & les uſages ne leur ſont point familiers. Enfin s'il s'agiſſoit d'affaires, il ſera bon qu'il s'ingénue, en ſe reployant ſur lui-même, pour concilier l'équité avec la regle & les uſages de rigueur, ſans néanmoins bleſſer la pureté de l'ame. Car quoique pénétrés de vénération pour les cœurs généreux & délicats, prenons garde de donner dans la puſillanimité ; la vertu conſiſtant dans un juſte milieu, dont les extrémités s'écartent également ; ne flattons jamais la délicateſſe ou la ſenſibilité du cœur aux dépens de la juſtice.

En un mot ce qui conſtituera au ſuprême degré la nobleſſe de ſentimens, c'eſt quand toutes ces qualités ſeront étayées d'une grandeur d'ame, ou d'un désintéressement à toute épreuve, envers ceux qui auront recours à nous.

Cette vertu après l'honneur, (1) une des plus précieuses, & sur laquelle je puis insister ici sans craindre de déplaire, est celle qui répandant le vernis le plus brillant sur toutes les actions, en fait ressortir le mérite avec plus d'éclat, & qui procure au Jurisconsulte la vraie considération.

Aussi est-ce un des points essentiels de la Police de l'Ordre. « Nul Avocat n'aura » le droit d'exiger d'honoraires, n'y n'en » pourra former aucune demande, sous » peine d'être retranché du Tableau » ; disoit un de nos Chefs électifs (M. Blanchebarbe,) dans son discours du 9 Mai 1723.

---

(1) Des Loix que nous suivons, la premiere est l'honneur;
Mais d'un cœur généreux, ami de la grandeur,
L'accompagnant sans cesse, embellissant sa suite,
De l'honneur, s'il se peut, augmentons le mérite.

En effet l'Avocat devant toujours se contenter de ce qu'on lui offre, ne pourroit-il pas même se plaindre du sort qui le met dans le cas de ne pouvoir refuser ce qui lui est généreusement présenté? L'honneur, quoique ne conduisant pas toujours à la fortune, mais bien préférable à cet aveugle Déité (1), en encourageant nos travaux, ne nous récompense-t-il pas d'avance? Et la vertu ne porte-t-elle plus avec elle son honoraire?

Qui ne demande rien, se satisfait assez,
Disent les Avocats par des refus lassés;
Le plaisir d'obliger est un prix de justice,
Toujours trop acquitté, lorsque l'on rend service.

C'est sans doute sur de tels sentimens; ou peut-être afin de prévenir la cupidité (2),

---

(1) *Vilius argentum est auro, virtutibus aurum.*
Pauper enim non est cui rerum suppetit usus.
Quo circa vivite fortes
Fortiaque adversis opponite pectora rebus.
HORACE.

(2) *Radix omnium malorum est cupiditas.*

qu'à Rome, les Avocats comme Tacite (1) nous l'apprend, ſolliciterent l'Empereur Claude (2) pour l'engager à fixer les honoraires de différentes cauſes, encore ne

(1) Corneille Tacite, célebre Hiſtorien latin, & l'un des plus grands hommes de ſon temps, devint, par ſon mérite, ſous Veſpaſien, Tite & Domitien, Préteur & enſuite Conſul. On lui attribue le Livre des Cauſes de la corruption de l'Éloquence Latine, que quelques Savans donnent à Quintilien. Nous poſſédons une verſion élégante de Tacite, qui fait honneur à ſon Traducteur, (M. de Lableterie).

(2) Cet Empereur qui inventa trois lettres de l'Alphabet, & dont on fait mention de quelques Ouvrages qui ſe ſont perdus, fut marié quatre fois : Meſſaline, ſi connue par ſa honteuſe conduite, a été ſa troiſieme femme; & ſa quatrieme fut la jeune Agrippine ſa niece, qui empoiſonna cet Empereur l'an 54 de notre ere. Il avoit adopté Néron, fils de cette derniere Princeſſe, au préjudice de Britannicus, ſon fils & de Meſſaline, auquel l'Empire appartenoit par le droit de la naiſſance, & qui l'auroit ſans doute mieux occupé.

voulurent-ils pas que ceux de la plus considérable excédassent dix grands Sesterces (1).

Aussi ce Cesar en admirant la prévoyante générosité de ces grandes ames, mit le sceau impérial à leur prudente délibération, dont la sagesse ne fut jamais transgressée.

Malgré ce Statut, les plus distingués d'entre ces Orateurs firent davantage ; ils ne voulurent point accepter d'honoraires : mais la République judicieuse y suppléa en se chargeant elle-même d'acquitter ce que les Particuliers auroient desiré de faire ; & ces récompenses n'étant jamais pécuniaires, une dignité, des grades, une place éminente, ou d'autres honneurs enfin, d'où le mot d'*honoraire* dérive, en tenoient lieu.

---

(1) Ce qui revient à soixante-seize pistoles de notre monnoie, au rapport de Tacite, *Table des anciens Termes*, & suivant le *Traité des Monnoies*, par M. Leblanc.

Quel

Quel exemple décisif ! Héritiers des talens de ces grands hommes, soyons-le universellement. Que l'amour de la Patrie ainsi que la dignité de sentimens soient toujours nos guides & la regle de nos actions. Rien au-dessus de la gloire ou de l'estime puplique, dit Cicéron : *Incumbe toto pectore ad laudem.*

Que la défense du pauvre, comme celle du riche nous animent également. Ayons le même zele, & encore plus d'entrailles pour les malheureux, pour ces infortunés, qui sont d'ailleurs si sensibles à l'intérêt qu'ils inspirent : peut-on leur refuser des consolations ? Le temps, ce trésor si précieux, étant leur seule richesse, ne les faisons point languir ; satisfaisons promptement à leurs demandes (1). Prenons avec

---

(1) *Omnisque nimiùm longua properanti mora est.* SENEC. in Agamem.

Le conseil le plus prompt, est le plus salutaire. *RACINE*, *Bajaz.*

Periculum in morâ. Desbarreaux, Conseiller

courage la défenſe de ce Peuple continuellement courbé ſous le faix ; des cultivateurs , de ces gens de la campagne accablés , tombans ſur le ſol : oui , ſur cette terre imbue de leurs larmes ou de leurs ſueurs , pendant que l'indolent propriétaire s'en engraiſſe ; enfin de tous ceux dont les travaux pénibles forment la ſubſiſtance & le ſoutien de l'Etat (1). Le ſage toujours

---

au Parlement , ſi connu par ſon eſprit , ainſi que par le ſublime & pieux ſonnet qu'il fit peu de temps avant ſa mort, débourſa librement les frais d'un Procès qu'il avoit tardé à rapporter. Auſſi étoit-il juſte , affable , libéral & généreux ami. Il mourut à Châlons-ſur-Saône en 1674 univerſellement regretté.

(1) Vous qui chargez la terre & l'épuiſez encore ,
Reſpectez leurs travaux , Paraſites nombreux ;
Inutile fardeau d'un globe orné par eux ,
Ne leur enlevez pas les biens qu'ils font éclore :
A l'ombre d'un Palais , que l'orgueil a bâti ,
D'où vous créez des mers & tranchez des montagnes ,

l'appui du malheureux (car le plus humain eſt conſtamment le plus ſage) pourroit-il y être inſenſible ? Il faudroit n'être pas homme, ou n'en porter que le nom (1). L'ame tendre

---

Vous dévorez leur ſang en ſueur converti,
Et votre luxe oiſif moiſſonne les campagnes.
Ah ! laiſſez vivre en paix des mortels ingénus :
Enrichiſſez vos cœurs vuides & prévenus,
Des tréſors d'équité, dont leurs ames ſont pleines,
Au lieu de leur ravir tous les fruits de leurs peines,
Impoſez-vous leurs mœurs, empruntez leurs vertus ;
Pour gens de biens alors, vous ſerez reconnus.

Je tiens qu'un Laboureur,
Maître de dix arpens de terre,
Eſt un petit Roi dans ſa ſphere,
Bien plus riche qu'un grand Seigneur.
Content de ſa fortune,
Il nous apprend que la félicité,
Suit rarement la grandeur importune ;
Et que le plus puiſſant eſt le plus limité.

M. BRUSSEL.

(1) *Homo ſum ; humani nihil à me alienum puto.*

TERENCE.

se refusa-t-elle jamais à cette commisération qui l'identifie en quelque maniere au sort des infortunés ? Non certes, que des Sujets aussi utiles à la Société, & dont les peines, les malheurs, ainsi que les justes plaintes, ne pouvant percer l'athmosphere qui environne les Trônes, aient au moins des droits à une Société si chere ! Allons à eux de nous-mêmes ; protégeons l'innocent, le foible opprimé, volons à leur secours. C'est un devoir indispensable, quand la seule humanité ne nous y inviteroit pas. C'est ainsi qu'employant la plus grande ardeur au bien public, & qu'exerçant des actes de véritable amour, nous remplirons

---

Mollissima corda
Humano generi dare se natura fatetur,
Quæ lacrymas dedit : hæc nostri pars optima sensus.
JUV. Sat. XV. v. 131 & suiv.

Ad opem brevis hora ferenda est.
OVID. L. 4. Metam.

En ce monde il se faut l'un l'autre secourir.
LAFONT. Fab. 16.

la tâche du zélé Patriote, en payant un tribut que chacun doit à ſon ſiecle.

Enfin, joignons aux vertus par excellence, aux vertus chrétiennes, celles qui diſtinguoient ces Aréopagiſtes ſi ſages, ce fameux Sénat & d'Athenes & de Rome (1). Aimons & ſervons la Patrie pour elle-même, *& totis viribus*.

Faiſons le ſacrifice entier, afin de parvenir à toutes ces hautes facultés de l'ame, à ce héroïſme ſi rare; en un mot, à ces qualités réelles, ſurpaſſant l'élévation momentannée des titres, des dignités ou des grandeurs, dont les noms ont été inventés par l'orgueil, & dont la conceſſion n'eſt ſouvent due qu'au haſard.

Perfectionnons notre être moral, toujours foible & paſſif, comme celui phyſique (2).

---

(1) *Virtus quam ſequitur charitas minimè repudianda eſt.*

Cic. de Amicitiâ.

(2) Il ne faut qu'un peu d'attention ſur l'excellence & l'élévation de notre ame, pour être

Et ſi, comme en morale, tout excès produit un vice, n'ayons que celui-là : ſoyons

---

convaincu de ſon immortalité. Nous voyons qu'en tout ce qu'elle fait, elle aſpire au terme de cette grande vérité; auſſi veut-on toujours ſe ſurvivre en quelque choſe; c'eſt-là le but de nos pénibles travaux, ainſi que de ces entrepriſes périlleuſes, & c'eſt auſſi toute la récompenſe que demandent les grands hommes.

Quant à ce corps mortel, quoique la moindre partie de nous, il demande auſſi des ſoins & des ménagemens, parce que ſa bonne diſpoſition ne contribue pas peu à nous rendre heureux. Tout eſt à charge ſans la ſanté; il eſt vrai qu'elle ne dépend pas abſolument de nous, & que mille accidens, qu'on ne ſauroit prévoir, peuvent l'altérer; mais auſſi l'on conviendra que la mauvaiſe conduite, ou que la négligence attirent ou prolongent la plupart des maux qui nous affligent. Trop d'attention, ainſi que trop de négligence ſont nuiſibles à la ſanté. Il faut pourvoir à ſes beſoins, diſſiper ſes humeurs par un exercice modéré, & ſubſiſter dans un régime de vie égal, en cultivant à propos les bonnes diſpoſitions de la nature.

vertueux jusqu'à l'excès ; voilà le cri de la nature, nous appellant sans cesse au bonheur : bonheur peu commun, qui s'accroît ou se double, si nous savons le connoître & en jouir (1).

Formons une nouvelle Ecole de vertus patriotiques, en adoptant ces qualités liantes & sociables, qu'on ose nommer roturieres ; cette égalité de caractere, cette modestie, cette bonté d'ame & cet amour si rare de l'ordre ou de la Justice. Enfin usons de cette morale pratique qui, s'appliquant aux actions, forme nos cœurs à la droiture, à la douceur, à l'émulation,

---

(1) Il ne faut différer d'acquérir les moyens d'être heureux ; car celui qui le devient aujourd'hui, l'est autant qu'un autre qui le seroit depuis un siecle.

Savoir jouir de ce qu'on a,
Ne rien souhaiter au-delà ;
Ne craindre en ses procès, ni crédit ni cabale,
Un bon Livre, un ami : voilà le vrai bonheur,
La modération du cœur
Est la pierre philosophale.

au facrifice de l'amour propre (1) : facrifice difficile, mais néceffaire ; en un mot, à la générofité de fentimens.

Rendons-nous encore plus eftimables ; & en augmentant la fomme du mérite de notre Ordre (2), faifons-lui, s'il eft poffi-

---

(1) L'amour propre eft toujours un conducteur perfide,
A fes confeils flatteurs, il ne faut fe livrer ;
Et qui craindra de s'égarer,
Ne le prendra jamais pour guide.

C'eft un ennemi caché, un féducteur adroit, qui s'arme de notre propre fenfibilité, pour nous fubjuguer plus sûrement. Mais cet amour propre bien entendu & bien raifonné devient quelquefois utile; auffi a-t-on dit qu'il eft comme les langues d'Éfope, le meilleur ou le plus mauvais préfent de la nature, fuivant l'ufage qu'on en fera; car l'amour propre dans l'homme de bien, dans celui qui, n'ayant rien à fe reprocher, vit content de lui-même, & comme en ayant le droit, eft en ce cas un bienfait que lui accorde la Providence, & dont elle lui donne auffi la faculté de jouir.

(2) Lifez la Note de Supplément, n°. 1. qui eft à la fin de ce Difcours, vous retrouverez les noms

ble, honneur. Que l'ambition des grandes choſes enflamme nos idées. Prenons un noble eſſor, un vol rapide & hardi ; atteignons nos Héros, ces Grecs, ces Romains. Enfin généreuſes victimes du bien public, élevons-nous au-deſſus de nous-mêmes pour aſpirer à devenir des hommes de tous les temps & de toutes les Nations, afin qu'étant ſupérieurs à notre ſiecle, nous parvenions au plus haut degré de la vertu humaine ; en faiſant pour y arriver ce qu'on fait communément pour la fortune, ſans examiner ſi c'eſt la route la plus sûre & la plus fréquentée pour parvenir, à cette fortune qui doit ſi peu nous intéreſſer (1).

---

de quelques illuſtres de l'Ordre, avec des citations exactes, appuyant tout ce qui eſt allégué dans le cours de cet Opuſcule.

(1) *Sub Deo juſto, nemo miſer niſi mereatur.*

S. AUGUS.

Comme ſur le bord des ruiſſeaux
Un grand arbre planté des mains de la nature,
Malgré le chaud brûlant, conſerve ſa verdure,

Au contraire, ne perdons jamais de vue ce désintéressement si recommandable, le creuset où s'épurent toutes les qualités de l'ame, le sceau de la perfection.

Voilà la vraie noblesse, celle qui, ayant la vertu pour mere, peut s'assimiler avec le courage de ces ames élevées, de ces Grands qui ne sont tels que par leurs vertus. Alors reconnoissant l'Avocat, il pourra marcher de pair avec ces généreux Guerriers, faisant aussi le libre sacrifice de leur sang illustre pour le service & la défense de l'Etat, pour sa gloire & son illustration (1).

Et de fruits tous les ans enrichit ses rameaux :
Ainsi cet homme heureux, fleurira dans le monde,
Il n'y trouvera rien qui trouble ses plaisirs,
Et constamment ne réponde
A ses nobles projets, à ses justes desirs.

Paraphrase d'un des Pseaumes de David, par M. Godeau, Évêque de Vence.

(1) *Dulce & decorum est pro patriâ mori.*
HOR. Od. 2. L. 2.

Encore ces Rivaux de la gloire ont-ils des Privileges, des Emulateurs, dont nous sommes frustrés. Ces temps heureux de Paix, qui ne peuvent être de trop longue durée pour accroître le bonheur national, n'accordent-ils pas à ces vaillans Militaires de doux loisirs partagés dans les plaisirs variés de la Société ?

Oui, mais le Jurisconsulte ne connoissant ni ne desirant ces loisirs (1), & d'ail-

---

Mourir pour son Pays, n'est pas un triste sort,
C'est s'immortaliser par une belle mort.

P. CORNEILLE, Le Cid, Trag.

(1) *Ignoti nulla cupido.*

OVID. Art. aman. L. 3.

On ne peut desirer ce qu'on ne connoît pas.

VOLTAIRE, Zaïre.

Sperne voluptates : nocet empta dolore voluptas.
O pueri, fugite hinc, latet anguis in herbâ.

VIRG. Eclog. 3.

Poussés par les passions, comme un vaisseau l'est par les vents, c'est à la raison, à l'amour réglé de soi-même, à nous préserver des écueils.

ſeurs préférant les tranquilles plaiſirs de l'eſprit à ceux turbulens des ſens, il n'a point

---

Le plaiſir que le repentir empoiſonne eſt trop voiſin de la douleur ; quelque vif que ſoit ce plaiſir, la prudence veut qu'on s'en abſtienne, lorſqu'il pourroit s'expier par des peines encore plus vives. Savoir arrêter ſes deſirs dans la premiere fougue d'un ſang échauffé, commander à ſa paſſion & étouffer cette effervescence qui obſcurcit la raiſon : voilà l'empire du ſage & le triomphe de la vertu ; mais s'y laiſſer entraîner par ſenſibilité, ſeroit le ſort d'une ame foible, & la cauſe du malheur ; étant bien plus dangereux d'être trompé par ſoi-même, que par les autres. D'ailleurs, le calme pourroit-il régner dans le cœur de celui qui auroit contribué au malheur, ne fût-ce que d'une créature ? Et ſeroit-il poſſible de vivre content dans les bras du crime, ou au ſein de la débauche ? Non, de tels plaiſirs, loin de remplir nos deſirs, ne laiſſeroient dans l'ame que des regrets & des remords ; ils nous détruiroient peu à peu, & ſans pouvoir encore échapper à l'ennui, aux dégoûts & aux chagrins les plus cuiſans qu'ils entraîneroient infailliblement à leur ſuite.

Il y a cependant des plaiſirs établis dans la ſo-

de repos, aucun temps de Paix ni de Treve ne lui eſt accordé ; à peine jouit-il de

---

ciété pour tous les caracteres & pour tous les états : ſi l'on choiſit mal, c'eſt à ſoi-même qu'il faut s'en prendre.

Le plaiſir de l'eſprit eſt celui qu'on doit préférer en qualité d'homme ; ceux des ſens nous étant communs avec les animaux, & conduiſant encore à des infirmités ſans nombre. Ce plaiſir de l'eſprit pour ceux de notre profeſſion, ne doit-il donc pas l'emporter ſur tous les autres ? Car il n'y a que l'étude, les connoiſſances & la réflexion qui, en faiſant éprouver ces ſenſations délicieuſes & pures, peuvent élever l'homme à l'heureux état de goûter des plaiſirs parfaits : & ce plaiſir du ſavoir ne peut paroître étranger, qu'à ceux qui n'ont jamais ſu qu'il exiſtât.

Auſſi l'homme de Lettres eſt-il dans une continuelle jouiſſance, enterré, pour ainſi dire, dans ſon cabinet ; ſi on le voit rompre tout commerce avec le genre humain, c'eſt qu'il eſt aſſuré de ne jamais éprouver les horreurs de l'ennui ; ſemblable à un voyageur qui découvre à chaque inſtant de nouveaux objets, il acquiert par l'étude de nouvelles connoiſſances, qui, excitant dans

quelques jours d'une vacance néceſſaire à l'homme épuiſé par l'étude; ſes travaux ſe

---

ſon ame des impreſſions agréables, rempliſſent délicieuſement ſes jours, en le conduiſant à une douce vieilleſſe.

Les Spectacles ne pourroient-ils pas auſſi entrer pour quelque choſe dans nos plaiſirs, nous procurer des délaſſements honnêtes? Eux qui ſeroient utiles aux mœurs & à la ſociété, ſi on ne s'y propoſoit que d'inſtruire, que de former le cœur ; enfin que de le polir en exerçant l'eſprit ſous le voile aimable de la fiction, & en oppoſant toujours des exemples frappans de vertus à ceux honteux du vice. L'Avocat par des lectures, ou même dans la repréſentation de ces pieces créées par ces génies immortels, ne trouveroit-il pas des reſſources qui pourroient ajouter aux exemples, dans ce genre où le ſtyle grave, majeſtueux & fleuri, l'expreſſion noble & le jeu ſoutenu & animé, forment un des principaux mérites ?

Oui, mais on ne devroit uſer de ces trop ſéduiſantes récréations, qu'autant que l'eſprit fatigué par un travail opiniâtre, ſe trouveroit en avoir beſoin, & de même qu'on a recours au

renouvellant ſans ceſſe, toujours il faut combattre,& pour lauriers de la Victoire,ſa ſommeil pour entretenir la ſanté, après de longues fatigues.

Ludo & joco uti quidem licet, ſed ſicut ſomno, cùm cæteris gravibus ſeriiſque rebus ſatisfecerimus. CICERO.

La Comédie eſt belle,
Et je ne trouve rien de condamnable en elle;
Elle eſt du ridicule un ſi parfait miroir,
Qu'on peut devenir ſage à force de s'y voir.
Elle forme les mœurs, & donne à la jeuneſſe
L'ornement de l'eſprit, le goût, la politeſſe.
Tel même qui l'a fait avec habileté,
Peut, quoi qu'on puiſſe dire, en tirer vanité,
La Comédie enfin, par d'heureux artifices,
Fait aimer la vertu, & déteſter les vices,
Dans les ames excite un noble ſentiment,
Corrige les défauts, inſtruit en amuſant,
En morale agréable en mille endroits abonde,
Et pour dire le vrai, c'eſt l'Ecole du Monde.

POISSON.

Si vitare velis acerba quædam,
Et triſtes animi cavere morſus:

destinée ne lui accorde qu'un accroissement de nouvelles affaires (1).

Ces Soutiens de l'Etat, ces braves Capitaines ont d'autres prix dignes de leurs vertus. Ce sont ces différens grades ; c'est cette marque représentative de l'honneur, de ce puissant agent, de ce grand ressort de la Constitution françoise (2) ; enfin c'est

---

Nulli te facias nimis sodalem,
Gaudebis minùs, & minùs dolebis.

MART. Epig. 34. L. 22.

N'aimez rien de trop, bornez tous vos desirs,
Et sur-tout point de chaîne ;
Vous aurez moins de plaisirs,
Mais vous aurez moins de peine.

(1) Le plus doux repos est toujours celui qui s'achete par la fatigue & la peine : tout autre anéantit l'ame, & la tient douloureusement suspendue entre l'inertie qui l'abrutit, & le néant dont elle est à peine échappée.

STANISLAS.

(2) Vain fantôme d'honneur, c'est par toi que l'épée,
Sans cesse au massacre occupée,

cette

cette Croix, le mobile des hauts faits & de tant de grandes choſes, que le Prince leur donne à la tête du Camp, *pro Caſtris*; pour la récompenſe de quelqu'action d'éclat, ou dont le Souverain les décore, ſoit après des ſervices reconnus, ou un temps de vétérance, quelquefois cependant écoulé dans une longue Paix.

Louable inſtitution ! Vous accroiſſez l'émulation ; vous fortifiez le courage. Les honneurs, ont dit ſans doute les Souverains, élevant les ſentimens, porteront à la vertu, & par conſéquent au bonheur. Oui, la récompenſe ſoutient la vertu (1); mais nous n'avons plus cet avan-

---

A mis tant de Guerriers à bas.
C'eſt par toi qu'au mépris des plus mortelles armes.
Ils volent aux allarmes,
Et ſemblent n'avoir peur que de ne mourir pas.
MAUCROIX.

(1) *Nutriunt præmiorum exempla virtutes.*
CASSIOD.

Magnos animos, magnis honoribus fieri.
PHED.

tage: *Non eadem omnibus decora.* L'homme de Loi, le laborieux Jurifconfulte, qui a blanchi fous les nobles exercices du Barreau, eft oublié par nos ufages. Il n'eft plus de faveurs ni de diftinctions par une fatale opinion tenant à la grandeur; mais préjugé refpectable! notre carriere fe termine à la vie privée.

Beaux jours de la Monarchie! Heureufe aurore des premiers temps, & de l'Empire de Charlemagne, où les Charges ne s'accordant qu'au mérite, l'émulation provoquée, prorogeoit en raifon des graces! que n'exiftez-vous encore?

Chez les Romains, la fource des grands exemples, comme il n'étoit pas permis aux Efclaves de plaider, & que la nobleffe avoit feule ce privilege, les Orateurs parvenoient aux premieres Charges de la République: l'éloquence étoit la voie sûre & préparatoire qui conduifoit à la Magiftrature, au Confulat, même à la Dictature. Auffi Cicéron, de fimple Chevalier d'Arpinum, parvint-il fans intrigue, & par ſon ſeul mérite, à la tête de cette République, la premiere place de l'Univers.

Cornelius Cethegus, ce noble Romain, d'une famille ſi féconde en grands hommes, s'établit, par l'Eloquence, un crédit ſi conſidérable, qu'on ne pouvoit rien obtenir ſans ſon entremiſe. Auſſi Lucullus fut-il obligé de lui faire la cour, pour avoir la permiſſion de faire la guerre à Mithridate, ainſi que nous l'a déclaré Cicéron.

L'Orateur Quintus Hortenſius (1), ſon

---

(1) Un Auteur Latin, mais médiocre, Macrobe, d'origine Grec, & qui fut Chambellan de l'Empereur Théodoſe, ſur la fin du quatrieme ſiecle, pour tourner en ridicule la molleſſe d'Hortenſius, Orateur, dont il eſt fâcheux que les harangues ne ſoient point parvenues juſqu'à nous, dit que cet homme célebre conſultoit le miroir pour s'apprendre à marcher avec grace, & qu'il ajuſtoit ſa robe avec tant d'art ſur ſon corps, que les plis n'en ſembloient pas formés au haſard. Il ajoute encore qu'un jour qu'il s'étoit donné tant de peine pour s'ajuſter ainſi, ayant été dérangé en paſſant par un de ſes Collegues, il le cita en Juſtice.

contemporain, fut élu Sénateur, Tribun militaire, Préteur & Consul successivement.

Curion parvint aussi, par son éloquence, aux premieres Charges, du temps de Jules-Cesar (1).

Quintilien, ce fameux Rhéteur (2), qui fut chargé de l'éducation des petits-fils de la sœur de l'Empereur Domitien, parvint aussi au Consulat.

Son digne éleve, Pline le jeune, si con-

Cette critique bien minutieuse prouve cependant que les plus grands hommes ont été quelquefois comme d'autres, sujets à différens tics.

(1) C'est cet Orateur qui appelloit ce fameux Conquérant, l'homme de toutes les femmes, & la femme de tous les hommes.

(2) Par l'ordre ingénieux qui regne en ses écrits,
Le Grand Quintilien s'empare des esprits,

A dit l'Abbé DU RENEL.

Ce Critique judicieux, *Quintilien*, a été supérieurement traduit en françois, par M. *Gedoyn*, Littérateur distingué, & de l'Académie Françoise.

nu par ſes lettres pleines d'eſprit, s'éleva par un mérite reconnu, ſous le regne de Trajan, juſqu'aux premieres Charges, & fut encore Conſul. Que d'exemples, s'il falloit les citer tous!

Lors même que l'être phyſique de ces grands hommes n'exiſtoit plus, pour en conſerver la mémoire, ainſi que cela s'étoit obſervé à Athenes, on plaçoit leurs ſtatues dans le temple de la Juſtice, dans celui de la Vertu: on en décoroit les Cirques, les Amphitéâtres, les Anciens Thermes, les Places publiques. Enfin il n'eſt ſortes d'honneurs, même extraordinaires, qui ne leur aïent été rendus par les différentes Nations: toutes ont fait éclater une eſtime particuliere pour le genre oratoire du Barreau; genre alors ſi ſupérieur, puiſqu'il avoit l'art, par ces traits de feu, ces élans du génie qui raviſſent l'ame en la jettant dans l'ivreſſe, d'enchaîner en quelque ſorte la volonté d'un Peuple nombreux, en attirant encore ſur l'Orateur les yeux & l'attention de pluſieurs milliers d'hommes.

A préſent même dans Rome moderne, on reſpecte, & l'on conſidere auſſi parmi les antiques, qui ornent le Vatican, le buſte de Cicéron; on fait voir avec le même empreſſement la Maiſon que cet Homme rare occupoit lorſqu'il fut choiſi Chef de cette ſuperbe Ville, après avoir été chargé de toutes les affaires tant publiques, que particulieres.

Mais ſans recourir aux Anciens, nos Peres, plus jaloux du mérite & de l'amour de la Juſtice, n'encourageoient-ils pas nos Prédéceſſeurs par des grades & des récompenſes honorables? Nos contrées voiſines, quoique moins civiliſées, mais ſentant toute l'utilité des Loix, n'en uſent-elles pas de même (1)? Plus loin en Ro-

(1) Les Anglois ont en grande conſidération l'Etat d'Avocat; cette Profeſſion mene aux premiers Emplois & aux Charges les plus éminentes du Gouvernement, le Parlementaire qui s'y diſtingue. Auſſi la célebre Univerſité d'Oxford eſt-elle le berceau de leurs Juriſconſultes.

manie, dans la Capitale des ſucceſſeurs du Grand Conſtantin, ſon-fondateur ; qui dit un homme en place, annonce un ſujet que ſon mérite y a élevé.

Et aujourd'hui dans cet âge ſi floriſſant, où l'Empire le mieux gouverné ſe pique de n'accorder des graces qu'à la vertu & aux talens, l'Ordre des Avocats ſe trouve ſevré des anciennes faveurs, qui, dans l'origine, lui étoient prodiguées. Il n'eſt preſque plus de diſtinctions flatteuſes pour celui qui, veillant à la garde du dépôt ſacré des Loix, cueille les palmes de la Juſtice, en contribuant à ſa gloire, ſi ce n'eſt celles qu'il y trouve, & dont il n'eſt redevable qu'à lui-même.

Si les Romains ſe faiſoient un mérite de donner des récompenſes à celui qui avoit ſauvé la vie d'un Citoyen ; pourquoi n'en accorderoit-on plus ici à celui qui, ami de la Juſtice, maintient la Société parmi les hommes ; qui nourrit la paix & l'union entr'eux ; qui fait ſubſiſter leur commerce, aſſure leur fortune, & qui, vengeant &

conservant l'honneur attaqué, défend & authentique les propriétés ?

Ne désespérons de rien; ce Regne, celui de l'équité, ramenera tout au mieux possible, & ce charme de l'espérance, comme un baume salutaire, ne doit-il pas suspendre le sentiment de nos inquiétudes (1) ?

---

(1) *Quod sors fert, feremus æquo animo.*

TÉRENCE, Phor. Act. 1. Sce. 2.

Toujours sur le bonheur l'espérance fondée,
Nous peint du temps futur une agréable idée;
Le présent seul déplaît, on court à l'avenir,
Mais le Sage content, sait régler son desir.
L'arbre par lui planté, sourit plus à sa vue (*),

(*) Dans un quartier le plus fréquenté de Paris, & à l'aspect le plus diversifié du Pont-à-Neuf-Issues (**); enfin sur une plate-forme, au faîte d'une maison occupée par l'Auteur, il a planté un jeune Cerisier, qui, eu égard à sa haute situation, se trouve un des arbres le plus élevé de la Ville, & sur lequel, dans la belle Saison, on a l'agrément d'y voir fleurs ou fruits, & d'y entendre le ramage harmonieux de différens Oiseaux qui viennent se reposer sur les

(**) On ne devroit pas dire *Pont-Neuf*, mais bien *Pont-à-Neuf*, vu que ce Pont est l'unique qui ait neuf entrées ou sorties différentes. Ce qui le caractériseroit mieux en le nommant *le Pont-à-Neuf-Issues*.

Oui, le Juriſconſulte, dans cette favorable attente, ſervira toujours ſans mur-

---

Que ceux de ces beaux parcs, à ſi vaſte étendue.
Dans ſon petit réduit heureux & ſatisfait,
Toujours reconnoiſſant, n'oubliant le bienfait,
Il cherche à ſecourir la vertu, le mérite.

branchages de cet arbre, où ils trouvent un sûr aſyle (**). De cette petite terraſſe, le charme de la vue, on découvre l'étendue immenſe de Paris, ainſi que les riants côteaux entourant cette ſuperbe Ville; ce qui, faiſant éprouver un ſentiment de ſurpriſe auſſi vif qu'agréable, offre encore l'enſemble parfait d'un vaſte & piquant tableau, réuni à celui de divers points de vue auſſi gais qu'attrayans : ſur-tout lorſqu'à ce riche ſpectacle, les regards du pur & ſouverain flambeau de l'Univers, y ajoutant auſſi, accordent aux ſpectateurs la faculté de percer juſqu'au terme de l'horiſon.

Un inſtinct né chez tous les hommes,
Et chez tous les hommes égal,
Nous force tous tant que nous ſommes,
D'aimer notre ſéjour natal.

Rousseau.

(**) Duhalde, qui a donné l'Hiſtoire de la Chine, à la page 98. du ſecond Tome, dit, d'après *Mé*, Philoſophe Chinois, « Le chant » des Oiſeaux me flatte bien davantage, que les concerts les plus » mélodieux; & je préfere la couleur de certains nuages, aux plus » beaux tableaux des meilleurs Peintres ».

mure, & avec un zele courageux, sa Patrie; ne reconnoissant pour Chef que l'honneur & son Code impérieux (1); pour armes, que les Loix & ses propres sentimens; pour ennemis, que l'injustice, le vice & l'oppression; pour champ de bataille, que le Barreau; pour sûre tranchée & honnête retraite, que son cabinet; enfin que ses livres pour fascines & bagage; la parole & la plume lui tenant lieu d'épée & de bouclier: en un mot, n'ayant d'autre espoir pour le prix de ses peines, de ses travaux, que sa

Là de ses vrais amis recevant la visite,
Livre en main, papiers, & tous nos bons Écrits,
Composent son trésor, sont ses seuls favoris.
De tous les vains plaisirs évitant la cohorte,
Ceux de l'esprit enfin forment sa douce escorte.
Et se faisant par-tout un délicieux plaisir,
Qui n'est jamais suivi du triste repentir,
Il use envers autrui d'une indulgence extrême,
En pardonnant souvent, mais jamais à lui-même.

(1) L'honneur parle, il suffit, ce sont là nos Oracles.

Racine, Iphigenie.

propre illuſtration, & une célébrité qu'il n'acquerra ſouvent qu'au terme de ſa carriere (1); pendant que le Guerrier ſe fait un nom, & en jouit dès ſa premiere action d'éclat; action dont cependant le haſard lui aura quelquefois fourni l'occaſion, & l'intrépidité du Soldat, le ſuccès (2).

---

(1) *Fama poſt cineres major; & morte viri Legibus exculti vita præclara datur.*

(2) Oui, tous ces rejettons de Héros, de Céſars,
Nous prouvent très-ſouvent, qu'au mérite, au courage,
Pour éclorre, il ne faut que des heureux haſards;
Toujours bien accueillis, s'ils naiſſent ſans carnage.

Ne ſeroit il pas temps, eſt-il dit dans l'un de ces excellens Journaux qui intéreſſent la curioſité des fins Politiques (*), qu'aux éclats tumultueux & ſtériles d'une vaine ambition, à cette ruineuſe oſtentation de puiſſance, qui uſe les forces publiques, l'Europe fît ſuccéder l'eſprit de

(*) Le Journal Hiſtorique & Politique des principaux événemens des différentes Cours de l'Europe, année 1777.

L'Avocat agit ſeul, ſans ſecours étrangers, ne devant rien à toutes ces ombres

---

conſervation, ſeul capable de retenir & de perpétuer dans ſon ſein, la flamme des Arts, & d'aſſurer à ſes habitans la tranquille jouiſſance des avantages qu'ils ont achetés par une longue ſuite de travaux pénibles & d'actions glorieuſes ?

Aujourd'hui que tous les Peuples jouiſſent à-peu-près des mêmes avantages, en proportion des faveurs que la nature leur a départies, peut-on perſévérer dans un ſyſtême de Guerre, ſans riſquer de tomber dans le dépériſſement ? La Guerre eſt pour les Corps politiques une eſpece de fievre, dont les effets, rarement ſalutaires, entraînent preſque toujours des ſuites fâcheuſes, en laiſſant des traces de langueur, ſur leſquelles la prudence ne permet pas de s'étourdir dans l'âge de la maturité. Cette maturité précieuſe ſemble actuellement arrivée pour la plupart des Etats. Que n'auroient-ils donc pas à craindre, s'ils nourriſſoient plus long-temps une efferveſcence dangereuſe, dont l'activité n'a peut-être déja été pouſſée que trop loin ?

Etrange aveuglement à la race des hommes,
Pourquoi, malheureux que nous ſommes,

passageres, au sort de la naissance, à l'hérédité, au crédit, à la vénalité, ni à l'aveugle fortune. Toute sa gloire est personnelle ; il tire tout de son propre fond : aussi pourroit-on dire de lui, ce que disoit Tibere (1), au sujet de Curius Rufus (2),

---

Avancer la fin de nos jours ?
D'où se forme en nos cœurs cette brutale envie
D'abréger une vie,
Dont le plus long espace a dès termes si courts ?
Aux plus fermes Etats toute guerre est nuisible ;
La paix seule procure un bien toujours sensible.

Nulla salus bello, pacem te poscimus omnes.

VIRG. Ænéid. II.

(1) Cet Empereur, au rapport de Suétone, parloit très-bien en grec & en latin. Orateur & Poëte, il fit entr'autres Ouvrages, une piece en vers lyriques, intitulée : *Complainte de Jules-César*, qui eut beaucoup de succès. Ce qui engagea les Savans à lui dédier leurs Ouvrages.

(2) Curius, surnommé le Roux, de simple Citoyen & Orateur, fut élu trois fois Consul. Ce

qu'il eſt né de lui - même, étant le Chef & l'Auteur de ſa nobleſſe, & ne devant qu'à lui ſeul ſa bonne réputation.

En effet, le mérite ne remplace-t-il pas la naiſſance (1) ? Et n'eſt-il pas plus ſatisfaiſant d'être étayé de ſes vertus, que de

---

fut lui qui, ayant fait diſtribuer quarante arpens de terre à chaque Particulier, n'en voulut point retenir une plus grande quantité pour ſa perſonne. Auſſi modeſte que ſobre, recevant la viſite des Ambaſſadeurs Samnites, ils le trouverent faiſant cuire des raves dans un pot de terre. Ces Envoyés, pour l'engager à prendre leurs intérêts, lui offrirent des vaſes d'or, qu'il refuſa, en leur diſant : Je ne veux point devenir riche, mais commander à ceux qui le ſont. Quel déſintéreſſement ! Et quelle grandeur d'ame ! Il défit Pirrhus près de Tarente, & reçut l'honneur du triomphe.

Tacit. Annal. L. 2.

(1) Les mortels ſont égaux ; ce n'eſt point la naiſſance,
C'eſt la ſeule vertu qui fait la différence.

Mahomet de Voltaire, Act. 1. Sce. 4.

Voyez la Note ſur la Nobleſſe en général, à la ſuite de ce Diſcours, n°. 2.

l'être par celles de ses ancêtres, ou de ses protecteurs? Ce seroit être semblable à un bâtiment qui ne seroit soutenu que par de grandes colonnes, & qui seroit obligé de s'écrouler dès que l'une d'elles s'affaisseroit (1): ou comme ces plantes parasites & hétérogenes, qui croissent & se nourrissent sur d'autres végétaux ou sur différentes productions, & qui s'attachant sur des corps étrangers à leur espece, ou sur tout ce qu'elles rencontrent, pour pouvoir y vivre, s'en servent aussi, comme d'appuis, de tuteurs & de soutiens contre la violence des vents & la fureur des ouragans (2).

---

(1) *Miserum est aliorum incumbere famæ,*
Ne collapsa ruant subductis tecta columnis.
Stratus humi palmes viduas desiderat ulmos.

JUVEN. Sat. 8. v. 76, 77 & 78.

(2) Tels que le Guy, l'Orobanche, la Cuscute, l'Hyposite, le Lierre, &c.

Quædam in terrâ gigni non possunt & in arboribus nascuntur: namque cùm suam sedem non habeant, in alienâ vivunt, sicùt viscum.

PLINE, Hist. Nat. L. 16.

Ce sont ces vertus, ces qualités si rares du cœur & de l'esprit, qui engagerent ces fiers Républicains à donner la préséance à l'Ordre de la Magistrature ; c'est au seul mérite, que l'apophthegme si connu ; *Cedant arma Togæ*, doit son origine, & qu'il s'est depuis tant accrédité parmi ce Peuple Législateur ; mais dans quel temps ? Ce ne fut pas dans celui où Rome débauchée languissoit, asservie sous la licence des Empereurs : ce fut dans ces premiers rayons de gloire, dans ces temps trop rapides de la Littérature Romaine, dans ces beaux jours, où Rome disciplinée triomphoit ; gouvernée par la sagesse des Consuls. Enfin ce fut dans cette premiere aurore de la sévérité des Loix, de la censure & de la vigueur de la vertu romaine.

Ici le modeste Jurisconsulte, n'ignorant pas que le droit de commander, devient plutôt une charge qu'une dignité, ainsi que l'a dit Séneque ; & que moins on aura d'ambition, plus on aura de repos, par conséquent

quent plus de temps à donner au Public (1); content de remplir les fonctions de son Etat avec indépendance, & de sacrifier, par un détachement volontaire, les faveurs de la fortune (2) & celles de l'ambition, aux charmes de la liberté de sa Profession (3);

---

(1) *Nam neque divitibus contingunt gaudia solis :*
Nec vixit malè qui natus moriensque fefellit.

HOR. L. I. Ep. 17.

(2) *Fortuna vitrea est, nam cùm splendet frangitur.*

MÉNAGE.

(3) Le paradoxe le plus ordinaire est de dire qu'on n'est heureux qu'avec sa liberté, & de n'avoir rien de plus pressé que de la perdre.

Le pauvre indépendant fut toujours plus heureux
Qu'un esclave opulent, eût-il des envieux.
Aussi la liberté sans cesse nous enflamme :
Pour le sobre Avocat, c'est la santé de l'ame.
S'il la perd quelquefois, c'est soif de la grandeur,
De richesses, d'orgueil, d'un amour suborneur,
D'un desir curieux les trompeuses saillies :
Hélas ! combien le cœur a-t-il de maladies ?

de cette liberté si essentielle, la mere du génie, qui ennoblit l'ame en l'éclairant; en la portant à la générosité; la seule prérogative dont jouit l'Avocat, & qu'on ne pourroit lui ravir sans détruire l'essence de sa Profession. Ici, dis-je, ce secourable Citoyen, s'estimant assez grand lorsqu'il peut cultiver sous le souffle vivifiant de cette liberté qui l'anime, & heureusement encore non interrompue (1), un Etat si avantageux à ses concitoyens, & par conséquent si honnête, se contente de justifier cette vérité dictée par le bon sens, & que l'expérience devroit d'autant plus accréditer, que les exemples n'en sont pas rares.

Oui, cette douce liberté,
Je l'aime, & c'est - là mon partage;
Sans cesse elle me dédommage
De ma paisible obscurité.

(1) L'éloquence ne peut briller sans la liberté, on ne la voit point naître dans un Gouvernement despotique : aussi, comme l'observe Montaigne, *n'a-t-on point vu sortir de grands Orateurs de la Perse, ni de la Macédoine.*

La naiſſance, la diſtinction des rangs, les vains titres, les honneurs & ces richeſſes, dont on ne doit être que dépoſitaire, ne donnent pas plus la vraie grandeur, que la parfaite félicité (1); non, elles ſont dans le cœur, réſidantes en lui : c'eſt par le bon uſage & l'emploi qu'on ſaura faire de tous ces biens d'opinion, & que procure le haſard, qu'on goûtera le vrai bonheur.

Bienfaicteurs du genre humain, Rois juſtes; Guerriers magnanimes; zélés Magiſtrats; Orateurs du Barreau, infatigables Soldats, luttant ſans ceſſe pour le ſoutien des Loix & de la vérité; profonds Juriſ-

---

(1) *Non poſſidentem multa vocaveris*
Rectè beatum, &c.

HOR. L. 4. Od. 8.

Ni l'or ni la grandeur ne nous rendent heureux;
Ces deux Divinités n'accordent à nos vœux
Que des biens peu certains, qu'un plaiſir peu tranquille,
Des ſoucis dévorans, c'eſt l'éternel aſyle.

LA FONTAINE, *Fab.* 24.

consultes, amis de la Justice; Ecrivains utiles ; Savans de tous les Ordres ; Philosophes, Moralistes vertueux & sensibles, dont les mœurs & les écrits ne tendent qu'au bonheur de l'humanité ; Poëtes, enfans chéris du Génie ; Artistes industrieux ; hommes inventifs ; enfin mortels de tous les âges & de toutes les conditions, laissez-vous conduire par les sentimens d'une ame élevée ; suivez les leçons que le cœur vous inspire ; agissez d'après lui, il ne peut vous tromper ; l'honneur, la générosité de sentimens, un ardent desir de servir la Patrie ; oui, sans cesse elle vous sollicite (1) : Voilà les distinctions de prééminence, la vraie grandeur, & les seules qui vous donneront de la considération.

Socrate, Zénon, Aristide, Platon, Epicure, Scipion, Séneque, Caton, Lucrece, Cicéron, & tant d'autres personnages vertueux & bienfaisants, soit à Thebes, à Sparte, à Athenes, ou dans Rome,

(1) *Dulcis amor Patriæ.*

parés de leur ſageſſe, ſans biens, ſans rangs, ni dignités, furent honorés comme les premiers des humains, & tels que l'ont été parmi nous, oſons les nommer, Staniſlas Leczinsky, le Pere de ſon peuple; & encore Jeannin, Sully (1), Turenne, Vau-

(1) Pierre Jeannin, l'un des plus grands hommes que la France ait produit, de ſimple Avocat parvint à la place de Premier Préſident du Parlement de Bourgogne, & fut Miniſtre de Henri IV. Ce Roi l'ayant nommé Ambaſſadeur en Eſpagne, les fiers Eſpagnols ſe plaignirent de ce que cet Ambaſſadeur n'étoit pas ſeulement gentilhomme. L'Audience lui ayant été cependant accordée, le Roi des Eſpagnes lui demanda, pour premiere queſtion, s'il étoit Gentilhomme? Oui, *répondit-il*, ſi Adam l'étoit. De qui êtes vous fils? De mes vertus. Ces paroles pleines de nobleſſe & de vérité, frapperent tellement le cœur du Monarque, qu'il l'honora d'un accueil favorable. Jeannin traita avec ſuccès à cette Cour; & en la quittant, il y fut généralement regretté.

Quant à Sully, ce fidele Miniſtre qui fut ſi digne de vénération, parce qu'il ſavoit dire la vérité à

ban, Catinat (1), Valliere, Maurice, Chevert, Montholon, Defcartes, Cochin (2), Réaumur, Montefquieu ; parce que les vertus ont feules le droit de faire les grands hommes dans tous les temps, ainfi que dans toutes le régions habitées de l'Univers.

Valons-nous moins que ces Grecs, que ces Romains ? Que cela fait-il, *ex fide & bono animo ?* (Suétone.) Méritons le fuffrage du Sage, de l'Etre penfant, il fuffira : la multitude toujours la même, ne réfléchiffant qu'à peine, fuit le torrent: l'Avocat philofophe, toujours ferme, en

---

fon Maître, & afin de le mieux fervir ; qu'il étoit grand, lorfqu'il ofa à propos déchirer cette promeffe de mariage qui auroit pu ternir la gloire du Monarque !

(1) Catinat, Maréchal de France en 1693, fe fignala par fa valeur & par fa fageffe en plufieurs Sieges & Combats. Il avoit, étant encore jeune, pris le parti du Barreau, qu'il quitta peu de temps après.

(2) Henri Cochin, très-célebre Avocat au Parlement, & l'un des plus grands Orateurs qui

bravant les cris du préjugé, se soustrait à son esclavage, préférant l'honneur aux chi-

aient paru dans le Barreau, naquit à Paris le 10 Juin 1687. Son pere, qui étoit aussi habile Avocat, lui fit faire de bonnes études dans le College des Bénédictins à Tiron, dans le Perche; mais il finit à Paris ses Humanités avec sa Philosophie au College des *Quatre-Nations*, où il brilla par son esprit & un jugement solide & juste.

Il se livra ensuite avec une vive ardeur à l'étude de la Jurisprudence, joignant à cette étude celle des Belles - Lettres & celle des grands Orateurs Grecs, Latins, Italiens & François. Ayant été reçu Avocat en 1706, il fréquenta, avec assiduité, pendant trois ans, les Audiences, & assista aux Conférences qui se tenoient chez d'habiles Jurisconsultes, & entr'autres chez M. Doremieux. Enfin à l'âge de vingt-deux ans, il plaida sa premiere Cause, qui fut suivie de plusieurs autres, qui augmenterent sa réputation naissante. Il fut toujours entendu avec un applaudissement universel, & il y eut peu d'affaires importantes au Palais où le Public ne soit accouru pour l'écouter, & n'en soit revenu avec cette persuasion que M. Cochin étoit doué de tous ces talens extraordinaires

mériques honneurs; ceux-ci fréquemment amers & dangereux : *Feriunt ſummos fulmina montes* (1).

Oui, le vrai Juriſconſulte ſera auſſi peu jaloux d'habiter les Cours, ſéjour des graces & des faveurs (2), que peu curieux d'am-

---

qui caractériſent les grands Orateurs. Le Barreau le perdit le 24 Février 1747, à l'âge de ſoixante ans. Ses Œuvres ſont bien connues, ayant été publiées chez Nully à Paris dès l'année 1751.

(1) *Summa petit livor, perflant altiſſima venti.*
OVID. L. I. de Remed. Am.

Plus on eſt élevé, plus on court de dangers,
Les grands Pins ſont ſujets aux coups de la tempête,
Et la rage des vents briſe plutôt le faîte
Des maiſons de nos Rois, que les toîts des Bergers.
RACAN.

(2) Tout Courtiſan ſaiſit le ridicule
De la Divinité qu'il adore en public,
Et qu'en ſecret il peſe ric à ric.
En vain pour ſatisfaire à nos lâches envies,
Nous paſſons près des Rois, tout le temps de nos vies,

bitionner les grandeurs, les richeſſes, parce qu'il eſt perſuadé que ſouvent elles flétriſſent, même deſſechent & atterrent les qualités de l'ame, ces dons ſi précieux de

---

A ſouffrir des mépris, à ployer les genoux ;
Ce qu'ils peuvent n'eſt rien : ils ſont ce que nous ſommes,
Véritablement hommes,
Ils meurent comme nous.

La ſageſſe, il eſt vrai, fait honneur à tout âge,
Mais de quelque rare avantage
Dont un mortel ſoit revêtu ;
Son terme eſt limité, le Nocher de la Parque,
Dans une même barque,
Paſſe indifféremment le vice & la vertu.

MAUCROIX.

Veux-tu de ton eſprit bannir l'inquiétude,
Et goûter la douceur d'une ſolide paix,
Fuis le trouble importun des ſuperbes Palais ;
Et pour vivre avec toi, cherche la ſolitude.

Le Sage ne meurt point ſous les lambris des Rois,
A dit COLLARDEAU.

la nature (1) ; d'ailleurs il n'ignore pas que ſous peu de temps il faudra tout abandonner (2), & que plus la dignité de la place

---

(1) *Naturam fortuna plerumque corrumpit.*
QUINT. CURC. Lib. 3.

Rarus enim fermè ſenſus communis in illâ fortunâ.

JUVEN. Sat. 8. v. 73.

La médiocrité, mere du bon eſprit,
Vaut mieux que la richeſſe, hélas ! qui nous égare.
BEVERLAI, *Act.* 4.

Malheureux le mortel qui, né dans l'opulence,
N'a jamais reſpiré que jeux & que plaiſirs,
Et qui, toujours courant les feſtins, l'abondance,
L'ambition, l'amour, les coupables deſirs,
N'a logé dans ſon cœur que la triſte molleſſe :
Ignorant, l'inſenſé, la charmante amitié,
L'aſpect de l'indigent, l'incommode, le bleſſe ;
Il rougiroit, hélas ! de ſervir la pitié.
M. BRUSSEL.

(2) Quelle inſigne folie engage tous les hommes
A ſe donner des ſoins pour toujours amaſſer,
Puiſqu'il faudra mourir, & puis tout délaiſſer ?
C'eſt la manie, hélas ! de tous tant que nous ſommes.

dont il pourroit être déchu, aura été brillante, plus il se trouvera à plaindre; la situation devenant toujours plus humiliante en raison de l'état auquel elle succede, & ne restant de tant de grandeurs, qu'un souvenir amer, qui met le comble à la peine.

Linquenda tellus & domus & placens
Uxor; neque harum, quas colis, arborum
Te, præter invisas cupressos,
Ulla brevem dominum sequetur.

HOR. Od. XI. L. 2.

Il te faudra quitter cette belle maison,
Ce château si commode & cette chaste union,
Qui formoient en tout temps tes plus cheres délices:
Possesseur passager de tant de biens propices;
De tous ces arbres verds, au jour de ton décès,
Tu ne seras suivi que du fatal Cyprès (*).

(*) Chez les Romains on attachoit une branche de Ciprès à la porte de la maison où gissoit un mort, & l'on plaçoit cette branche au haut du Corpisere, lorsqu'on le conduisoit au lieu destiné pour la sépulture : lieu isolé, & qui étoit toujours dans un espace éloigné des Villes : car on n'inhumoit point alors dans l'Intérieur des Temples, ni dans tout autre endroit où les Citoyens devoient s'assembler.

Enfin l'Avocat, étant convaincu par lui-même que celui dont les travaux ne tendent qu'à l'utilité publique, en devenant l'artiſan de ſon bonheur, ſe fortifiera dans les vrais principes, & que, par ces moyens moraux & phyſiques, gagnant le ſuffrage des eſprits doués d'un bon diſcernement, il ſaura s'en contenter.

Sat habet favitorum ſemper, qui rectè facit.

PLAUTE, Prologue d'Ampyhtrion.

Mais, Meſſieurs, ne nous éloignons pas de notre ſujet, & en ne perdant pas de vue ces jeunes Propagateurs de notre République, déja pénétrés de toutes ces vérités (1), conduiſons-les dans la derniere Partie de ce Diſcours, à la perfection indéfinie de notre Etat, par des moyens de moralité, dont ſera toujours ſuſceptible notre perfectibilité.

---

[1] *Hæc nota ſunt vobis.*

CICER. de Amicitiâ.

TROISIEME ET DERNIERE PARTIE.

A la ſuite de premieres études pour obtenir les grades néceſſaires, afin de parvenir à celui d'Avocat; après encore, en cette qualité, avoir employé un luſtre de leur temps, à l'étude pénible des Loix & à l'exercice honorable du Barreau; ces courageux Athletes ſe préſenteront avec empreſſement au Tribunal de l'Ordre, pour y être aſſociés d'effet & de noms, comme ils le ſeront déja de cœur & de ſentimens; & afin de participer à cette confiance dont jouit l'Ordre depuis ſon immémoriale inſtitution.

Alors le Chef électif & annuel, toujours integre & reſpectable par les mœurs, la ſcience & une maturité d'expérience, fruits de ſes glorieux travaux; de concert avec Meſſieurs les Anciens, & ſur le rapport fidele de Meſſieurs les Députés, auſſi Avocats prudens & impartiaux, ayant pris des connoiſſances ſuffiſantes ſur les mœurs & les talens de ces nouveaux Confreres, tous unanimement les admetteront, ou quelquefois en refuſeront quelques-uns, & en remettront quelques autres à des années ſubſécutives, guidés par de ſages motifs, & dirigés par une délicateſſe, un point d'honneur, qui, ne pouvant être que louables, tournent toujours à l'avantage de l'Ordre.

En effet, la triſte expérience qu'il n'a que trop éprouvée, cette ſévere cenſure, que, dans des cas graves, il a été forcé d'employer, met Meſſieurs les Anciens dans l'abſolue néceſſité d'apporter la plus vigilante attention dans le choix des Membresou, des Sujets.

Il ne ſuffit donc point d'avoir des diſpoſitions naturelles, de la pénétration, des talens & la ſcience des Loix; on ne ſauroit trop le répéter, il faut encore des mœurs, de l'honneur; en un mot, des vertus ; & qu'en les rendant oſtenſibles ; elles deviennent utiles (1).

Qu'importe de beaucoup ſavoir, de poſſéder de rares talens du côté de l'eſprit, & d'avoir des connoiſſances étendues, ſi on ne les fait ſervir à la marche habituelle de la vertu, de la juſtice & de l'utilité publique, en eſt-on plus heureux ? Non, on abuſe de la ſcience dès que l'équité & le bien public n'en ſont pas les fruits ; & l'Avocat inſtruit qui ſe conduiroit de la ſorte, ne ſeroit pas plus ſage, que l'avare amaſſant des richeſſes pour le plaiſir de les contempler ; l'un & l'autre ſe rendroient infructueux le tréſor qu'ils poſſéderoient (2).

(1) Etre honnête homme ſimplement, & autant que les Loix l'exigent, c'eſt l'être bien médiocrement : ce ſeroit, ainſi que l'a dit Séneque, réduire la vertu & la probité à des bornes trop étroites.

(2) *Non nobis ſolùm nati ſumus, ortûſque noſtri partem patria vindicat, partem amici.*

CICÉRON.

Cet Orateur nous donne encore une grande

Il intéreſſe donc de ſavoir s'occuper eſſen-tiellement, & de ne pas ſe borner à ſou-

---

idée de l'avantage des Sciences ; l'Etude, *dit-il*, inſtruit la Jeuneſſe & bannit le chagrin dans un âge avancé ; elle eſt un ornement dans la proſpérité, & une conſolation dans l'infortune. C'eſt une reſſource aſſurée en tout temps, & en tous lieux, à la Ville, comme à la Campagne, en voyage ou dans nos foyers. Quelle ſatisfaction ! & quels charmes ne trouve-t-on pas dans les Ecrits de l'antiquité, dans la converſation de ces hommes choiſis ? Ils ne ſe font connoître à nous que par ce qu'ils ont de plus aimable, & leur commerce n'eſt ſujet à aucune inégalité.

Mais, au rapport de Platon, ſi l'Etude mene aux Sciences, ces Sciences nuiſent plus qu'elles ne ſervent, ſi l'on n'a pas la véritable, c'eſt-à-dire, ſi l'on ne ſait pas en faire un bon uſage. Rien n'eſt plus dangereux que l'impiété & le vice armés de la Science, ſur-tout ſi cette Science tombe en un eſprit manquant de capacité pour la contenir; elle ſait alors pluſieurs ſortes de ravages ; elle porte dans l'ame la préſomption & l'importunité, en donnant à l'eſprit ce ton déciſif dans les conſeils, & cet air dédaigneux ſur les lumieres des autres.

haiter

haiter la gloire & l'honneur de l'Ordre : c'eſt en contribuant aux glorieux & conſtants

La Science entête un eſprit foible, comme les odeurs bleſſent un cerveau délicat, & devenant ſemblable à un eſtomac malade, qui ſe trouve ſurchargé d'alimens qu'il ne peut digérer, tout ſe corrompt. Auſſi la comparaiſon que l'on a faite de ces demi-Savans avec ces épis vuides de grains qui portent une tête droite & altiere, eſt-elle auſſi judicieuſe qu'ingénieuſe.

La Science ne conſiſte donc pas à ſavoir beaucoup, mais à faire un bon uſage de ce qu'on ſait. Nous devons ſur-tout prendre garde que l'intempérance des lettres ne nous détourne des devoirs eſſentiels.

Grotius (*), qui auroit dû donner tout ſon

(*) Grotius qui s'adonna au Barreau, plaida à Roterdam avant l'âge de dix-ſept ans, & fut reçu Avocat-Général à vingt-quatre. Il accompagna, en 1598. Barneveld, Ambaſſadeur de la Hollande en France, où il fut honoré de diverſes marques d'eſtime par Henri IV. Il fut enſuite Conſeiller de la Reine Chriſtine de Suede, en 1634. Cette Princeſſe l'envoya Ambaſſadeur à la Cour de France, où il réſida en cette qualité pendant onze ans. Louis XIII lui donna ſouvent des marques de ſa bienveillance, & entr'autres une penſion. On a de lui un grand nombre d'excellens Ouvrages, tous écrits en Latin, & eſtimés des Savans.

exercices de la Profeſſion, en les partageant avec ſes Confreres, qu'on procure à l'Ordre cette gloire, ou cet honneur qui rejaillit ſur nous-mêmes. Que penſeroit-on d'un Laboureur expérimenté qui, au lieu de préparer ſon champ, de le façonner, d'y jetter des engrais & des ſemences, reſteroit aſſis tout le jour, le contempleroit, ainſi que ceux de ſes voiſins, en ne s'amuſant qu'à deſirer de la pluie ou du beau temps? Ce ſeroit le fruit de la ſtupi-

---

temps aux emplois publics dont il étoit chargé, s'attira de juſtes reproches pour avoir trop ſuivi le goût qu'il avoit pour les Sciences, & s'être par-là diſtrait de ſes devoirs.

La vraie Science, ſelon Iſocrate, (Panoth) eſt de ſupporter, avec tranquillité, les événemens de la vie, de conformer ſa conduite à la ſituation où l'on ſe trouve; de traiter ſes ſemblables avec bienfaiſance & juſtice; de ſouffrir avec patience leurs injuſtices & leurs défauts; enfin, de ne ſe laiſſer ni amollir par la volupté, ni accabler par la mauvaiſe fortune, ni enivrer par les ſuccès & la proſpérité.

dité ; rien ne feroit plus abfurde , ni ne témoigneroit davantage le comble de l'indolence & de l'aveuglement. Au contraire, plus le champ fera vafte & aride, plus l'étude & le travail feront néceffaires & dignes de l'efprit humain (1).

Mais principalement veillons fur nos mœurs, fur ces vertus morales que la nature a gravées dans le fond de nos cœurs, & dont la vérité, la juftice, l'humanité & la bonté tiennent les premieres places (2).

---

(1) L'Etude par la peine irrite le defir,
Et les difficultés augmentent le plaifir.

(2) Appliquer à fes mœurs vigilance, induftrie,
C'eft par-là qu'on travaille à fervir fa Patrie ;
Et fi nous lui donnons un fage Citoyen,
Préparons le pour elle, un fidele foutien.
Elevons-le fi bien, qu'aux Champs comme à la Ville,
En Guerre comme en Paix il lui puiffe être utile.
Car dès fon premier âge une bonne leçon,
A de juftes penchans doit porter fa raifon.
On voit que la Cicogne apprend de la nature

A quoi servent ces Loix, si les mœurs ne leur prêtent leur appui? s'écrioit dans une de ses belles Odes le Favori de Mécenes, à ce même Chevalier Romain, l'ami & le protecteur des gens de Lettres.

Quid Leges sinè moribus
Vanæ proficiunt?

HOR. Lib. 3. Od. 25.

Il ne seroit donc pas indifférent d'admettre tous ceux qui se présenteroient. Il faut une épreuve, un temps pour connoître, pour juger des mœurs & des qualités propres à l'Etat.

On ne doit dans le choix avoir aucune considération particuliere, devant toutes

---

A chercher des Serpens pour donner nourriture
A ses petits éclos, & que dès qu'ils sont grands,
Ils volent aux buissons pour prendre des serpens.
Traduction de Juven. Sat. 14. *v.* 60. *& suiv.*

Gratum est, quòd patriæ civem, populoque dedisti,
Si facis, ut patriæ sit idoneus, utilis agris,
Utilis & bellorum, & pacis rebus agendis.
Plurimùm enim, &c.

tendre au bien de l'Ordre. Et ſi on avoit égard à tout autre choſe qu'au mérite, aux vertus & aux connoiſſances propres à la Profeſſion, on manqueroit à la Juſtice, au Public, à l'Ordre & à ſoi-même.

Il y a plus. Ce ſeroit rendre un mauvais ſervice à ceux qu'on croiroit obliger, en ſatisfaiſant pour le moment à leurs deſirs. Car tel qui, pendant le reſte de ſa vie, jouiroit d'une réputation méritée dans un autre état où il auroit été mieux appellé, la perd dans celui qu'il embraſſe & pour lequel il n'étoit pas né, même dans celui-ci bien plus douloureuſement encore, ſi par la ſuite il mettoit la diſcipline ou la cenſure dans le cas affligeant de ſévir contre lui à la derniere rigueur; ce qui conſtateroit qu'il n'y auroit plus d'eſpoir pour venir à réſipiſcence.

Malheureuſement on ne réfléchit, on ne raiſonne qu'après l'entrepriſe faite, la faute commiſe, & ſouvent trop-tard. On ſe diſſimule que plus on a de mérite, ou que plus on ſe diſtingue par les talens, &

plus, soit la faute, ou les ridicules paroissent considérables, & que par conséquent l'amour propre en est d'autant plus humilié (1).

Il seroit donc bon que ceux qui se destinent à la Profession, s'en formassent une idée suffisante, & même plus grande, s'il étoit possible : qu'ils sussent ce qu'un Avocat doit au Public, à ses Cliens, à l'Ordre

---

(1) *Omne animi vitium tantò conspectius in se*
Crimen habet, quantò major, qui peccat, habetur.
JUVEN. Sat. 8. v. 140 & 141.

Tecum priùs ergo voluta
Hæc animo antè tubas; galeatum serò duelli
Pœnitet.
JUV. Sat. 1. v. 151 & 152.

Pense donc à loisir à ce qu'on te proposes,
Choisis bien ton état, c'est sur toutes les choses
Dont la Jeunesse doit sans cesse s'occuper,
Et la plus difficile, & encore la plus rare.
Regarde la carriere où tu veux t'engager :
Le repentir n'a lieu lorsqu'on est en danger.
Car si l'on choisit mal, c'est souffrir au Tartare.

auquel il a l'honneur d'être uni, à chacun de ses Confreres, & à lui-même (1).

---

(1) Les hommes nous sont, les uns indifférens, d'autres amis, ou malheureusement ennemis; & chacun dans son état étant au-dessus ou au-dessous de nous, ou bien notre égal, mérite cependant de certains égards.

Pour les personnes indifférentes, si elles sont au-dessus de nous par leurs dignités, leurs charges ou leurs emplois, & qu'elles aient un mérite personnel, & des vertus qui répondent à leur naissance ou à leurs qualités; estimons-les plus que le commun des hommes. Si elles n'ont qu'une grandeur sans mérite, comme alors leur grandeur n'est qu'extérieure, & de l'institution des hommes, rendons-leur un respect extérieur, tel que les hommes l'ont établi : la Société civile demande cette subordination.

Si les personnes sont au-dessous de nous, n'en exigeons rien. Si l'on ne nous rend pas ce que l'on nous doit, nous n'en sommes pas moins au-dessus de celui qui y manque.

Il ne faut pas, si l'on est grand, si l'on est parvenu ou élevé, mépriser les inférieurs. Faites-leur sentir votre grandeur, bien moins par l'éclat

Voué par état à la Juſtice, les devoirs de l'Avocat en ſont plus ſacrés ; il faut

---

& le bruit de votre dépenſe, que par les puiſſans ſecours qu'ils attendent de vous contre la miſere, la violence & l'injuſtice.

Etre en état de faire du bien, eſt le plus doux avantage de la grandeur & des richeſſes, ſur-tout quand on le fait avec diſcernement à ceux qui l'ont mérité par leurs vertus ou par leurs ſervices.

A l'égard de nos égaux, la Société veut que nous ayions avec eux un commerce doux, honnête, aiſé : converſons de maniere que quand ils nous quittent, ils ſoient contens de nous & d'eux-mêmes. En prévenant nos égaux, & en faiſant les avances, nous les forcerons à reconnoître que nous avons plus de politeſſe qu'eux, & à réparer ce qu'ils en ont eu de moins, par plus de retour qu'ils ne nous en devroient.

En général, c'eſt-à-dire, en quelque ſituation que ſoient à notre égard les perſonnes que l'on regarde comme indifférentes, cherchons toujours à leur faire plaiſir par nos diſcours & par nos manieres. Ne parlons jamais de qui que ce ſoit que pour en dire du bien. Donnons toujours aux paroles & aux actions des autres tout le bon côté

qu'en en devenant l'eſclave ; il les rempliſſe avec plus de régularité que tout autre Citoyen.

---

qu'elles peuvent recevoir. On riſque ſouvent de bleſſer la vérité quand on ne juge que par les apparences.

Il eſt difficile d'avoir des ennemis lorſqu'on ſe conduit de cette ſorte. Cependant comme on ne nous rend pas toujours juſtice, & que nos meilleures intentions ſont ſouvent priſes en mauvaiſe part, nous pourrions avoir des ennemis ; mais il ne faudra l'être de perſonne. On ne ſauroit être heureux avec le deſir de la vengeance.

Faire du bien à ſon ennemi, c'eſt le jeter dans une confuſion & dans un repentir qui ſupplée à toute autre vengeance : c'eſt auſſi un moyen preſque sûr d'en faire un ami ; & c'eſt en cela qu'éclate la puiſſance de la vertu, puiſqu'elle détruit une paſſion que le temps, maître de toutes choſes, ne peut ſouvent anéantir.

Quant à l'ami, que le choix en ſoit bon ; il ne faut pas s'engager légérement. Le mérite d'un ami ne ſe fait bien connoître qu'avec le temps & les circonſtances.

Que dans le choix des causes, il ne se charge que de celles dont il croira le succès sûr, & dont l'équité lui paroîtra de toute évidence. S'il étoit possible d'observer ce principe à l'exacte rigueur, les Tribunaux seroient bien moins garnis d'affaires, l'on n'y verroit pas tant de Plaideurs; & la Société y gagneroit.

Il sembleroit même que l'Ordre devroit être en quelque sorte comptable au Public des procès qu'aucuns des Avocats perdroient. On prendra peut-être ce sentiment pour une idée paradoxale; mais si cette réflexion n'est pas dénuée d'un sens raisonnable, & qu'elle ait, comme nous le pensons, quelque fondement, combien nos Jurisconsultes devroient-ils être attentifs à l'examen des prétentions qu'on leur présenteroit, pour n'entreprendre d'en défendre au moins d'injustes, & de les poursuivre (1). Au surplus, les opinions étant

(1) *Cujusvis hominis est errare; nullius, nisi insipientis, in errore perseverare.*

Cic. Philipp. 12. 2.

différentes, & ne voyant pas chacun de même (1), il y en auroit toujours assez de problématiques, dont en ce cas l'Avocat pourroit se charger sans blesser la délicatesse de l'ame, l'erreur étant inséparable de la nature humaine (2).

De quelle judiciaire doit-il donc être doué ! Que de science, que de probité & de droiture lui seront nécessaires pour faire d'abord l'office de Juge sur les affaires qu'on lui apportera, & afin de se déterminer à les refuser, ou à les accepter ! Ainsi

---

Quòd injustarum patrocinium causàrum scienter non recipient.

Quòd si non ab initio, sed ex post facto causam esse viderint injustam, statim eam dimittent.

Styl. Parlam. part. 3. tit. 15. §. 1.

(1) *Quot homines, tot Sententiæ : suus cuique mos.*

TER. Phor. Act. 2. Sc. 3.

Non eadem est ætas, non mens.

(2) Errer est d'un mortel, pardonner est divin.

VOLTAIRE.

l'Ordre, en balançant, auroit encore bien des motifs pour se décider à admettre sur le champ à des travaux si épineux, des Eleves ou des Ouvriers foibles, ou n'ayant que peu d'expérience (1).

---

(1) De tout temps il y a eu des Réglemens pour réprimer les Juges & les autres Officiers de Justice qui ne remplissoient pas exactement leurs devoirs. A Athenes, dit M. de Montesquieu, lorsqu'on avoit fini le temps de sa Magistrature, il falloit rendre compte aux Citoyens de la maniere dont on s'y étoit comporté. L'Aréopage lui-même étoit soumis à la censure. Il est ainsi prescrit en Angleterre : les Magistrats sont obligés de rendre compte. Charlemagne, ce saint Roi, & ses successeurs étoient dans l'usage d'envoyer, de temps à autre, pour faire la visite de leurs Etats, les personnes les plus capables d'en découvrir & d'en corriger les abus. Ces personnages avoient le titre d'Envoyés Royaux, & autorité sur tous les Gouverneurs, & sur tous les Officiers des Provinces & des Villes. La République de Venise, cette République si jalouse de sa noblesse, conserve encore cet usage. Elle en-

Rien ne ſeroit plus capable d'inſpirer le deſir d'être entiérement incorporé à l'Or-

---

voie des Inquiſiteurs, choiſis parmi ce qu'il y a de plus ſage & de plus integre d'entre ſes nobles, pour ſavoir ce qui s'eſt paſſé dans les Provinces de la République ; ſi la juſtice y eſt bien adminiſtrée dans tous les Tribunaux ; s'il n'y a pas de ſangſues, d'ambitieux & de pertubateurs du repos public. Alexandre-Sévere faiſoit cette recherche avec une circonſpection encore plus grande : il avoit à ſes gages pluſieurs eſpions qui ne ſe connoiſſoient pas entr'eux : il écoutoit leurs différens rapports, & les combinant enſuite, il découvroit, par ces moyens, ce qu'il lui étoit important de ſavoir.

Il ſeroit donc de la juſtice d'un Prince, pour contenir dans le devoir les Miniſtres & tous les Officiers de ſa Couronne, qu'il accordât la facilité au moindre de ſes Sujets d'être admis à ſon Audience ; mais combien cela ſeroit difficile à pratiquer dans un Royaume auſſi peuplé que l'eſt celui de la France ! Il exiſte à ce ſujet une Conſtitution admirable du Grand Conſtantin : « S'il » y a quelqu'un, dit cet Empereur, quelle que » ſoit ſa naiſſance, ſon rang ou ſa dignité, qui

dre, que la difficulté de l'admiſſion & le mérite reconnu de ceux qu'on y auroit précédemment aſſociés.

Mais ce qui devroit être déciſif, c'eſt cette prérogative unique dont jouit l'Ordre indépendant des Avocats depuis qu'il exiſte : prérogative dont il eſt le ſeul, croyons-nous, en une auſſi ancienne poſſeſſion (1).

» ſoit aſſuré de pouvoir prouver contre quelques » Juges, Gouverneurs, Favoris ou Courtiſans, » qu'ils ont commis la moindre injuſtice ; qu'il » m'aborde librement, & qu'il m'en informe ; » j'écouterai tout, je ferai moi-même le Juge ; » je me vengerai de celui qui m'aura trompé par » une feinte intégrité, & j'avancerai ou je récom- » penſerai celui qui me l'aura fait connoître. » Qu'ainſi le Tout-Puiſſant me ſoit toujours pro- » pice, & me conſerve la ſanté, comme je le » deſire, pour rendre l'Empire floriſſant & ſes » habitans heureux autant qu'ils peuvent l'être ».

(1) Le plus ancien des Avocats, dont nous ayions ici tradition, & que l'on pourroit mettre à la tête de l'Ordre, eſt Guy Foucault, ſurnommé *Guy le Gros*, qui, de célebre Juriſconſulte,

On ſait que pour être admis, pour être ce qui s'appelle inſcrit ſur le Tableau, & faire pour lors partie de l'Ordre, on ne s'y préſente pas muni de proviſions ſcellées de l'Autorité ſupérieure. Pourquoi par des conſidérations particulieres ou des motifs étrangers, l'Ordre ſe dévêtiroit-il d'un privilege devant être l'étendart de ſa liberté, l'aigrette ou la plume flottante de ſon indépendance, & la bouſſole invariable de ſon diſcernement? Privilege d'autant plus précieux, que ne tendant qu'au bien de la Société en général, & à celui de notre Ordre en particulier, il laiſſe entiérement à ce dernier un libre choix, en le rendant arbitre ſouverain du refus ou de l'admiſſion.

ſous le regne de Louis IX., & admis dans ſes Conſeils, fut par la ſuite élevé à la Chaire de Saint Pierre, ſous le nom de Clément IV, en 1265, & qui mourut en 1268, deux ans avant la perte que fit la France de ce grand Roi.

Voyez à ſon ſujet, la Note du Supplément à la ſuite de ce Diſcours, N°. 1.

Signalez-le, Meſſieurs, ce diſcernement; faites-le briller dans tout ſon jour aux yeux perçans de la Magiſtrature & du Public éclairé. Agréez ces Aſpirans, ces Rejetons vigoureux de l'Ordre, ſa ſuperbe eſpérance, que vos exemples & vos lumieres, tant ici qu'au Barreau, ont mis en état de perfection, & dont vous êtes les juſtes appréciateurs du mérite & les témoins toujours deſirés. Oui, admettez promptement parmi vous, ces eſprits nés avec cette pénétration & cette juſteſſe de diſcernement qui, menant droit au but, leur procurent le don de ſavoir ſéparer le vraiſemblable du vrai, & de remarquer d'un coup d'œil le point eſſentiel de la difficulté dans l'affaire qu'ils traitent, ſans trop s'arrêter aux circonſtances qui n'intéreſſeroient que foiblement le fond, & qui, n'employant que des raiſons concluantes & des moyens conduiſant à d'heureuſes fins, ne perdent point de vue l'Arrêt qui doit intervenir; lequel auſſi bien prononcé que dirigé au Tribunal de l'Équité, pourvoira à tout en ſatisfaiſant

faisant aux Loix & aux lumieres de la plus séverе raison.

Mais fermez l'entrée du Sanctuaire auguste à ces Esprits lents, obtus, oisifs & stériles, dont les organes resserrés dans une trop petite Sphere, ne pourroient rien produire, ou ne produiroient que des riens (1). Ces indolens, semblables à ces arbrisseaux qui rampent autour de l'endroit où ils ont pris naissance, ne faisant qu'un foible usage de leur raison & de leur peu de lumieres, rampent également dans la Société : leur vie est une espece de sommeil, qui n'est

---

(1) *De nihilo nihil, in nihilum nil posse reverti.*
PERSE, Sat. 3. v. 84.

Rien ne se fait de rien; rien ne retourne à rien.

Perse, Chevalier Romain, sous l'Empire de Néron, & allié aux personnes du premier rang, naquit à Volterre en Toscane, l'an 34. de notre ere. Les six Satyres qui restent de ce Poëte, & plusieurs autres qu'il composa contre les désordres de son temps, donnent la plus grande idée de son esprit vif & transcendant. C'est lui qui a dit le plus en peu de mots; ce qui le rend quelque-

interrompu que par des besoins qu'ils sont obligés de satisfaire, & que ces bégayans

fois obscur & énigmatique. Aussi l'appelloit-on le Lycophron des Latins (*).

Nous sommes redevables à M. de Selis, déja connu dans la Littérature par nombre de pieces fugitives en vers aimables, aisés & ingénieux, d'une excellente & nouvelle traduction en françois, de Perse. Ce Rhéteur distingué, en découvrant les beautés de son original, & y ajoutant quelquefois par des interprétations justes & claires, nous l'a rendu facile. Il le peint dans le génie de notre Langue avec ce style vif, rapide & neuf, qui donne véritablement le ton poétique, l'élévation & cette chaleur si nécessaire dans la traduction; enfin beaucoup plus énergiquement que

(*) Lycophron, Poëte & Grammairien Grec, natif de Chalcide dans l'Isle d'Eubée, vivoit environ trois cens ans avant Jesus-Christ, & fut tué d'un coup de fleche, selon Ovide. Il avoit composé vingt Tragédies. Il ne nous reste de lui qu'un Poëme, intitulé : *Alexandra*, qui contient une longue suite de Prédictions, qu'il suppose avoir été faites par Cassandre, fille de Priam. Ce Poëme étoit si obscur, qu'il avoit fait donner à Lycophron le surnom de *Poëte Ténébreux*. Sa meilleure Edition est celle d'Oxford, en 1697, *in-folio*, par Potterus.

Bipedes multiplient ſouvent pour s'arracher à l'ennui qui les dévore.

Rejetez ces Raiſonneurs vains & ſuperficiels, ces avortons, qui, pour s'égaler aux grands perſonnages, s'exhauſſant ſur de frêles échaſſes, & toujours montés ſur le pavois de l'orgueil, veulent paroître tout ſavoir, ſans le ſecours d'aucune étude. Ces eſprits faux & ſophiſtiques, ennemis

---

ne l'avoient fait ſes prédéceſſeurs. Mais ſoit dit ſans vouloir ici diminuer le mérite de celle, auſſi très-bonne, par M. l'Abbé le Monier, d'ailleurs ſi eſtimé par d'excellentes Fables & autres bons Ouvrages. En effet, dans ces deux verſions, ces deux Interpretes ont conſervé ce caractere ſententieux de la vérité, qui fait le propre diſtinctif du ſévere Modele. On retrouve, de l'un & de l'autre côté, le génie, la délicateſſe des idées, ainſi que les beautés de poéſie de l'auſtere, mais quelquefois enjoué Moraliſte. Et l'avoir traduit, ainſi que l'ont fait ces Savans, c'eſt enrichir la Littérature Françoiſe, & faciliter à ſes Amateurs, ainſi qu'à ceux de la Langue Latine, des recherches qui leur deviendroient très-épineuſes.

de toute Logique, de justesse & de précision, n'ayant d'ailleurs aucun principe sur la sublime théorie des Loix, ni même une sorte de Pratique sur des objets appartenans à la Jurisprudence, affectant de ne se point présenter ici, ou d'en parler avec une espece d'ironie, ne pourroient répondre à la confiance que leur accorderoient de crédules & trop peu défians Citoyens, éblouis par les paralogismes de ces Pygmées, ou trompés par cette frivole vivacité d'expressions & de termes techniques, adressés au hasard & formant tout leur mérite.

Eloignez ces Épigrammatistes, ces génies guindés & précieux, courant après le faux sublime; toujours gonflés d'idées métaphysiques & erronées, d'antitheses étudiées & d'expressions hyperboliques, débitées avec hardiesse, une déclamation ampoulée, & cette voix analogue, qui conviendroient plutôt sur nos Théâtres, si l'on vouloit y rendre l'expression & le jeu d'une passion violente, en y faisant valoir des vertus féroces & outrées, telles qu'elles ſont repréſentées ſur la Scene Britannique au Théâtre de cette Nation, notre plus rigoureuſe Émule.

En un mot, à ces Génies giganteſques (1), à ces prétendus Ephores du Barreau, qui croiroient ſe dégrader par un ſtyle clair, ſimple & naturel, prononcé ſans bouffiſſure, avec cet accent noble & cette expreſſion ſi convenables aux Miniſtres de Thémis.

Refuſez ſur-tout l'entrée à ces Sceptiques dangéreux, qui, uſurpant le nom, devenu commun, de Philoſophes (2), proſtituent

---

(1) *Parturiunt montes, naſcetur ridiculus mus.*

(2) Non, la Philoſophie eſt ſobre en ſes diſcours,
Et croit que les meilleurs ſont toujours les plus courts;
Que de la vérité l'on atteint l'excellence
Par la réflexion & le profond ſilence.
Le but d'un Philoſophe eſt de ſi bien agir,
Que de ſes actions il n'ait point à rougir.
Il ne tend qu'à pouvoir ſe maîtriſer ſoi-même:
C'eſt-là qu'il met ſa gloire & ſon bonheur ſuprême.

leurs veilles & leurs talens, pour faire valoir des maximes équivoques, ſubtiles & illégales, tendantes au triomphe de l'impiété, de l'injuſtice, ou du vice ; & qui cherchant à ébranler les fondemens de l'ordre moral & civil, ainſi que la puiſſance des Loix, par une dialectique aveugle & ſuperficielle, deviennent les ennemis ténébreux des mœurs & de la ſaine doctrine (1).

Sans vouloir impoſer par ſes opinions,
Il ne parle jamais que par ſes actions.
Loin qu'en ſyſtêmes vains ſon eſprit s'alambique,
Etre vrai, juſte, bon, c'eſt ſon ſyſtême unique.
Humble dans le bonheur, grand dans l'adverſité,
Dans la ſeule vertu trouvant la volupté,
Faiſant d'un doux loiſir ſes plus cheres délices,
Plaignant les vicieux, & déteſtant les vices :
Voilà le Philoſophe, & s'il n'eſt ainſi fait,
Il uſurpe un beau titre, & n'en a pas l'effet.

Du Philoſophe marié, par NERICAULT DESTOUCHES, *Act.* 4. *Sc.* 3.

(1) La Religion & les Loix étant les plus fermes appuis des Trônes, on contient facilement dans l'obéiſſance due aux Rois, les Peuples qui

N'admettez point ces Esprits doubles, feints, durs, sauvages & caustiques, trempant leur plume, soit dans le miel de l'Apologie, ou soit au contraire dans le fiel de la Satyre, & qui, par méchant caractere, ou animés d'un faux zele pour leurs Cliens, distillent & laissent échapper, avec une maligne adresse, le venin de l'injure & toute son amertume, contre d'adverses Parties, ou même contre leurs propres Confreres; cherchant avec astuce des faits insidieux, faux ou étrangers, & des moyens illu-

---

leur sont soumis : & ces Peuples sont bien plus redevables de leur conservation & de leur sûreté, à l'exercice du vrai Culte, à la stabilité de la Doctrine révélée, & à la sagesse des Loix, qu'à la force des armes, ou à l'abondance des richesses.

Lettre à Louis XV, par le Pape Clément XIV. (GANGANELLI,) de Rome, le 21 Mars 1770.

Démosthene, dans sa superbe Harangue contre Midias, dit que les Princes n'ont d'autorité que par les Loix, comme les Loix n'ont de pouvoir que par Eux.

ſoires ; qu'ils enveloppent ou entortillent d'expreſſions heureuſes, dans des phraſes alambiquées & d'une conſtruction à double ſens, pour étayer, par ce preſtige de ſtyle, leur indécente médiſance, ou pour faire paſſer leur baſſe calomnie (1).

Ce ſont-là ces Cyniques atrabilaires ou ces zélateurs outrés, dont Homere a voulu

---

(1) Si vous mépriſez la calomnie, elle s'évanouira comme la fumée ; mais ſi vous la relevez, ou ſi vous paroiſſez vous en fâcher, on vous croira coupable.

Celui que trop facilement
Par la calomnie on enchante,
Ou bien il eſt ſans jugement,
Ou bien il a l'ame méchante.

Qu'il eſt beau, mes Amis, de pardonner l'injure !
Dans un cœur ulcélé d'étouffer le murmure !
C'eſt-là que l'homme eſt mille fois plus grand
Que ce fou de la gloire (*), orgueilleux Conquérant.

Par M. Brussel.

(*) Alexandre.

faire le portrait dans son Iliade, lorsqu'il y dit : « Ceux-là me sont ennemis, comme » les portes de l'Enfer, qui, cachant en leur » cœur une chose, en disent faussement » une autre. Pour moi, ajoute-t-il, je » ne vous dirai que ce que je penserai de » meilleur & de plus juste (1) ».

---

(1) Ἐχθρὸς γάρ μοι κεῖνος, ὁμῶς ἀΐδαο πύλῃσιν,
Ος χ' ἕτερον μὲν κεύθει ἐνὶ φρεσὶν, ἄλλο δὲ βάζει.
Αὐτὰρ ἐγὼν ἐρέω, ὥς μοι δοκῖ εἶναι ἄριστα·

ILL. L. 9. v. 312 & suivans.

Illum æquè odi ac portas inferi, qui aliud verum in mente recondit, aliud autem falsò dicit : sed ego dicam ut mihi videtur esse optimum.

Tous les Législateurs se sont accordés, en faisant punir sévérement les faiseurs de Libelles diffamatoires. La Loi des douze Tables les condamnoit à la mort. Celles des Empereurs Valentinien & Valens, tous deux freres, infligeoient la même peine capitale à ceux qui, rencontrant par cas fortuit un libelle, le donnoient à connoître, au lieu de le supprimer ou de le brûler.

Charles-Quint y fixa la peine du talion, en

A ces Ames avides & intéreſſées ; qui ; faiſant trafic mercenaire de leurs talens ; & abus de la confiance que leur Etat inſpire, dégradent, par une inſatiable cupidité & une honteuſe infidélité, la nobleſſe de leur Profeſſion, ainſi que les facultés de leur eſprit. Oui, en détruiſant cette confiance & ce déſintéreſſement inhérens à notre Etat, ils deviennent d'avides ſangſues, ou des vautours à la ſerre cruelle, plus propres à ſucer & dévorer leurs Cliens, qu'à défendre généreuſement leurs droits (1).

---

ordonnant que les Auteurs de Libelles fuſſent punis comme celui qu'ils auroient voulu diffamer, quoiqu'en n'annonçant que le vrai, & que le coupable ſe fût trouvé convaincu; ne voulant pas que ces Perturbateurs fuſſent exempts de punition, lors même qu'ils n'auroient dit que la vérité, mais en termes injurieux ou inſultans.

(1) Juvenal, (qui a été ſupérieurement traduit dans notre Langue, par M. Duſſaulx,) peignant à ſa ſeptieme Satyre les déſordres de ſon

A ces caracteres aigres, envieux, inquiets & jaloux, ayant l'impudence de

---

siecle, & encore le faste & les dépenses que le luxe occasionnoit ; enfin se plaignant de ce que les abus gagnoient jusqu'au Barreau, dit, vers 135 & suiv.

Et tamen hoc ipsis est utile, &c.

Aujourd'hui pour paroître un habile Avocat,
On ne s'arrête plus à la seule Éloquence,
Il faut Terre & Maison, du bruit & de l'éclat ;
Augmenter par excès le prix de sa dépense,
Equipage, bijoux, & meubles précieux,
Enfin tout ce qui peut en imposer aux yeux.
Voilà de l'Avocat souvent le vrai mérite,
Et ce qui du grand monde attire la visite.
Hélas ! tout réussit aux gens qui sont heureux :
On leur donne par-tout le prix de l'Éloquence,
Du savoir, des talents, ils ont la préférence,
Et leurs défauts ne sont pour eux,
Que des sujets de complaisance.

Traduction de Juvenal.

Esto bonus miles, tutor bonus, Arbiter idem
Integer : . . . . . .
Summum crede nefas animam præferre pudori,
Et propter vitam vivendi perdere causas.

JUVEN. Sat. 8. v. 79 & suiv.

dire autant de bien d'eux-mêmes, que de mal des autres (1); qui, couverts du manteau de la dissimulation, & se trompant sans cesse dans leur opinion favorite, cherchent à décourager, même à détruire quiconque a quelque mérite, & qu'ils ne pourroient encore imiter (2).

---

(1) Les Envieux sont très-communs; mais ils doivent quelquefois l'étendue de ce vice à l'orgueil de ceux qu'ils rendent trop souvent leurs victimes.

(2) *Stultus nisi quod ipse facit, nil rectum putat.*

Les sots aux vrais talens ont toujours fait la
guerre,
Et, ainsi que l'a dit le comique Moliere
Si véridiquement dans son Fourbe Imposteur,
Long-temps persécuté, non par des gens d'hon-
neur :
« Ceux de qui la conduite offre le plus à rire,
» Sont toujours sur autrui les premiers à médire ».
Tartufe, Act. I.

Le sot ignore ses défauts; l'homme éclairé les connoît; mais le sage les corrige.

Véritables Zoïles (1), croyant trouver dans l'estime ridicule qu'ils ont d'eux-mêmes, ou dans leur orgueilleuse misanthropie, le droit d'une raillerie insultante, ou celui de faire, par un persifflage conti-

---

Æquum est
Peccatis veniam poscentem reddere rursus.
HOR. L. 1. Sat. 3.

Si tu veux qu'on t'épargne, épargne aussi les autres.
LA FONTAINE, L. 6. Fab. 15.

(1) Zoïle, Rhéteur, natif d'Amphiolis, Ville dans la Thrace, vivoit du temps de Ptolomée Philadelphe, deux cens soixante-dix ans avant l'ere chrétienne. Ce critique injurieux & méprisable, qui se faisoit appeller *Homeromastix*, *le Fléau d'Homere*, se rendit fameux par sa démangeaison à vouloir décrier les Ouvrages de cet illustre Poëte, ainsi que ceux de Platon, d'Isocrate & d'autres Savans de la Grece; mais, sans avoir eu de succès, il périt misérablement, sa mémoire devint en exécration, & son nom une espece d'opprobre pour celui à qui on le donne, l'ayant mérité.

nuel (1), des ſarcaſmes piquans ; ou de prétendus bons mots devenant quelquefois

---

(1) Le perſifflage eſt un mot inventé dans notre ſiecle, pour exprimer un travers de l'eſprit qui prend ſa ſource dans la malignité du cœur, & qui devient de plus en plus le fléau de la ſociété. Pluſieurs perſonnes le confondent avec la raillerie, mais il y a une très-grande différence. Celle-ci peut être innocente & agréable à la perſonne raillée. La Bruyere a dit : *Railler heureuſement, c'eſt créer.* Socrate eſt un peu railleur dans les Dialogues de Platon, mais il n'offenſe perſonne. Le perſifflage, au contraire, ne peut jamais être pris en bonne part. *Diſeur de bons mots, mauvais caractere*, eſt devenu proverbe. On peut en dire autant du perſiffleur. Tantôt il plaiſante ſous le voile de l'approbation, & tantôt ſous celui de la fine ironie, en faiſant tomber dans quelque embuſcade une ame honnête, toujours en amuſant les autres ou lui-même, aux dépens de quelque victime. C'eſt-là ce qui conſtitue, non le perſiffleur de telle ou telle ſociété, mais le perſiffleur en général, homme froid & fatiguant à la longue, homme vraiment mépriſable & odieux, quand ſa grande jeuneſſe ne le rend pas excuſable.

ſanguinaires (1), ſont toujours prêts à mordre ſur les productions de leurs Confreres, cherchant à les dénigrer, même à faire ſciſſion, en rompant les liens de cette fraternité mutuelle, s'ils pouvoient réuſſir au gré de leurs deſirs. Auſſi,

Qu'il en coûte d'aimer des cœurs auſſi perfides !
Et qu'ils ſont éloignés du précepte d'Ovides !

Ut ameris, amabilis eſto.

Enfin que la barriere ſoit toujours exactement fermée pour ces Ames lâches, flétries & corrompues, d'autant plus coupables du parjure envers le plus Auguſte Sénat de la Nation, & de toutes manœuvres envers l'Ordre, dont ils deviennent l'opprobre, que leur ame, ſi cependant elle peut ainſi s'appeller, accoutumée à ne rien ſentir, n'en ſent pas plus les conſéquences ; qui, ſans aucunes mœurs, aucune ſolidité,

---

(1) Et tel mot, pour avoir réjoui le Lecteur,
A coûté bien ſouvent des larmes à l'Auteur.

Despréaux.

ni principes, ne connoiſſant plus les loix de l'honneur, celles particulieres à leur Etat, la force ni la foi du ſerment, & ne conſultant que leur ſordide avarice, ou leur infame cupidité, violent & tranſgreſſent toutes les Loix. Enfin, qui n'éprouvant jamais la tourmente du remords, de ce vers rongeur, ni cette honte, le contre-poiſon du vice, ſe précipitent dans des prévarications les plus effrénées, en portant à un aviliſſement déplorable, les fonctions honnêtes d'une Profeſſion, dont ces cœurs faux, à l'œil timide & ſombre, ſont malheureuſement revêtus, & qu'ils oſent ſans pudeur exercer (1). Peut-on, hélas! y réfléchir ſans peine & ſans anxiété? Mais heureuſement la trame qu'ourdiſſent les mé-

(1) *Ex rebus timiditas, non ex tuis vocabulis naſcitur.*

CICÉRON.

Et ne devroit-on pas à des ſignes certains,
Reconnoître le cœur des perfides humains?

Phédre de Racine.

chants;

chants, ne remplit pas toujours leur coupable attente (1).

(1) *Id non fit ex verâ vitâ, neque adeò ex æquo & bono.*

TERENCE.

Celui qui met un frein à la fureur des flots,
Sait auſſi des méchants arrêter les complots.

RACINE.

Il n'y a pas de paix pour les méchants, & tôt ou tard ils trouvent leur punition. S'ils ne ſont point bannis de la Société par les Loix, ils le ſont par les procédés, ils liſent l'Arrêt de leur proſcription ſur le front de tous ceux qui les environnent. A la place de la confiance, de l'amitié, des prévenances & des ſervices, ils ne rencontrent dans le commerce civil que des railleries ameres, des réſerves, des contradictions & des murmures. Enfin la cenſure s'exerce contr'eux dans tous les cercles avec d'autant plus de liberté, qu'on ſe fait un devoir de ce déchaînement, & que s'emporter contre le vice, c'eſt ſe parer, en quelque ſorte, de tout l'éclat de la vertu.

Mais, non ſeulement les méchants ſont la haine & l'horreur de la ſociété, ils ſont encore, pour

Cependant tout ainſi qu'après les Autans furieux ſuccede le calme, goûtons-en les

---

ainſi dire, le ſeul objet de la rigueur des Loix, & tôt ou tard leur perverſité les expoſe aux plus rudes châtimens. Ecoutons là-deſſus une Fiction poétique :

Sous un toît d'antique ſtructure,
Un Brigand homicide avoit paſſé la nuit ;
A peine eut-il quitté cette frêle maſure,
Qu'auſſi-tôt elle croule, & tombe avec grand bruit,
Charmé de ſon bonheur, par un prompt ſacrifice,
Il rend graces au Ciel, qu'au crime il croit propice ;
Mais envain : peu de jours après
Il ſouffre le honteux ſupplice
Qu'avoient mérité ſes forfaits :
Rarement la victime au gibet eſt ravie,
C'eſt ainſi, ſcélérats, que vous devez finir :
Si le Ciel quelquefois vous prolonge la vie,
Ce n'eſt que pour vous mieux punir.

Des Tablettes Morales & Hiſtoriques, par M. Ch.... encore l'Auteur des Nuits Pariſiennes, ainſi que des Aménités Littéraires.

La ruſe la mieux ourdie
Peut nuire à ſon inventeur ;
Et ſouvent la perfidie
Retourne ſur ſon Auteur.

LA FONTAINE.

douceurs : & comme il n'eſt poſſible qu'il exiſte jamais aucuns de ces caractères dans notre Ordre, celui de l'honneur & de la délicateſſe de ſentiment; éloignons ces objets affligeans, ces caracteres chimériques, que l'on ne doit plus enviſager que comme des idées vagues, des preſtiges ou des viſions éphémeres, pour ſubſtituer à ces vains fantômes, des objets plus réels, des caracteres plus vraiſemblables, enfin des portraits plus vrais & plus reſſemblans : ce ſeront ceux de ces Confreres dont les vertus eſtimables, exiſtant réellement parmi nous, les rendront ſi faciles à reconnoître.

Si l'hideuſe peinture du vice eſt déſagréable, elle eſt au moins autant inſtructive que l'image aimable de la vertu. Toutes deux ont leur utilité; la premiere inſpirant le mépris, & l'autre ajoutant à l'eſtime. Avec l'eſprit juſte & un cœur droit, on ſe préſerve du vice pour s'approcher de la vertu, de laquelle cependant il n'en eſt pas comme du ſavoir & des talens; car avec beaucoup d'aptitude & une envie décidée d'apprendre, il faut encore le temps d'acquérir; mais on eſt vertueux, ſitôt qu'on a la volonté de l'être. Oui, ſans recourir au bénéfice du temps, nous faiſons ſur cet objet tout ce que nous deſirons, quand décidément nous le voulons : c'eſt l'ouvrage du moment & de la raiſon (1).

Quoique j'aie frondé des ridicules de notre Etat, en oſant faire de pure imagination la critique de quelques vices (2); j'avouerai qu'il me ſera plus agréable & plus facile, en diſtinguant ainſi le faux Avocat d'avec le vrai, de rendre d'après nature ces caracteres remplis de mérite, *& qui ita nati ſunt.* (Cic.) J'ai le modele

(1) *Mille hominum ſpecies, & rerum diſcolor uſus,*
Velle ſuum cuique eſt, nec voto vivitur uno.
Licet ut volo vivere.

Perse, Sat. 5. v. 52 & 53.

(2) *Hoc, puto, non juſtum eſt, illud malè; rectius iſtud.*

Pers. Sat. 4. v. 14.

de ceux-ci ſous les yeux, & je n'en recon-nois point d'autres. Auſſi eſt-ce pour ces Confreres que j'ai tracé ces réflexions.

Ouvrez-leur, Meſſieurs, promptement le Sanctuaire de la Juſtice : Oui, recevez avec joie, dans le ſein de cette famille auſſi nombreuſe que bienfaiſante; dans cet Ordre toujours pur, ces Génies ardens au travail, courageux & infatigables (1); ces Génies vaſtes, nobles & véhémens; enfin ces Génies doués de cette vive imagination, l'ornement du Barreau, qui portant l'empreinte de bonnes études, avec d'heureuſes diſpoſitions, ont autant de force & de ſolidité dans le raiſonne-

(1) Le travail produit la Science, & celle-ci en formant l'eſprit & le goût, rend les mœurs plus honnêtes. Elle nous procure auſſi de belles connoiſſances dans les Sociétés, & nous facilitant le moyen d'y faire des amis, elle reſſerre encore les liens de l'ancienne amitié, même ceux formés dès nos premieres études, qui deviennent ordinairement des liens & plus étroits & plus aſſurés.

ment, que de netteté & de profondeur dans les idées, de justesse & d'énergie dans l'expression, & dont la parole & les écrits, éloquents interpretes des Loix, sont d'un style naturel, grave & majestueux; en un mot, dans le vrai goût de la saine Logique, si propre aux fonctions de l'Orateur, & contribuant à sa célébrité.

Faites entrer ces Génies adeptes à la science des Loix, ces Génies mâles, conséquens, chauds & persuasifs; ces Génies remplis de raisons probatives & convaincantes; enfin ces esprits doués de cette sagacité frappante, ainsi que de cette libre vivacité qu'inspire la vérité, & qui ne s'écartant pas des regles de la bienséance, sont si convenables à la réplique prompte & serrée du plaidoyer de l'Adversaire, & forment avec succès, dans les circonstances, ces respectueuses remontrances adressées aux Ministres de la Justice, avec toute la déférence qui leur est due.

Empressez-vous de recevoir ces Avocats sinceres, ne devant rien à l'art, mais tout à un heureux naturel : ces âmes rares, dont la noble franchiſe du cœur fait toujours parler l'eſprit, ſont ordinairement déſintéreſſées, grandes & généreuſes. N'étant ni prodigues ni avares, elles ſont amies de l'Ordre & de la Juſtice ; ce qui eſt ſynonyme. Oui, elles en font la baſe de leur conduite. Aſſez riches de leurs prudentes œconomies & de cette heureuſe médiocrité, la ſouveraine richeſſe (1), elles ſont toujours gouvernées par l'honneur, & ne ſacrifiant jamais à l'idole de la fortune, elles préferent l'ombre pacifique de la retraite (2)

---

(1) *Ii ſunt optimè qui in mediocritate agunt.*

Multa petentibus,
Deſunt multa : bene eſt cui Deus obtulit,
Parcâ quod ſatis eſt manu.

HOR. L. 3. Od. XI.

Creſcit amor nummi quantùm ipſa pecunia creſcit,
Et minùs hanc optat, qui non habet.

JUV. Sat. XIV.

(2) *Bene qui latuit, bene vixit.*

OVID.

aux lambris dorés, & à l'éclat tumultueux de cette bisarre fortune, de cette opulence

---

Illi mors gravis incubat,
Qui notus nimis omnibus,
Ignotus moritur sibi.

SENEC. in Thiest.

Malheureux en mourant, qui, trop connu des autres,
Meurt sans se connoître lui-même.

Toutes les pompeuses Maisons
Des Princes les plus adorables
Ne sont que de belles Prisons
Pleines d'illustres misérables.

MAINARD.

Illustres malheureux, gardez vos droits brillants,
Vos valets, vos coursiers, votre or, vos diamants;
Obéissez dès que Plutus l'ordonne;
Je ne veux rien de toutes vos grandeurs.
Dans ce réduit mon cœur est pur & libre;
Ma femme me chérit, j'aspire à ses faveurs:

trompeuſe (1), ſouvent auſſi rapide qu'illégitime, étant fondée ſur la malverſation dans un Miniſtere ; exigeant la confiance entiere des Cliens, & celle réciproque entre Confreres.

Accueillez ces caracteres honnêtes, ſociables, pleins de bonne foi, de candeur & de cette modeſtie, le vernis du vrai mérite ; qui laiſſant à l'équitable Poſtérité, le droit qu'elle a de diſtribuer les éloges ; & qui n'ayant jamais empoiſonné leurs écrits d'aucun fiel, ne loueront point par politique, par habitude, ou par flatterie (2) ; mais qui, joignant l'étendue des

---

En moi l'ambition ne rompt point l'équilibre ;
Chez moi regne la paix, l'amour & ſes douceurs.
M. Brussel, Aud. d. C.

(1) Le monde aime l'éclat & la magnificence,
Et l'on n'eſt eſtimé que ſelon ſa dépenſe.
Destouches.

(2) Entre toutes les maladies de l'eſprit ; car comme le corps, l'eſprit a auſſi les ſiennes, & elles ſont malheureuſement en plus grand nombre, il

connoiſſances à l'élévation des ſentimens, n'encenſeront que les vertus éminentes,

---

n'y en a point de plus dangereuſe que la flatterie. Son danger naît de ce que nous commençons les premiers à nous flatter, & qu'alors la flatterie des autres ne ſauroit manquer de ſuccès, parce qu'elle excite en nous l'amour propre.

M. de la Rochefoucault a dit que la flatterie eſt une fauſſe monnoie qui n'a de cours que par notre vanité.

Cela eſt ſi vrai, qu'on ne nous flatte que parce qu'on eſt sûr de notre crédulité.

Adulatione ſerviliâ fingebant, ſecuri de fragilitate credentis.

TACIT. A. 16.

Celui qui nous flatte, dit Ant. Perez, fait une baſſeſſe, & celui qui ſe plait à être flatté, en ſe laiſſant tromper, eſt un ſot.

Un Poëme inſipide & ſottement flatteur,
Deshonore à la fois le Héros & l'Auteur.

DESP. Sat. 9.

La flatterie a auſſi dit M. de Fontenelle, cet illuſtre Secrétaire de l'Académie des Sciences, que M. de Voltaire a ſi bien caractériſé par ce ſeul vers :

& feront fans adulation déplacée, les prudens Admirateurs, & les Panégyriftes des talens, de la décence & de l'équité (1).

Soyez favorables, Meffieurs, à ces ames fenfibles; car c'eft de cette fenfibilité que découlent toutes les vertus fociales: foyez, dis-je, favorables à ces cœurs tendres & patriotiques, qui, amis finceres de leurs Confreres, & véritables reffources des infortunés, verfent leur bien au fein de l'indigent, en confacrant avec générofité

L'Ignorant l'entendit, le Savant l'admira.

La flatterie, dit-il, ce piege, fi délicat, où le Sage, avec toutes fes réflexions, fe laiffe quelquefois prendre, eft l'écueil ordinaire du fexe; car le cœur d'une femme ne peut tenir contre l'homme qui fait, avec art, vanter fes charmes & fa beauté.

(1) Une louange équitable,
Dont l'honneur feul eft le but,
Du mérite véritable
Eft le plus jufte tribut.

ROUSSEAU.

leur propre néceſſaire, leurs lumieres & leurs veilles, pour la défenſe de l'individu opprimé, & pour l'utilité & le bonheur de toutes les claſſes des Citoyens (1); qui, s'empreſſant d'aller à leurs ſecours, ont toujours la parole prête & la plume à la main pour défendre ou ſoutenir le bon

---

(1) Staniſlas, modele toujours vivant pour les Rois, à établit une Chambre de Conſultation à Nancy, compoſée de quatre Avocats, chargés d'aſſiſter & de défendre gratuitement les perſonnes qui ſont dans l'indigence : & cet auguſte Prince, qui mérita ſi bien le nom de Pere de l'humanité ſouffrante, a fondé des honoraires annuels pour être partagés entre les Juriſconſultes nommés, ou qui le ſeroient par la ſuite, afin de remplir cette noble fonction.

Feu M. le Dauphin, Pere du Roi, Prince qui s'occupoit ſans ceſſe de ſes Enfans, ainſi que du ſoin de leur éducation, deſiroit ſur-tout qu'on leur donnât des leçons d'Humanité. « Conduiſez-» les, diſoit-il, dans la chaumiere du Payſan; » qu'ils voient le pain dont ſe nourrit le Pauvre, » & qu'ils apprennent à pleurer ».

droit, & dont le Cabinet; ce laboratoire chéri, ſera toujours ouvert à l'innocence; ſur-tout à celle accablée ſous le poids du crédit & de la puiſſance; pouvant compter ces ames ainſi enflammées de l'amour de l'humanité, leurs jours par leurs bonnes actions; & chaque Citoyen, ainſi que chaque Confrere, pour autant d'amis particuliers (1).

---

(1) On reconnoît l'ami au beſoin; car celui qui eſt réellement tel, devient comme un autre ſoi-même.

Amicus certus in re incertâ cernitur. Eſt enim is amicus quidem qui eſt tanquàm alter idem.

Cic. de Amicitiâ.

Qui ne plaint perſonne, ne mérite pas qu'on le plaigne: & de toutes les vertus aucune n'honorant plus que l'humanité, rien auſſi ne marque plus la baſſeſſe du cœur, que la diſpoſition contraire. Un homme qui n'aime que lui, qui n'a nul égard, ni pour l'amitié, ni pour le mérite, eſt un monſtre: & celui qui, ſenſible à l'amitié ſeulement, ne ſent rien dans le cœur pour le

Amitié ! Toi qui diſſipes la tranquille indifférence, & qui fais diſparoître la rudeſſe du cœur, en adouciſſant les mœurs, & en rendant l'homme plus vertueux; enfin, toi qui contribues au bonheur de la vie, & à la félicité toujours renaiſſante du moment préſent; continue d'habiter parmi-nous, en reſſerrant ces liens ſacrés qui deviennent indiſſolubles lorſqu'ils ſont fondés ſur l'honneur & la vertu. Fais que chacun ſoit à jamais l'ami, ou le devienne ici de ſon Collegue, afin qu'on ne puiſſe dire d'aucun de nous :

Public & la Patrie, ne connoît que très-imparfaitement la vertu.

Les amis de l'heure préſente
Ont la nature du Melon;
Il en faut eſſayer cinquante
Avant que d'en trouver un bon.

BUSSY.

Chacun ſe dit ami, mais fou qui s'y repoſe;
Rien n'eſt ſi commun que le nom,
Rien n'eſt ſi rare que la choſe.

LAFONTAINE.

A peine un seul ami peuple sa solitude (1).

Ce sera le prix le plus doux, & le gage le plus certain de notre sage Aristocratie, celle de la fidélité ; enfin, le sceau qui la distinguera le plus particuliérement (2).

---

(1) Par M. l'Abbé de l'Isle, de l'Académie Françoise, Auteur de divers bons Ouvrages, ainsi que d'une traduction en vers des Géorgiques de Virgile, laquelle fait regretter de ne pouvoir encore jouir de celle des autres Œuvres de ce fameux Poëte Latin : aussi l'attend-t-on avec grand empressement.

(2) *Par est autem primùm ipsum esse virum bonum, tùm alterum similem sui quærere. Virtutem enim amicitia adjutrix à naturâ data est, non vitiorum comes.*

Cicer. de Amicitiâ.

On demandoit un jour à Fontenelle, à ce Philosophe indulgent, & qui aimoit beaucoup son repos, par quel moyen il s'étoit fait tant d'amis, & pas un ennemi ? Par ces deux axiomes, dit-il, tout est possible, & tout le monde à raison. D'ailleurs, les hommes sont sots ou méchants, j'ai à vivre avec eux, & je me le suis dit de bonne heure.

Admettez aussi, Messieurs, ces Jurisconsultes d'une démarche assurée, d'une conduite ferme & inébranlable, qui, fideles aux Loix, au Bras qui en tient le glaive, à l'honneur, à l'exactitude des devoirs, & aux engagemens graves du serment, n'en prétant jamais de fallacieux (1); s'occupent de ces grands objets, les aiment & les respectent, ainsi que la Magistrature, le Public, leur Etat, & eux-mêmes (2); & qui ne reconnoissant rien de

(1) Le grand Corneille, & après lui l'éloquent Bossuet, ont employé cette épithete; peut-on l'abandonner, étant consacrée par de tels Maîtres?

(2) *Se ipsum deserere turpissimum est: & è Cœlo descendit*, γνῶθι σεαυτόν. *Nosce te ipsum.*

Cette Sentence, qui étoit gravée en lettres d'or au Temple d'Apollon à Delphes, & sur le Trépied des Sybilles, est un Oracle qui nous vient du Ciel, comme l'a dit Juvenal, ce dernier des Romains, qui vivoit l'an 128 de Jesus-Christ, sous le regne d'Adrien.

Sat. XI. v. 27.

plus

plus essentiel que le bien public, que celui général, emploient à cette grande cause, ainsi qu'à celle du bien particulier de leur Ordre, tout ce que la sincérité d'un cœur droit, les lumieres d'un esprit juste, la raison, les conseils, l'amitié & l'éloquence ont de force, de charme & de pouvoir.

En un mot, recevez ces Ames, asyles respectables de la vertu ; ces Sages tranquilles & éclairés, dont la science & le génie marchant de compagnie, & dont les actions parlant seules, font toujours l'éloge de leurs cœurs ; enfin ces Avocats zélés, aussi purs dans leurs mœurs, que réguliers & simples dans leur conduite ; qui, toujours animés par cette gaieté naturelle annonçant un caractere heureux (1), ainsi qu'enclins à ce noble désintéressement, à cette tendre commisération, & à cet amour mutuel établi sur l'estime, ne font le bien que pour l'unique plaisir

(1) Voyez à la fin de ce Discours, la Note N°. 3. sur les avantages de la gaieté.

de le faire; & qui, s'intéressant vivement à tout ce qui appartient à la Justice, par l'exemple continuel (1) qu'ils donnent de toutes les

---

(1) L'homme d'un génie vaste, tel que l'étoit ce Président, l'illustre Auteur de l'Esprit des Loix, donne des préceptes, & le Sage des exemples. Mais quant aux exemples, leur force ne doit pas se borner à ce qui se passe immédiatement sous nos yeux. Les exemples que la mémoire nous suggere, ont le même effet à proportion, & l'habitude de les rappeller produit bientôt celle de les imiter. Voilà pourquoi les Romains étoient en usage de placer les bustes de leurs Ancêtres dans le vestibule des maisons qu'ils occupoient; les morts enflammoient les vivans, & la vertu d'une génération se transmettoit aux suivantes par la force de l'exemple. Aussi l'esprit d'héroïsme se conserva-t-il pendant plusieurs siecles dans cette République. Et nous pourrions inférer de cet exemple la nécessité qu'il y auroit d'imiter les Romains dans cet usage.

Segniùs irritant animos demissa per aurem,
Quàm quæ sunt oculis subjecta fidelibus.

Hor. in Art. Poët.

vertus ſociales, mériteront de partager avec vous, Meſſieurs, la conſidération univerſelle dont vous jouiſſez; conſidération qui ne pourra que s'accroître tant que les hommes chériront la vérité, & qu'elle ne ſera point corrompue par la crainte ni la flatterie (1).

Car, comme on ſait, ce qui frappe les yeux
En convainquant, nous inſtruit toujours mieux.

Malheureuſement les conſeils, & les exemples ne corrigent pas toujours les hommes; c'eſt le fruit de l'expérience, & plus ordinairement du malheur ainſi que des diſgraces.

Creſcit in adverſis virtus.

LUCAN. L. 3.

Renaît (*la vertu*) dans les dangers, & croît dans l'infortune.

VOLT. Alzire.

(1) Ce Dauphin, qui ſera long-temps l'objet de nos regrets, & dont nous avons déja rapporté quelques traits de bonté & d'humanité, regardoit la Juſtice comme une des vertus les plus néceſſaires à un Prince; mais comme il eſt impoſſible,

C'eſt par un choix bien fait parmi les Sujets doués de ce rare aſſemblage d'excellentes qualités, ainſi que par une heureuſe élite priſe dans tous ces traits diſtincts & variés de différens caracteres & de dignité de ſentimens, que vous ne diſcontinuerez, Meſſieurs, d'avoir des hommes, de vrais Avocats, que vous ſerez intéreſſés d'adopter parmi vous, en les admettant dans l'Ordre; lequel ſera toujours celui du mérite & du modeſte éclat des vertus. Exempts de tout reproche & du moindre ſoupçon, les noms que contiendra ſon Tableau, annonceront des talens, qui, mis en leur jour & généralement applaudis de la Magiſtrature, honoreront la Profeſſion.

---

ainſi qu'il le diſoit lui-même, d'être juſte ſans connoître la Vérité; ſon plus grand ſoin étoit de la chercher par-tout, dans les Livres, dans les converſations, enfin auprès de ſes Amis; car il en avoit, & méritoit d'en avoir. « Offrez-moi, » diſoit-il, la vérité ſans détour, ſi vous m'en » croyez digne ».

C'eſt par ce choix que, réuniſſant tous les ſuffrages des vrais Membres de l'Ordre, notre Société inviolablement unie, ſe conciliera l'eſtime publique, dont elle ſera toujours jalouſe ; & qu'enfin par des travaux nobles & généreux, nous accumulerons les preuves de notre amour pour la ſtabilité de la Légiſlation, & la paiſible propriété des biens & des droits de chaque Citoyen.

C'eſt encore par ce choix, qui ne pourra qu'être agréable au Public, que nous ſerons vraiment les ſucceſſeurs de ces Orateurs Romains, mais plus chers à la Nation, en lui devenant plus utiles ; & qu'enfin en affermiſſant à perpétuité l'honneur & la nobleſſe de notre Etat (1), nous par-

---

(1) Rome n'eſt plus dans Rome, elle eſt toute où nous ſommes.

SERTORIUS de Corneille.

Sertorius, (*Quintus*) fameux Capitaine Romain, après s'être diſtingué pendant un certain temps dans le Barreau par ſon élo-

viendrons à étouffer ce tyran cruel, cet exotique préjugé, enfant du faux ſavoir & de l'ancienne opinion, qu'a la multitude de croire à la ſupériorité de ces anciens ſur nous. Vieux préjugé d'autant plus difficile à détruire, qu'il eſt peu fondé, mais accrédité du vulgaire opiniâtre, & dont cependant nous ne ceſſerons d'appeller, non à cette multitude vague & diſperſée, mais au petit nombre inſtruit, à la partie éclairée de ce Public, à celle qui penſe, qui réfléchit; en un mot, à l'homme ſenſé, au Sage, dont le langage parle toujours de l'abondance du cœur, en n'annonçant

---

quence, ſuivit Marius dans les Gaules, où il devint Queſteur, & ſe joignant enſuite à Sylla, il prit Rome l'an 87 avant J. C. & ſe ſoutint vaillamment contre Metellus, Sextus Pompée, le plus jeune des deux fils du Grand Pompée, & les autres Généraux Romains qui furent envoyés contre lui. Enfin après tant de Victoires, il fut aſſaſſiné dans un feſtin par Marcus Perpenna, Prétorien, quoique de ſon parti, l'an 37 de notre ere.

que le vrai, & qui sera un jour le victorieux, & avec lui la vérité.

J'ose espérer que mes Confreres voudront bien accueillir ce que la sensibilité, l'amour des Loix (1) & la gloire de l'Ordre viennent de m'inspirer dans ce Discours, peut-être trop diffus (2), mais non trans-

(1) *Legum scribere jussit amor.*

(2) *Dum nihil habemus majus, calamo ludimus.*

PHED.

Car quel homme assez fou pour oser se flatter,
Quoique dans l'âge heureux de la raison sévere,
De pouvoir à propos bien écrire ou se taire?
Et comme un Cicéron de savoir enchanter;
A moins d'être un Voltaire, en vers & dans la prose,
Ou l'un de ces Esprits plaidant la bonne cause;
Tels que Fleury, Seguier, Daguesseau, Lamoignon,
Barentin, Montesquieu, Pompignan & Bignon;
Ou bien de ces Savans, tels que Henault ou la Harpe,
D'Alembert, Watelet, de Buffon, l'Abbé Chappe,

crit ſans un vif deſir, ſi mes facultés l'euſſent permis, que ces réflexions, les premieres ſorties de ma plume, pour être entendues dans cette ſavante Aſſemblée, n'euſſent été plus étudiées, d'un ſtyle plus fleuri, & qu'elles n'euſſent été ornées de traits plus ſaillans & plus fortement prononcés; enfin, plus dignes, ſi elles avoient pu réunir ces avantages, de leur être préſentées. Cependant quoique le zele ait prévalu la capacité, & que l'eſprit n'ait pu s'élever autant que la grandeur du ſujet le demandoit, quel que ſoit l'Opuſcule, & ne me faiſant ſur lui aucune illuſion, il me ſera bien plus flatteur d'en devoir le ſuffrage à la bonté de leur cœur, (ſentiment incomparablement plus précieux pour moi) plutôt qu'à ſon foible mérite; les ſuppliant d'être intimement convaincus que je n'ai eu aucune intention de partia-

Duclos ou Marmontel, Moncrif ou d'Aubenton, Saurin, Rouſſeau, Thomas, Châteaubrun, Voiſenon.

lité, ni en vue la moindre perſonnalité, *ſublatò jure nocendi* (1).

Oui, ſi vous n'avez pu, Meſſieurs, appercevoir dans cette Harangue, qui auroit dû contenir un tableau fini des perfections qui caractériſent notre Etat, mais dont il ne m'a été poſſible que de vous tracer l'eſquiſſe, cette touche brillante & sûre, cette noble préciſion & cette éloquence continue, compagnes ordinaires de ce qu'on ſe propoſe de ſoumettre à vos lumieres ; du

---

(1) *Ego autem neminem nomino ; quare iraſci nemo mihi poterit, niſi qui priùs de ſe confiteri voluerit.*

Cic. Orat. pro Lege Maniliâ.

Ex illis etenim neminem cognoſco, & ab omnibus ignotus ſum ; ſed ſententia mea, ſecundùm Martialem, dicere de vitiis, & tacere de perſonis.

Ce n'eſt qu'un eſprit bas, une ame ſans naiſſance,
Qui goûte du plaiſir dans la noire vengeance.

Traduction de Juv. Sat. 13. *v.* 180 *& ſuiv.*

moins ſoyez, je vous prie, perſuadés que j'ai fait des efforts pour que vous puſſiez y remarquer quelques principes relatifs à l'utilité publique. Heureux du bonheur des autres, vous ne paroîtrez jamais plus grands que lorſque vous vous mettrez en devoir de leur être utiles; & pour y parvenir, il ſuffit de vous en indiquer la route. Ainſi, Meſſieurs, en faiſant entrevoir à notre jeune Milice, qu'en rempliſſant les fonctions ainſi que les devoirs de ſon Etat (1), & qu'en formant ſon cœur à la vertu, ſur-tout à cette vertu civique, l'ame de notre Profeſſion, c'étoit ajouter au bonheur (2); qu'être heureux & ver-

(1) Faites votre devoir, & laiſſez faire aux Dieux.

Des Horaces, par CORNEILLE.

(2) Nous ſommes du bonheur de nous-mêmes Artiſans,
Et fabriquons nos jours ou fâcheux ou plaiſants:
La fortune eſt à nous, & n'eſt mauvaiſe ni bonne,
Que ſelon qu'on la forme, ou bien qu'on ſe la donne.

FRÉDÉRIC, Roi de Pruſſe, dans ſon Philoſophe ſans Souci.

tueux, étoit une même chose, le fer & l'aimant ne s'attirant avec plus de force; qu'en un mot, l'homme étant, comme on l'a dit si judicieusement, un abrégé de l'Univers, il falloit qu'il travaillât sans cesse pour devenir aussi un abrégé de toutes les Sciences, afin que parvenant à être savant, *in omni genere* (1), & sans vouloir le paroître, il puisse être utile à cette Société civile; j'étois, dis-je, intimement persuadé que plus ces vérités étoient connues, & pouvoient nous être propres, moins j'aurois besoin de talens pour vous con-

---

(1) *Pomaque degenerant succos oblita priores,*
Et turpes avibus prædam fert uva racemos.
Scilicet omnibus est labor impendendus, & omnes
Cogendæ in sulcum, ac multâ mercede domandæ.
VIRG. Georg. 2.

L'arbre fruitier déchoit, le poirier dégénere;
De douce qu'est la pomme, elle devient amere,
Des ceps abandonnés, les grappes sont sans vin,
Et des hôtes de l'air deviennent le butin.
Il faut donc cultiver toute sorte de plante,
Si tu veux que le fruit réponde à ton attente.

vaincre ; en desirant de les faire valoir par les graces du langage ; l'art étant inférieur au sentiment, qui, comme la morale, doit prendre sa source dans le cœur ; & n'étant nécessaire à la simple vérité, pour plaire, pour embellir son triomphe, d'emprunter l'éclatante parure, ni les brillans ornemens de la pompeuse éloquence, dont les richesses & la magnificence, souvent hors d'œuvre, dissipent l'attention par des excursions, détournant des Auditeurs, qui desirent plutôt des choses qu'un jargon scientifique, ou qu'une nomenclature étudiée de vaines & futiles paroles (1). D'ailleurs on sait que chaque terrain, ne pouvant produire toutes les plantes, n'est aussi propre à toutes sortes de fleurs. *Non om-*

---

(1) O mœurs du siecle d'or ! O chimeres aimables !
Ne pourrons-nous jamais réaliser vos Fables,
Et ne connoîtrons-nous que l'art infructueux
De peindre la parole, sans être vertueux.

C. D. B.

nis fert omnia tellus , & non possumus omnes (1). VIRGILE.

Enfin j'ai pensé que tout ce qui est honnête, ayant des droits sur vos cœurs, on ne remettoit de telles réflexions au jour, que pour les personnes qu'on estime & qu'on aime. Aussi ce sont ces nobles motifs, les plus dignes de vous, Messieurs, & les plus chers à ma sensibilité, qui, en me donnant ce courage, m'ont autorisé à prendre cette liberté.

Il est vrai qu'à l'instant, tel qu'un voyageur surpris par l'apathie d'un sommeil extatique sur les bords d'une Mer orageuse, où il se seroit reposé, & qui, à son réveil, s'appercevroit de tout le danger qu'il auroit couru; je sens de même, mais sans doute trop tard, tout le risque de ma témérité. Cependant les droits légitimes, que tout Confrere a sur votre indulgence,

---

(1) Tout champ ne porte pas toutes sortes de plantes,
Et l'on n'a point sur tout de vastes connoissances.

écartant de moi une certaine ſtupeur ; m'ôteront le deſir que j'avois du repentir, & en me rendant une ſorte de confiance, feront renaître une ſérénité ſupérieure à mon attente ; m'eſtimant en effet trop heureux, ſi vous daignez approuver, Meſſieurs, l'émulation que vous m'avez inſpirée, émulation ſi louable en elle-même, quoiqu'elle m'ait fait courir le haſard de bleſſer votre goût ; mais qu'avec bien moins d'efforts vous porterez beaucoup plus loin, & même juſqu'au dernier période d'une vie ſédentaire & laborieuſe, que vos talens rendront ſûrement un jour célebre (1).

---

(1) L'Emulation excitant en nous un deſir des plus vifs pour la ſcience, devient une des qualités propres à aiguillonner le courage pour l'étude, & une des plus néceſſaires pour la ſeconder, puiſqu'elle nous retire de cet engourdiſſement, de cette eſpece de léthargie dans laquelle l'eſprit ſe laiſſe doucement entraîner par un vice tenant à l'indolence, ou par un défaut auſſi eſſentiel, qui eſt celui de ne pouvoir ſe livrer au travail.

Il eſt donc important de rechercher les occa-

Oui, Meſſieurs, je l'atteſte ; témoin de vos ſentimens affectueux pour la vertu, & bien convaincu que l'amour des Loix, ainſi que celui du plus grand bien, dont vous êtes tous enflammés, ne manqueront pas de faire propager parmi nous ces mouvemens généreux du zele vraiment patriotique, ainſique cette noble émulation, fille de la liberté, & la motrice éternelle des grandes choſes, en les faiſant fructifier avec

---

ſions qui pourroient nous procurer cette émulation ; mais il faut qu'elle ſoit noble & généreuſe, & qu'en ne ſongeant qu'à vouloir ſurpaſſer ſon rival, elle ne nous porte point à l'envie ni à la baſſe jalouſie ; enfin que le déplaiſir de voir nos Emules obtenir des avantages qui les font conſidérer, & que nous pourrions avoir auſſi bien qu'eux, ne nous affecte pas, au point de ſouhaiter qu'ils ne les euſſent pas obtenus. Il convient donc ſeulement de les mériter, comme ont fait nos pareils, & de faire de notre part des efforts pour égaler nos rivaux, ou même pour les ſurpaſſer s'il nous eſt poſſible. Voilà ce qui conſtitue véritablement cette faculté piquante de l'ame, cette belle émulation, don de la nature & ſœur de l'amour propre.

utilité dans des ames auſſi honnêtes & auſſi courageuſes que les vôtres. *Hic labor, hoc opus.*

Pergite, ut facitis, Adoleſcentes, atque in id ſtudium in uo eſtis, incumbite; ut & vobis honori, & amicis utilitati, & Reipublicæ emolumento eſſe poſſitis. Sic itur ad aſtra. Cic. Lib. 1. n. 8.

F I N.

Foible Diſcours, hélas! enfant de mon génie,
Que ton ſort eſt heureux! qu'il eſt digne d'envie!
A des Sages tu plus en dépit du méchant,
Si tu l'as confondu, c'eſt trop: il ſe repent.

NOTES

NOTES GÉNÉRALES DE SUPPLÉMENT,

Servant à justifier ce qui est allégué dans le Discours précédent.

N°. Ier.

NOUS avons dit en commençant que l'Art Oratoire du Barreau, embrassant toutes sortes de matieres, avoit été de tout temps en grande considération parmi les différens Peuples de l'Univers, & ce encore, eu égard à son importance & à son utilité; qu'enfin les deux Villes, où la Profession d'Avocat s'étoit exercée avec le plus de succès, étoient Athenes & Rome. En effet, on sait que Thésée, qui commença de régner en la premiere de ces Villes l'an du monde 2730, réduisit en un Corps les Habitans des douze Villes qui composoient la Province d'Attique, ainsi que ceux qui étoient répandus dans plusieurs Bourgs; &

que les ayant raſſemblés à Athenes, il y jetta les fondemens d'une République 1236 ans avant Jeſus-Chriſt. Puis il commit aux Nobles le ſoin de remplir les Charges publiques, & celui d'interpréter les Loix, que de concert avec les Sages & les Savans, il avoit précédemment publié.

On ſait auſſi que Lycurgue, ce fameux Légiſlateur, qui voyagea dans toutes les Villes de la Grece, en Egypte, & dans les Indes même, pour conférer avec les Savans de tous ces Pays, & pour s'inſtruire de leurs mœurs, de leurs uſages & de leurs Loix; on ſait que ce Légiſte s'appliqua particuliérement à l'étude des Loix & des Coutumes des Peuples. Que de retour à Lacédémone 870 ans avant notre ere, il en réforma le Gouvernement, & que pour prévenir les déſordres que cauſoient le luxe & l'amour des richeſſes, il défendit l'uſage de l'or & de l'argent, mit l'égalité entre les Citoyens, & introduiſit ces Loix admirables, qui ont été célébrées par tous les Hiſtoriens.

Que Solon, qui vint environ deux cens ans après Lycurgue, & par conſéquent ſix cens ans après Theſée, marchant ſur leurs veſtiges, & les ſurpaſſant, réforma l'Etat d'Athenes, du conſentement des Athéniens mêmes, & que ce Légiſlateur, l'un des ſept Sages de la Grece, en cette qualité de Réformateur; ſon courage & ſa ſagesse lui ayant d'ailleurs procuré le Gouvernement de sa Patrie, y abolit les Loix de Dracon (1), pour en substituer de plus douces, aussi environ six cens ans avant Jesus-Christ.

Que des Loix si sages & si belles modererent le luxe, & qu'elles permirent, entr'autres choses, aux Athéniens d'instituer tel héritier qu'ils voudroient, pourvu qu'ils n'eussent point d'enfans (2).

Enfin, on sait encore que Thémistocle & Aristide, son contemporain, ainsi que son concurrent, s'instruisirent dans cette espece d'Ecole civile du

(1) Dracon, ancien Législateur d'Athenes, fit des Loix si rigoureuses & si séveres, que Demades disoit qu'elles avoient été écrites avec du sang, & non avec de l'encre. Cependant Dracon fut étouffé sur le Théâtre, en recevant les acclamations du Peuple, sous une quantité de robbes, de bonnets, & d'autres marques d'estime qu'on lui jetta de tous côtés.

(2) Comme on demandoit à Solon pourquoi il n'avoit point fait de Loi contre les Parricides : *C'est*, disoit-il, *parce que je ne croyois pas qu'il y en pût avoir.* Dans un entretien qu'il eut avec le Roi Crésus, il dit à ce Prince, *qu'il ne falloit donner à personne le nom d'heureux avant sa mort.*

Il est bien fâcheux que le Traité des Loix qu'il avoit composé, & plusieurs autres de ses Ecrits, ne soient pas parvenus jusqu'à nous.

Droit qu'avoit établie Solon & les précédens Législateurs. Ainsi du temps de Démosthene, c'est-à-dire 350 ans avant Jesus-Christ, & même avant ce temps, il y avoit des Jurisconsultes à Athenes, auxquels les Particuliers s'adressoient selon le besoin de leurs affaires, & la plaidoirie s'exerçoit avec succès devant cette Cour si renommée de l'Aréopage : Démosthene & Eschine, son antagoniste, ne permettent pas de douter que, dès ces temps reculés, le ministere des Avocats plaidants n'y fût déja en très-grande vogue.

Cet Aristide, qui acquit le surnom de Juste, autant par son habileté que par son désintéressement; Periclès, qui, à cause de sa merveilleuse éloquence, fut surnommé l'Olympien, c'est-à-dire, Céleste ou Divin; tous deux, indépendemment de leur emploi dans la Justice, eurent encore le glorieux avantage de commander leurs Concitoyens, & se couvrirent de gloire avec eux dans différens combats, en qualité de leurs Capitaines ou de leurs Généraux.

Démosthene, Éschine, Hypéride, Demades, Dinarque, celui-ci que Denis d'Halicarnasse appelle le *Demosthene Sauvage*, lequel avoit composé soixante-quatre Harangues, dont il ne nous en reste que trois: Lycurgue, Orateur d'Athenes, qu'il ne faut pas confondre avec ce Lycurgue, le

Légiſlateur de Lacédémone, mais qui étoit fils de Lycophron, & qui eut l'Intendance du Tréſor public, avec d'autres charges conſidérables (1): enfin pluſieurs autres célebres Orateurs, fleurirent concurremment dans cette grande Ville; & s'ils ne donnerent pas des marques auſſi publiques de la vertu militaire, combien en revanche ont-ils cueillis des palmes dans le Barreau? Si, comme les premiers que nous venons de citer, ils n'ont pas été les bras de la République, n'en ont-ils pas été la tête, les organes & les oracles (2)?

---

(1) Lorſque cet Orateur, qui rendit de grands ſervices à ſa Patrie, ſentit les approches de la mort, il ſe fit porter au Sénat, pour y rendre publiquement un compte exact de ſon adminiſtration, & après y avoir réfuté un accuſateur, il ſe fit reporter chez lui, où il mourut peu de temps après, vers 350 ans avant l'ere chétienne.

(2) En effet, on remarquera aiſément que Démoſthene, ce Prince des Orateurs Grecs, ainſi que Cicéron, celui des Orateurs Latins, n'eurent jamais un goût décidé pour les armes: l'un & l'autre craignirent la mort ſur le champ de bataille, & tous deux la braverent enfin, quand ils ne purent l'éviter; ils périrent d'une maniere également héroïque. Démoſthene, fuyant les Soldats d'Antipater, ſon perſécuteur, & ne pouvant leur échapper, demanda un moment pour écrire, & en profita pour prendre du poiſon

Parcourons avec Plutarque ſeulement la vie de ces grands hommes, & celle de leurs contemporains, pour être ſuffiſamment convaincus de la vérité de tous ces faits.

Quant à Rome, cette héritiere de la Grece, quoique la gloire de ſon Barreau fut parvenue au plus haut dégré, & cela progreſſivement juſqu'à Cicéron, elle ſe ſoutint encore & toujours avec éclat plus d'un ſiecle après cet Orateur ſi célebre, c'eſt-à-dire, juſques ſous l'Empire du ſecond des Céſars, & juſqu'à ce fameux *Triumvirat*, entre Auguſte, Marc-Antoine & Lépide. Car, comme on ne l'ignore pas, aucun Empereur ne fit fleurir les Arts & les Sciences plus qu'Auguſte, n'y ne les porta à un plus haut dégré de perfection; auſſi les cultivoit-il lui-même.

Dans l'origine Romulus, vers l'an du monde 3300, en fondant ſa Ville capitale établit une eſpece de communication ou d'alliance entre tous les Habitans qui la compoſoient; de ſorte que les Grands ſervoient à la défenſe du Peuple, & le Peuple à l'honneur des Grands. Les Sénateurs

---

qu'il portoit avec lui. Et Cicéron chercha d'abord à fuir les aſſaſſins envoyés par Antoine; mais lorſqu'ils l'eurent joint, il ne ſongea point à ſe défendre, il leur livra ſa tête.

étant du nombre de ceux-ci, & les Loix de Romulus les mettant en possession d'exercer les Charges de Magistrature, ils devinrent les Patrons des Plébéïens, & furent chargés d'interpréter les Loix, de soutenir les droits des Particuliers en Justice, & suivant les occurrences, de les servir & de les aider de leurs conseils, ainsi que de leur crédit. Aussi le Sénateur quittoit-il quelquefois sa place de Juge pour faire la fonction d'Avocat.

Numa Pompilius, second Roi des Romains, pour adoucir les mœurs du Peuple encore farouche & barbare, institua non seulement différens cultes & cérémonies religieuses, bâtit un Temple à Vesta, choisit des Vierges pour avoir soin du feu sacré, établit huit Colleges de Prêtres; mais il publia encore des Loix très-sages & d'un grand usage, qui furent observées, & qu'il respecta lui-même (1).

Enfin après que la Loi des douze Tables fût reçue, on eut recours aux Jurisconsultes pour l'interpréter. Il n'y avoit alors d'autres Jurisconsultes de remarque que *Papirius* l'Ancien, qui

(1) Numa qui fit les Loix, y fut soumis lui-même.

Brutus de VOLTAIRE.

avoit réduit en un ſeul corps toutes les Loix, & cet aſſemblage étoit appellé le Code Papirien (1). Enſuite vint *Appius Claudius*, qui eut part à la forme qu'on donna à la Loi des douze Tables. Après lui, un autre *Appius Claudius*, de la même

---

(1) Papirius-Curſor, célebre Dictateur Romain, le plus grand Capitaine de ſon temps, vivoit 320 ans avant l'ere chrétienne, & ſa famille, illuſtre dans Rome, donna pluſieurs grands hommes à cette République ; entr'autres Papirius, ſurnommé *Prætexiatus*, parce que, portant encore la robe, nommée *Prætexta*, ſon pere le mena un jour au Sénat où l'on traitoit des affaires les plus importantes : à ſon retour, ſa mere voulant abſolument ſavoir ce qui s'étoit paſſé au Sénat, le jeune Papirius lui fit accroire, que l'on avoit agité la queſtion, s'il ſeroit plus avantageux à la République de donner deux femmes à un mari, que de donner deux maris à une femme. Cette réponſe ingénieuſe intrigua les Dames Romaines, qui croyant que telle avoit été en effet la délibération du Sénat, s'y préſenterent le lendemain, & demanderent que l'on ordonnât plutôt le mariage d'une femme avec deux hommes, que celui d'un homme avec deux femmes. Les Sénateurs ne comprenant rien à cette demande, le jeune Papirius les tira de peine, en leur déclarant la réponſe qu'il avoit fait à ſa mere, pour ſe débarraſſer de ſon importunité, ſans révéler ce qui s'étoit paſſé au Sénat. Il fut extrêmement loué de ſa prudence ; mais on ordonna qu'à l'avenir aucun jeune homme n'auroit l'entrée du Sénat, à la réſerve de *Papirius Prætexiatus*.

race, comme du même nom, & celui des Décemvirs, si connu par la mort tragique de Virginie, (annotée à la page 40 du Discours précédent). *Sempronius*, qui fut surnommé le Sage, & quelques autres, se signalerent dans la science du Droit, que *Coruncanius* enseigna le premier publiquement. *Sextus Ælius*, son frere *Publius Ælius* & *Attilius* firent ensuite la même fonction avec beaucoup de succès. *Sextus Ælius* donna même un Commentaire sur cette Loi des douze Tables.

Marc Caton, *Publius Mucius*, *Brutus* & *Manlius* composerent aussi plusieurs Traités de Jurisprudence, & *Quintus Mucius* rédigea tout le Droit Civil en dix-huit livres. Quant à *Lucius Crassus*, surnommé *Mucianus*, il se distingua particuliérement par une brillante élocution, puisque Cicéron le considere comme un des plus éloquens de tous les Jurisconsultes. *Servius Sulpicius* semble les avoir effacés tous, tant par le grand nombre de volumes qu'il composa, que parce qu'on lui donnoit la premiere place pour la Plaidoirie après Cicéron : Car *Sulpicius* & Caton joignirent avec beaucoup d'éclat au Ministere privé du Conseil, le Ministere public de la parole.

Voilà quelques noms d'entre les plus célebres Jurisconsultes qui brillerent dans cette superbe République. On pourroit en citer beaucoup d'autres, tels qu'Arrien, Juriſconſulte, Hiſtorien & Poëte, qui ſe fit auſſi admirer par ſa ſcience & ſon éloquence dans le Barreau, ce qui le conduiſit au Conſulat (1) : Regulus, Cethegus, & Lucrece, celui-ci recommandable par l'excellent Poëme qui nous reſte de lui ſur le ſyſtême & la doctrine d'Epicure, *dans la Nature des Choſes*, lequel a été ſi ſupérieurement réfuté, & avec tant de graces, par M. le Cardinal de Polignac, dans ſon Poëme latin, intitulé, *l'Anti-Lucrece*, traduit élégamment par M. de Bougainville, &c. Enfin terminons par Ovide, ce Chevalier Romain ſi célebre, ce premier des Poëtes Érotiques Latins, l'un des plus beaux eſprits du ſiecle d'Auguſte, qui fréquenta auſſi quelque temps le Barreau, mais qu'il abandonna enſuite pour ſe livrer aux charmes de la Poéſie.

Tous jouiſſoient de la plus grande conſidération, auſſi on leur donnoit différentes qualités, avec des épithetes honorables. Ils étoient appellés, *Conditores Legum & Jurium*, *Autores Juris*, *Sapientes*, *Prudentes*, *Conſulti*, *Juriſprudentes*, *Juriſperiti*, *Juriſconſulti*, &c. *Aſconius Pedianus*,

(1) Nous avons entr'autres Ouvrages d'Arrien, ſept Livres de l'Hiſtoire d'Alexandre-le-Grand, eſtimés des Connoiſſeurs.

dans ſes Notes ſur Cicéron, nous dit que celui qui en défendoit un autre en jugement, s'appelloit *Patronus*, s'il étoit Orateur ; & s'il aſſiſtoit ſon ami de ſa préſence, ou s'il ſuggéroit le droit à l'Orateur, alors il s'appelloit *Advocatus* : & *Cognitor*, s'il s'étoit chargé de l'affaire, ou qu'en préſence du Plaidant il l'aidât à la défendre, comme ſi elle eût été la ſienne.

On attribuoit trois ſortes de fonctions aux Juriſconſultes. *Reſpondebant*, lorſqu'étant conſultés par les Parties, ou par les Juges, ils donnoient leur avis ſur des matieres de Droit. *Cavebant*, lorſque par des expédiens ſalutaires, ils ſauvoient les Plaideurs qui les conſultoient, des filets de la chicanne. *Scribebant ſeu è jure componebant formulas*, lorſqu'une affaire devant être, ou ayant été déja miſe en Jugement, ils dreſſoient des formules de demandes ou de défenſe.

Quelquefois ils étoient délégués par les Magiſtrats pour inſtruire les Procès, & même pour les juger, ſoit avec ou ſans la participation des Magiſtrats mêmes. Et quand il ſurvenoit quelque queſtion difficile, ils s'aſſembloient pour l'examiner & la réſoudre. Cette conférence s'appelloit, *Diſputatio fori*, & le réſultat *Decretum*, *ſeu recepta ſententia*, lequel formoit alors une eſpece de Droit écrit. Auſſi les opinions des Juriſconſultes décidoient-elles du droit des Plaideurs, & ces Jurisconsultes avoient autant de part à l'expédition de la Justice, que les Juges mêmes ; les sentimens qu'ils avoient mis par écrit en particulier dans leurs cabinets, étant comme des Oracles que les Juges étoient obligés de suivre, & même de prononcer en public dans leurs Tribunaux. Auguste, qui avoit établi cet usage si honorable pour les Jurisconsultes, signala encore leur mérite d'une autre maniere, en élevant *Varus* & *Capito* à la dignité de Consuls, & en offrant le même honneur à *Cascellius* & à *Labeo*, qui s'en rendirent plus dignes en le refusant. *Leg. 2. Sect. 44. & Seq. de Orig. Jur.*

Au surplus, comme les harangues de Démosthenes donnerent un éclat extraordinaire au Barreau d'Athenes, de même les Oraisons de Cicéron firent retentir le Barreau de Rome d'applaudissemens & d'acclamations. Mais à quel point de gloire le Barreau Romain ne s'est-il pas accru, quand les Jurisconsultes formerent le Conseil des Monarques du monde, lorsqu'ils inspirerent à ces grands Empereurs tant de Loix, d'Ordonnances & de Rescrits pour le bien des Nations ? En effet, pourquoi ont-ils tous été exempts de Charges publiques, personnelles ou domestiques, si ce n'est que leurs fonctions auprès des Princes, n'ayant point de bornes, ils ne reconnoiſſoient ni lieu certain dans leurs exercices, ni limites dans la durée. *Leg. 30. ff. de excuſat. Tutor.*

Conſidérez Adrien ſur ſon Trône; (*Spartian. in Adrian.*) vous le verrez environné des fameux Juriſconſultes *Priſcus*, *Julianus* (1), *Celſus*, & de pluſieurs autres; tous occupés à rendre ſa puiſſance légale & ſon gouvernement équitable.

Jettez les yeux ſur Antonin, ſur Marc-Aurele, vous reconnoîtrez leur ſageſſe aidée, ſoutenue & perfectionnée par de ſemblables Miniſtres; *Verus*, *Valens*, *Metianus-Sævola*, *Marcellus*, &c.

Suivez Alexandre Sévére dans tous les endroits où il ſe porte, vous le trouverez ſans ceſſe accompagné du Juriſconſulte *Ulpien*, ſon Tuteur, ſon Secrétaire & ſon principal Miniſtre. Ce Prince ſuivit toujours les avis de cet illuſtre Juriſconſulte, & s'en trouva bien, ainſi que de ceux de Papinien, qu'il honora de ſon amitié, & qu'il fit Préfet du Prétoire (2).

---

(1) Voyez à la page 101 du Diſcours la Note N° 2.

(2) Papinien, Juriſconſulte renommé du troiſieme ſiecle, d'Avocat devint Préfet ſous l'Empereur Sévere. Ce Prince mit en lui une confiance ſi particuliere, qu'il lui recommanda, par ſon teſtament, ſes fils Caracalla & Geta. Le

Enfin que pourroit-on dire de plus, si pour marquer la plus haute estime qu'Auguste, Tibere & plusieurs autres de leurs successeurs, firent de la fonction d'Avocat, nous ajoutons avec confiance, d'après Suétone, Plutarque & d'autres Historiens dignes de foi, que ces Empereurs voulurent eux-mêmes faire au Barreau l'apprentissage de l'art de régner par celui de bien dire, & que la Tribune fut l'école de leur vertu, avant que le Palais Impérial ait été le théâtre de leur grandeur? Oui, ces Empereurs voulurent eux-mêmes, & encore après eux les héritiers de leur sceptre consentirent aussi de fréquenter le Barreau, même de s'y exercer pour apprendre à défendre les bons, & à poursuivre les méchants avant d'absoudre les uns par Justice, & de pardonner aux autres par clémence.

---

premier, ayant fait mourir son frere, voulut obliger Papinien à composer un Plaidoyer, pour l'excuser, ou plutôt pour le décharger de ce meurtre devant le Sénat & le Peuple; mais ce judicieux Orateur lui répondit: *Qu'il étoit plus facile de commettre un fratricide, que de l'excuser; & que c'étoit se rendre coupable d'un second crime, & pareil au premier, que de vouloir accuser un innocent, après lui avoir ôté la vie.* L'Empereur Caracalla, indigné de cette réponse, lui fit trancher la tête l'an 212, âgé de trente-sept ans. Il avoit déja composé plusieurs bons Ouvrages.

César & Pompée mirent leur gloire à mériter, par des Plaidoyers ſolemnels, les applaudiſſemens de leurs Concitoyens, avant que d'avoir conçu l'ambition d'arracher leurs hommages par une domination forcée. Cicéron le témoigne, & nous fait auſſi remarquer l'eſtime que faiſoit Auguſte, ſucceſſeur de Céſar, de la Profeſſion d'Avocat, lorſqu'il nous dit que cet Empereur, ſuivi d'un nombreux cortege, deſira lui-même d'introduire au Barreau *Caïus* & *Lucius*, ſes petits-fils (1). Tibere tint à-peu-près la même conduite à l'égard de ſon fils Druſus; il ſolemniſa même, par un préſent qu'il fit au Peuple, le jour que Néron & Druſus, aînés des enſans de Germanicus, parurent pour la premiere fois au Barreau. *Sueton. in Auguſt. cap. 26. in Tiber. cap. 15 & 54.*

---

(1) Un vieux Soldat d'Auguſte, ayant un Procès, s'aviſa de s'adreſſer à ce Prince, en le priant de vouloir bien défendre ſa Cauſe. Auguſte, par eſtime pour ce Vétéran, dont il connoiſſoit la bravoure & les longs ſervices, lui promit de lui donner un bon Avocat. « Eh quoi! répondit » le Soldat, quand il fallut à Actium vous défendre contre » Marc-Antoine, ai-je envoyé un autre à ma place? N'ai-je » pas payé de ma perſonne, & reçu les bleſſures que vous » voyez »? Auguſte, touché de ces reproches, ſe tranſporta lui-même au Barreau, & plaida la cauſe du fier Militaire, qui ſans doute eut le ſuccès qu'il s'étoit promis d'un Avocat de cette importance.

Titus, cet Empereur qui ne pourra jamais être en oubli, plaida pareillement & plusieurs fois avant de monter sur le Trône Impérial. Eh ! ne pourroit-on pas les citer tous également ?

Il seroit encore inutile d'entrer dans le détail de ce que les Empereurs Arcade, Honorius, Théodose le Jeune, Valentinien III, Martian, Léon le Vieux, Anthémius, Léon le Jeune, Zénon, Anastase I, Justin l'Ancien & le célebre Justinien, ont fait en faveur de la Profession. Contentons-nous de rapporter ici ce que Léon & Anthémius ont eux-mêmes reconnu : « Que les Avocats,
» dans les affaires publiques & particulieres, rassurent ce qui est chancelant, relevent ce qui
» est accablé, soutiennent les espérances de celui-
» là, ont soin de la vie de celui-ci, procurent
» l'avantage des descendans de l'un & de l'autre ;
» & ne sont pas moins utiles au monde, que ce
» brave Soldat qui prodigue son sang & sa vie
» dans les combats pour le bien ou le salut des
» Peuples ».

Advocati qui dirimunt ambigua facta causarum, suæque defensionis viribus in rebus sæpè publicis ac privatis lapsa erigunt; fatigata reparant, non minùs provident humano generi, quàm si præliis atquè vulneribus Patriam parentesque salvarent. Nec enim solos nostro imperio militare credimus

dimus illos, qui gladiis, clypeis & thoracibus nituntur, ſed etiam Advocatos; militant namque cauſarum Patroni, qui glorioſæ vocis confiſi munimine, laborantium ſpem, vitam & poſteros defendunt. Leg. 14. de Advoc. diverſorum judiciorum.

Paſſons maintenant à la gloire du Barreau François. Quoique ce Barreau, dans les commencemens de notre Monarchie, n'ait pas joui d'un luſtre conſidérable, à cauſe des troubles qui régnoient dans les Gaules; cependant Céſar nous aſſure que les Druides, Prêtres des Gaulois, étoient Juges parmi eux au cas de crime & de meurtre, comme auſſi dans les cas de diſpute ſur une ſucceſſion ou ſur les bornes ſéparant un champ : enfin qu'ils décidoient preſque toutes ſortes de différents, ſoit publics ou particuliers. *Lib. 6. de Bello Gall.*

Mais, au rapport de Saint Jerôme, la France a de tout temps été en réputation, à cauſe de la force & de la vérité des principes employés par les Orateurs dans ſes divers Tribunaux. *In Epiſt. 2. adversùs vigilant. ſub Princip.*

Suivant Juvénal, un de nos premiers Contemporains, notre Nation a même enſeigné à celle de la Grande-Bretagne, l'éloquence du Barreau.

V.

Gallia causidicos docuit facunda Britannos.
De conducendo loquitur jam Rhetore Thule.

Sat. 15, v. 111 & 112.

Il est vrai qu'en ces temps éloignés, les Procès n'étoient pas communs ; leur sujet étoit simple, par conséquent aisé à terminer ; le Fait y avoit beaucoup plus de part que le Droit : aussi la décision s'en faisoit-elle par témoins plutôt que par la preuve de titres ou d'écrits, & souvent le sort des armes ou des épreuves suffisoit. De sorte que le *Conseil de Pierre de Fontaine*, donné par du Cange, & le *Livre à la Reine Blanche*, qu'on attribue au même Pierre de Fontaine, lequel aidoit souvent le Roi Louis IX. à rendre la justice; sont peut-être les premiers Ouvrages dignes de remarque, qui soient sortis de la plume d'un de nous avant que le premier Parlement de France eût été rendu sédentaire.

Néanmoins, suivant plusieurs Auteurs, Légistes & Historiens, la gloire du Barreau François se reporte à l'Histoire la plus reculée de la Gaule; car c'est dans cette contrée que l'éloquence parut vouloir se fixer, lorsqu'une flotte de Phocéens, Colonie Grecque, vint s'établir en Provence, & y fonda la Ville de Marseille, devenue peu de temps après une seconde Athenes. César, en quelques endroits, Tacite, Suétone & d'autres Auteurs anciens, tels que Diodore, Diogene-Laerce, Hérodote, Justin, Collumelle, & Agathias, qui avoit exercé la Profession d'Avocat, conviennent tous que rien n'égaloit le courage & l'éloquence des Gaulois. Cinq de leurs Orateurs sont parvenus à l'Empire, Tacite, Probus, &c.

Avant le Christianisme, l'émulation des Orateurs, excitée par les récompenses honorables des Empereurs, augmenta tellement le nombre de ces Orateurs, que sous l'empire de la vraie Religion, quelques-uns d'eux, & les mieux pensant, sont devenus les Peres & les Docteurs les plus éloquens de l'Eglise, & les autres les Ministres de nos Rois, ou les chefs de leurs Tribunaux.

Après les Felix (1), les Evre, les Ambroise, les Chrysostôme, les Germain, les Philogone, surnommé la Bouche d'Or; les Ausone, les Secondat, les Prosper, les Grégoire de Tours, &

(1) Célebre Avocat, qui vivoit sur la fin du deuxieme siecle, ou au commencement du troisieme. Il avoit composé un Dialogue en latin, dans lequel il introduisoit un Chrétien & un Païen, qui disputoient ensemble. Nous en avons deux Traductions en françois.

une infinité d'autres hommes illustres formés, tant à l'Ecole de Marseille, que dans la Profession du Barreau, où ils avoient défendu avec tant de succès, & comme Avocats, les Pauvres & les Orphelins; Guy Foucault se trouve un de nos plus anciens Athletes. Ce premier Légiste de France, né à Saint-Gilles sur le Rhône, après avoir porté les armes pendant quelques années, s'adonna à la Profession du Barreau, & ensuite se livrant à l'étude des Loix, il composa plusieurs Traités sur le Droit. Saint Louis le fit son Secrétaire; ayant perdu sa femme, il prit l'état Ecclésiastique, devint Archidiacre, ensuite Evêque du Puy en Vélay, de-là Archevêque de Narbonne: enfin Urbain IV le fit Cardinal & Evêque de Sainte-Sabine, l'envoya Légat en Angleterre, & à son retour il fut élu Pape, l'an 1265, sous le nom de Clément IV.

Que n'auroit-on pas à dire de Saint Paulin, Evêque de Nole, de Sulpice Sévere, ce grand Auteur Ecclésiastique, & de nombre d'autres, qui, ayant d'abord suivi le Barreau, firent depuis tant d'honneur à l'Eglise par leur piété, ainsi que par leur doctrine? d'un Juvénal des Ursins, d'un Jean Desmaretz, Avocat au Parlement, le confident & l'ami de Charles V, le plus sage de nos Princes? & encore de Yves de Kaermartin, Official & Archidiacre de Rennes, enſuite de Tréguier, qui plaidoit ſi ſouvent pour les Pauvres ? Ce pieux & charitable Avocat, qui mourut en 1303, âgé de cinquante ans, fut canoniſé en 1347. Auſſi notre Ordre l'a-t-il adopté pour Patron, à cauſe de ſes rares vertus.

Enfin le Parlement de France, rendu ſédentaire ſous Philippe-le-Bel, en 1286, le Barreau commença à prendre plus de conſiſtance. Pluſieurs cauſes ſervirent à le perfectionner ; & ces cauſes, en réveillant le zele des Avocats, en accrurent le nombre. L'inſtitution des Parlemens, l'érection & l'augmentation de différens Tribunaux, l'établiſſement des Univerſités, le renouvellement de l'Etude du Droit Romain, la rédaction des Coutumes, les nouvelles Ordonnances de nos Rois ; tout contribua à étendre la Profeſſion, & à fortifier la capacité des Avocats. On embraſſa cet Etat avec empreſſement, on le cultiva avec ardeur, & l'on y parut avec éclat. Le Barreau devint la porte des dignités, l'école d'une éloquence juridique, le théâtre & le champ de la ſolide gloire. En un mot, la France eut en divers temps, comme en divers lieux, ſes Démoſtenes, ſes Cicérons ; & c'eſt bien aux Avocats qu'on peut véritablement faire l'application de ces paroles de la Loi : qu'on ne doit ſouffrir aucune humiliation en préférant la néceſſité de demeurer debout au droit d'être aſſis. *Leg. 6. §. 6. Cod. de Poſtul.*

Combien de Juriſconſultes célebres par leurs talens, & encore par la régularité des mœurs, par l'obſervance à la diſcipline, aux dogmes & aux Loix de l'Egliſe, ne releverent-ils pas leur fonction, au point que les Eccléſiaſtiques ſe firent un mérite d'y avoir quelque part ? Cette liaiſon, & cette heureuſe union augmentant le zele des Avocats, leur charité ſe ſignala de plus en plus dans la défenſe des perſonnes ſéculieres, des veuves, des orphelins, des pauvres; enfin de ces gens accablés, ſoit par le poids d'une puiſſance étrangere, ou gémiſſant ſous le faix de leur propre miſere. Oui, en tout temps ces Athletes de l'innocence opprimée s'efforcerent d'attirer ſur leurs Clients les regards favorables de la Juſtice, & ils ont ſouvent réuſſi.

Cependant le Barreau ſe fortifiant de jour en jour, ſe reſſentit encore de la chaleur & du zele occaſionnés par le rétabliſſement des Lettres. En effet, s'il s'augmenta conſidérablement ſous le Grand Charlemagne, ſon Inſtituteur, il fleurit davantage ſous le regne de François I, ainſi que ſous les ſuivans ; & ſi les Lettres y contribuerent, le zele de ceux qui s'adonnoient au noble exercice de cette Profeſſion, & qui faiſoient les plus grands efforts pour s'en rendre plus dignes, y eut auſſi une bonne part : tels ſe ſont diſtingués nos ſavans Chevaliers-ès-Loix, qui, en ſe livrant à l'étude, ſe mirent d'abord en état de ſeconder leurs Anciens : & de ce nombre ſont les Alain-Chartier, ſous Charles VI ; les de Thou, les Briſſon, les Bignon, les Pierre Seguier (1), les Montholon, les Pitou, les Etienne d'Aligre, les Loyſel, les Briçonnet, les Lefevre, les Pelletier, les Gilbert, les de Meſmes, les Dumeſnil, les Arnauld, les Talon, les Molé........ noms chers à la Magiſtrature & au Barreau, mais auſſi utiles à nos Rois, que précieux à la Patrie : les Choppin, les Robert, les Paſquier, les de la Martelliere, & ce Dumoulin, le Papinien de la France.

On ſait que l'ambition n'y entrant pour rien, de la Martelliere, Auguſte Galland, & pluſieurs autres habiles Juriſconſultes, ayant été faits Conſeillers d'Etat, n'abandonnerent pas, malgré ces honneurs, le Barreau ; & qu'Antoine Arnauld, par le goût qu'il avoit pour ſa Profeſſion, refuſa la Charge d'Avocat-Général, ainſi qu'une place

(1) Auteur de M. Seguier, aujourd'hui Premier Avocat-Général, qui, dans cette fonction ſi noble, & depuis plus de vingt-cinq ans, le fait revivre avec tant d'éclat, ainſi que ſon grand-oncle, l'illuſtre Chancelier de ſon nom.

au Conſeil de Sa Majeſté. On n'ignore pas non plus que Charles Dumoulin, & quelques autres, n'accepterent point les Charges de Conſeillers qui leur furent offertes : & pourquoi ? Parce que ces modeſtes Juriſconſultes étoient perſuadés qu'il n'y avoit point d'emplois au-deſſus de la capacité des Avocats, point de dignités qui ſurpaſſaſſent leur mérite, point d'honneurs qui ne fuſſent égalés par leur vertu. Oui, & c'eſt à tant de titres qu'ils étoient autrefois admis à toutes les cérémonies, ainſi qu'aux ſolemnités de la Cour. On trouvera dans ſes Regiſtres une infinité de preuves de cet ancien uſage, lequel ne pouvoit que tendre à l'avantage général, mais qui s'étant malheureuſement aboli, cette négligence a peut-être été la cauſe d'un détriment ſenſible pour l'Ordre.

Enfin, que pourroit-on imaginer au-deſſus de tous ces honneurs que tant de Princes ont rendus à notre Profeſſion, après qu'un Roi même daigna s'y adonner? Oui, deſcendant de ſon Trône, il ſe déroboit à une foule de Courtiſans, pour venir défendre dans le Barreau les intérêts des Particuliers. C'eſt ce que voulut bien faire, ſelon le témoignage de Pierre de Blois (1), Richard,

(1) L'un des plus ſavans Ecrivains du douzieme ſiecle. La meilleure édition de ſes Ouvrages eſt celle de Pierre de Gouſſainville, en *1667*.

Roi d'Angleterre, lorſqu'il plaida lui-même différentes Cauſes dans notre auguſte Parlement (1). Quelle gloire pour les Avocats, a dit un Ancien, lorſqu'un Monarque veut bien ſuſpendre le cours des reſpects qu'attire ſa Robe royale, afin d'honorer la leur par un ſpectacle ſi touchant !

On ſait que l'Empereur Charles-Quint, ce fameux Rival de la gloire de François I; que Chriſtine, Reine de Suede, ſi connue par la beauté de ſon génie, par ſon goût pour les Sciences, & par l'affection qu'elle portoit aux Gens de Lettres; ainſi que Pierre le Grand, l'un de ces Princes rares & extraordinaires, que la Providence ſuſcite pour faire ſortir les Nations de la barbarie & de l'ignorance : on ſait, dis-je, que lorſque ces Têtes couronnées, ainſi que quelques autres également illuſtres, vinrent en France, elles honorerent chacune de leur auguſte préſence notre

(1) Richard I, ſurnommé *Cœur de Lion*, Roi d'Angleterre, & en même temps Comte de Poitou & Duc de Normandie, qui vivoit dans le douzieme ſiecle. Il fut de tous les Princes croiſés, l'un de ceux qui jetterent le plus de terreur dans l'eſprit des Sarraſins & des Infideles; auſſi remporta-t-il pluſieurs victoires ſur Saladin, & s'empara-t-il de l'Iſle de Chypre, en 1191. MORNAC, *ad Leg.* 6. §. 5. *Cod. de poſtul.*

Barreau. Que même ce Czar, qui étoit ſi affable, deſirant d'être Membre de l'Académie des Sciences, cette Académie s'en décora; & que ce Prince s'entretenant avec tous les Savans de la Capitale, entr'autres avec pluſieurs de nos habiles Juriſconſultes, propoſa à quelques-uns des avantages & des récompenſes conſidérables pour les attirer en Moſcovie.

Que parmi nos Rois, les amis de la Juſtice, Charlemagne, Louis IX, Charles V, Henri IV, Louis XIII..... ſe plurent ſouvent aux plaidoiries d'Avocats. Ce mot ſi connu du Grand Henri nous le confirme, lorſqu'il dit, *qu'ils paroiſſoient avoir tous deux raiſon*, après avoir entendu les deux Avocats plaider contradictoirement.

Que ce même Henri, l'amour de la France, & le Duc de Savoye, conſentirent l'un & l'autre, en 1594, dans une Cauſe célebre contre les Jéſuites, en faveur de l'Univerſité de Paris, d'entendre le Plaidoyer que prononça Antoine Arnauld, Avocat au Parlement, qui ſe diſtinguoit dès-lors par ſon éloquence, & qui depuis ſe fit encore connoître par ſon érudition, ainſi que par un excellent Livre, intitulé : *Le franc & véritable Diſcours*, contre le rappel des Jéſuites en France, & par pluſieurs autres bons Ouvrages (1).

(1) Il étoit le fils aîné d'Antoine Arnauld, Capitaine

Que Charles V, Duc de Lorraine, l'un des plus grands Capitaines du dernier siecle, & qui fut mis sur les rangs, pour remplir le Trône de Pologne, étant venu aussi à Paris, après la Paix des Pyrenées, se rendit plusieurs fois aux diverses Séances de la Cour, dans la vue d'y entendre ses Orateurs.

Nous avons joui, dans ces derniers temps, de l'auguste présence du Roi de Danemarck, Christian VII (1). Et tout récemment ne venons-nous

---

de Chevaux-Légers, & ensuite Procureur & Avocat-Général de la Reine Catherine de Médicis. D'ailleurs, ce Jurisconsulte fut très-estimé, tant à cause de sa grande probité, & de ses excellentes qualités, qu'à cause de l'étendue de son génie. Il eut de Catherine Marion, fille de l'Avocat-Général, vingt enfans ou petits-enfans, dont Arnauld d'Andilly; Arnauld, le célebre Docteur de la Maison & Société de Sorbonne; Angélique Arnauld, Abbesse de Port-Royal des Champs, Ordre de Citeaux, & qui mit la réforme dans son Abbaye à l'âge de dix-sept ans; Arnauld, Marquis de Pomponne, Ministre & Secrétaire d'Etat, qui fut employé en diverses Négociations & Ambassades, & qui fut aussi très-estimé par son exacte probité & par sa capacité dans les affaires; Henri Arnauld, Evêque d'Angers, qui ne sortit qu'une seule fois de son Diocèse, & ce, pour conférer sur la Religion avec le Prince de Tarente, qu'il eût le bonheur de convertir, & de réconcilier avec le Duc de la Trémouille, son pere, &c.

(1) MM. Gerbier & le Gouvé plaidoient; le premier eut l'honorable avantage d'adresser la parole au Monarque.

pas d'avoir le glorieux avantage de posséder dans le Barreau le Frere de cette Reine incomparable, dans l'auguste personne de l'Empereur Joseph II, sous le nom de M. le Comte de Falckenstein ? Cet excellent Prince, dont le départ vient de causer tant de regrets, assistant à quelques-unes de ces grandes Audiences, n'a-t-il pas eu la bonté de témoigner à nos propres Confreres, à ceux à qui il s'étoit d'abord adressé, (& ce tant il est affable) de la satisfaction, après avoir entendu alternativement les deux Avocats qui y portoient la parole (1) ? En un mot, com-

(1) Plaidant MM. Treilhard & Hardouin. Et ceux auxquels SA MAJESTÉ IMPÉRIALE s'adressa d'abord, & qu'Elle honora de ses différentes demandes, furent MM. Belot, de Villeneuve, Rossignol de la Ronde, Boudet fils, &c.....

De visu & auditu testis fui.

Mais, le Jeudi 15 Mai 1777, Sa Majesté Impériale eut la satisfaction d'entendre à l'Audience M. Seguier, & de pouvoir par Elle-même se confirmer dans la persuasion où Elle étoit, de toute l'étendue du mérite, ainsi que de la haute science & des rares talens de ce Chef renommé des Orateurs du Barreau. Ce premier Avocat-Général eut le don de faire entrer à propos dans un brillant exorde l'éloge aussi délicat que vrai, des trois Têtes couronnées dont il avoit à parler ; éloge touchant, digne de la présence auguste d'un aussi grand Souverain, du lieu respectable où ce

bien de Potentats procurerent-ils par une attention marquée d'honneur & de gloire à notre Barreau, en daignant nous y entendre avec une complaisance obligeante.

Dans ces heureux temps où le Premier Président de Thou ne vouloit aller à l'Offrande à S. André-des-Arcs, qu'après l'Avocat le plus anciennement reçu au Barreau, (tant la pourpre honoroit alors le mérite & la dignité du premier Barreau de France !) oui, dans ces heureux temps, lorsque quelque Président, ou quelque Sénateur venoit à se démettre, on sait que le Parlement nommoit seul à cette Place : mais dans la suite cette Cour choisit trois Sujets, dont les noms étant présentés au Roi, Sa Majesté confirmoit l'un d'eux pour remplir la Place vacante ; & les Sujets présentés étoient toujours pris dans le sein du Barreau,

---

Souverain s'étoit bien voulu rendre pour la seconde fois, & de l'éloquent Jurisconsulte qui le prononçoit.

Ce fut dans une affaire relative au Duché de S. Simon, & causée par la Grandesse qu'avoit accordée SA MAJESTÉ CATHOLIQUE au Duc de ce nom. Il s'y agissoit de décider sur une question importante, qui concernoit une substitution, laquelle paroissoit pouvoir se régler, soit suivant les Ordonnances de nos Rois, ou soit conséquemment aux Loix & aux maximes du Majorat du Royaume d'Espagne.

comme la pépiniere légitime de la haute Magistrature.

Aussi c'est cet Ordre qui a donné des Chanceliers à la France, des Premiers Présidens aux Cours, des Avocats & des Procureurs-Généraux aux *Grands-Jours* (1); tels les Juvenal des Ursins,

(1) Alors les Avocats-Généraux s'appelloient Avocats-Particuliers du Seigneur Roi, & les Avocats du commun, ou des Particuliers, Avocats-Généraux des Parties. L'usage a changé, c'est le contraire aujourd'hui. *Voyez les Dialogues de Loysel, pag.* 459.

His ergo pateant Themidis sedes & subsellia, quorùm ore fora tonuerunt.

Les Juges se sont toujours fait honneur d'avoir exercé la Profession d'Avocat; & les Maîtres des Requêtes, en joignant dans leurs fonctions l'éclat à l'autorité, ne partagerent-ils pas les occupations des anciens Avocats, lorsqu'à leur exemple ils consultoient? Aussi par la sagesse des avis qu'ils donnoient en particulier, ils ajoutoient alors un nouveau relief à celle des Jugemens qu'ils rendoient en Public.

On entend par les *Grands-Jours*, ou les Grands-Plaids, une Cour que nos Rois instituoient quelquefois dans les Provinces pour y juger souverainement des crimes, pour connoître & décider de tous les abus, fautes & malversations, des Officiers des Provinces où se tenoient ces *Grands-Jours*, sur le fait & la fonction de leurs Charges. Les pouvoirs donnés à ces Assemblées de Commissaires du Roi, duroient un certain temps, & commençoient ordinairement

les Liset, les Sillery, les Janin, les Briçonnet, les Seguier, les Pithou, les d'Aligre, les Nicolaï, les de Miromesnil, les Portail, les Daguesseau, les Chauvelin.....

Voyez Loysel dans ses Dialog. p. 450 & suiv.

Sous les précédens regnes de nos Rois, les Guillaume Durand (1), les Belle-Perche, les Mornac, les Gentilis (2), les Ayrault (3), les

---

après quelques grandes Fêtes de l'année : on les nommoit aussi *Assises* ; & là on y jugeoit comme dans les Parlements.

(1) L'un des plus savans Jurisconsultes du treizieme siecle, & qui parvint à l'Evêché de Mende, en 1286. On a de lui, *Speculum Juris*, & *Juris Repertorium* : ainsi que *Rationale Divinorum Officiorum.*

(2) On possede de ce Jurisconsulte plusieurs Ouvrages bien écrits, & remplis d'une profonde érudition, tels que les trois Livres, *De jure belli*; plus, *De jure publico Populi Romani*; *de Conjurationibus*; *de Donationibus inter virum & uxorem*; *de bonis maternis & secundis nuptiis*; *de Jurisdictione.*

(3) Pierre Ayrault a donné un Traité sur *la Puissance Paternelle*, qu'il avoit fait à l'occasion de son fils, lequel s'étant mis dans la Société des Jésuites à son insçu, il n'avoit pu réussir à l'en retirer. Nous avons encore de sa composition un Livre très-curieux, intitulé : *L'Ordre & Instruction Judiciaire, dont les anciens Grecs & Romains ont usé dans les accusations publiques, accommodé à l'usage de France.*

Coquille, les Gaucher de Sainte-Marthe, dit Scévola, les Marillac, qui ont possédé de si grandes Charges sous François I, Henri IV & Louis XIII; les Loyer, les Fabry, les Hottomans, ainsi que l'incomparable Cujas, qui les réunissoit tous par la science & les talens; & ce Papire Masson, qui fut l'ami de M. de Thou, & qui nous a laissé la Vie de Cujas.

Sous le regne glorieux de Louis XIV, à quel degré le Barreau s'est-il élevé! Les Auzanet, les Basnage, l'honneur du Barreau de Normandie, les Pucelle, les Domat, les Fourcroy, les Loyseau, les Riparfond, les Gueret, les le Maître, les Husson, les le Mercier, les Duplessis, les Ricard, les le Brun, les Léchassier, les Issalys.

Sous celui aussi doux qu'heureux de Louis XV, les Deblaru, les Duhamel, les le Normand, les d'Héricourt, les Prevot, les Cochin, ce Cicéron de notre siecle : tous ont fait l'ornement & la gloire de notre Barreau (1).

Aussi étoit-il dû à ce Barreau de peupler la

(1) Si les Grecs ont donné les noms de chacune des Graces aux trois Harangues qui nous restent d'Eschine, & ceux des Muses à neuf de ses Epîtres : quels noms donnerons-nous donc à quelques-uns des Plaidoyers de ces célebres Avocats ?

Magiſtrature, de donner des Chefs à la Juſtice, des Rédacteurs aux Ordonnances, tel Auzanet; des Conſervateurs aux anciens Uſages, comme un de Cugnieres, un Démaretz, un de Fontaine; des Interpretes aux Coutumes, tous nos Commentateurs; des Orateurs portant la vérité dans un Sénat éclairé, comme un le Maître, un Arnauld, un Pageau, un Bouchel, un Aubry, un Terraſſon, ſurnommé la Plume d'Or; des Savans pour conſerver les Oracles de la Cour, comme un Gueret, dans ſon *Journal du Palais*, chef-d'œuvre qu'on ne peut trop étudier; un Bacquet, dans ſon Traité *ſur le Domaine & les Droits du Roi*, pareillement précieux; un Loyſeau, dans ſon Traité du *Déguerpiſſement*; un Bretonnier, un de Lauriere, un Dufreſne, un Argou; un ornement à l'Académie, comme ce Patru, dont le Parnaſſe François, dans ſes beaux jours, prit les avis; des Oracles pour le Droit public & pour le Droit de la nature & des gens, comme un Coquille, un Domat, un George le Roi, qui furent conſultés tant de fois par les Têtes couronnées.

Citer ces noms devenus illuſtres, c'eſt rappeller les ſervices qu'ont rendus ceux qui les ont portés, ſoit à l'Etat, aux Citoyens, ou au Chef, ainſi que le zele dont ils ont toujours été animés pour une Cour, dont ils ont pareillement fait la gloire & l'ornement. Aussi dans ces heureux temps une union admirable régnoit-elle dans l'Ordre ; il y avoit un si grand amour entre les Avocats, & tant de charmes pour l'ame & pour l'esprit, que l'on a vu plus d'une fois des Chanceliers quitter leur dignité pour venir se reposer au sein de leurs Confreres. Retourner à son premier état, & s'y plaire, n'est-ce pas un signe assuré qu'on y a d'abord vécu heureux & qu'on y a eu de l'agrément?

Aussi, dis-je, existoit-il une docilité admirable entre les Jeunes pour leurs Anciens, & une déférence pour cette vieillesse qu'honoroit une longue vie passée sans reproche ; enfin une touchante tendresse de ceux-ci envers ceux-là, en leur donnant d'amitié d'excellens préceptes moraux ; & encore des exemples à suivre d'une sagesse non équivoque (1) : en un mot, de la part de tous, le plus grand respect, un attachement inviolable & un mâle courage se manifestoient dans les occasions pour le Roi, pour son Parlement, pour les Loix, pour la liberté de l'Ordre, ainsi que pour les droits des Citoyens. Pas de plus grand bon-

(1) Oui, de cette sagesse, élan d'une belle ame,
Que rien ne peut troubler, qu'aucun desir n'enflamme ;
Et qui par son mérite, le plus cher à nos yeux,
Fait le charme du cœur d'un homme vertueux.

heur pour ces Juriſconſultes, que de venir au Palais confraterniſer, ſe communiquer leurs lumieres, & de pouvoir contribuer par leur préſence aux honneurs & aux ſéances de la Cour.

Temps fortuné de notre Ordre ! que ne ſubſiſtez-vous encore ! mais pourquoi non ? les veſtiges n'en ſont pas ſi éloignés, puiſque nous avons vu un de Blaru, un Barjetton, habiles dans le Droit écrit ; un Prevoſt, ſavant Criminaliſte ; un Barreau, profond dans les Fiefs & ſur les Queſtions de Droit coutumier ; un Guéau de Reverſeau, un Simon, un de la Monnoye, un du Vaudier, un de Geſne, un de la Vigne, un Dumont, un Doucet, un Maillard, & tant d'autres excellens Orateurs, venir journellement au Palais, & y entretenir, par leur ſeule préſence, l'amour & le zele de la Profeſſion. C'eſt ainſi que par cette douce & fidele communication, ſe formoit cette étroite liaiſon : oui, cette amitié ſi précieuſe entre tous les Membres de l'Ordre : & ſi cet eſtimable uſage ſe fût conſtamment perpétué juſqu'à nous peut-être les malheurs des derniers temps ne ſeroient point arrivés ; car par une telle union dans un Ordre qui ſera toujours inſéparable de la vraie Magiſtrature, on ſe mettroit plus facilement à l'abri des tempêtes du ſort, & on ne pourroit éprouver que bien rarement les éclats de la foudre (1), ou les rigueurs d'une Puiſſance que la bonté de ſon cœur rendra toujours tardive à ſévir. Qu'il eſt beau de faire juſtice par un acte de clémence (2). Que le rétabliſſement des Écoles ainſi que des études ſi néceſſaires du Droit, procuré par la ſageſſe du Monarque ; que nos conférences à la Bibliotheque, notre aſſiduité au Bar-

(1) Tout chargés de lauriers, craignons encore la foudre.
CORNEILLE. *Cid.*

Un Nain voit quelquefois bien plus loin qu'on ne penſe ;
Au Géant qui le porte mettant ſa confiance,
Ils combinent tous deux les routes à tenir,
Ou reſtent dans le Port ſans crainte d'y périr ;
L'un & l'autre certains de toute la clémence
D'un Chef toujours prudent, & de ſa prévoyance.

(2) Quand Buſſy-le-Clerc, du temps de la Ligue, eut l'audace d'entrer dans la Grand'Chambre pour y faire lire la liſte de ceux qu'il diſoit avoir ordre d'arrêter, & qu'il eut nommé le Premier Préſident avec dix ou douze Conſeillers ; tout ce qui compoſoit le ſurplus de cette Auguſte Compagnie ſe levant auſſi-tôt, ſuivit généreuſement les Premiers à la Baſtille, & tous s'y trouverent accompagnés par les Avocats du Barreau qui ne voulurent jamais s'en ſéparer.

Il n'en eſt pas du Juge comme d'un Militaire. Pour faire un bon Juge, il faut bien du temps & beaucoup d'étude. Auguſte penſoit ainſi, lorſqu'après s'être rendu Maître du Monde, âgé ſeulement de vingt-deux ans, il ne voulut pas qu'un Sénateur pût juger, ſimplement en matiere civile ; avant d'être parvenu à l'âge de quarante ans.

reau, notre zele pour le public; enfin que nos veilles, nos efforts rappellent l'ancienne dignité de l'Ordre : oui : de cet Ordre, qui réunissant aux lumieres du Jurisconsulte les connoissances des Loix Romaines, des Coutumes & des Ordonnances; enfin la science du Droit naturel à celui Ecclésiastique & Civil : en un mot, Ordre qui, joignant encore à l'élocution, à cette Eloquence particuliere du Barreau, la simplicité de mœurs, & la candeur du Philosophe, méritera toujours aux yeux du Sage, de l'homme exempt de préjugé, même à ceux les plus séveres de nos *Aristarques* modernes (1), de l'emporter sur ces

(1) Aristarque de *Samothrace*, l'un des plus fins & des plus excellens critiques de l'Antiquité, fleurissoit 150 ans avant l'ere chrétienne. Ptolomée *Philometor*, (ainsi nommé par ironie, & parce qu'il détestoit Cléopatre sa mere) Roi d'Egypte, confia à ce Grammairien l'éducation de son fils. Mais la principale occupation d'Aristarque fut de s'appliquer à la révision des Poésies d'Homere, dans laquelle il prit le ton d'un sévere Critique. De-là vient que ceux qui se mêlent de censurer les Ouvrages d'autrui, sont appellés *Aristarques*. Ce mot qui est dérivé du Grec, étant pris à la lettre, signifie *bon Prince*.

Il ne faut pas confondre ce Critique avec un autre Aristarque de *Samos*, célebre Philosophe Grec, qui vivoit avant *Archimede*, c'est-à-dire, 230 ans avant J. C. lequel avoit soutenu des premiers que la terre tournoit sur son cen-

Orateurs d'Athenes & de Rome, ou au moins de les égaler dans leur plus haute gloire, ainsi que dans leur antique splendeur.

Sic mihi tarda fluunt, ingrataque tempora, quæ spem
Consiliumque morantur agendi gnaviter id quod
Æquè pauperibus prodest, locupletibus æquè;
Æquè neglectum pueris, senibusque nocebit.
Restat ut his ego me ipse regam, solerque elementis.

HOR. L. 1. Ep. 1. v. 23 & suiv.

Tout ce qui a été rapporté ci-dessus d'après Tite-Live, & d'après les autres Historiens & Légistes cités, a encore été extrait:

1°. Des Antiquités d'Aquitaine: 2°. des Dialogues ou Opuscules de Loysel: 3°. du Traité *de Advocato*, d'Husson: 4°. des Mémoires de du Tillet: 5°. des Registres de la Cour, ou de l'ancien Style du Parlement.

---

tre, & qu'elle décrivoit tous les ans un cercle autour du Soleil. Ces *Aristarques* étoient de la même famille, mais par le caractere ou la façon de penser, bien différens l'un de l'autre. Il ne nous reste du premier, c'est-à-dire, de celui de Samos, & le plus ancien, qu'un Traité de la Grandeur du Soleil & de sa Distance avec la Lune.

N°. IIe.

Note sur la Nobleſſe en général, & ſur les différentes modes dans la maniere de s'habiller de nos Ancêtres.

L'AME d'un Noble devant être élevée, pleine de zele pour le bien public, d'amour pour la vertu (1), & remplie d'horreur ou de haine pour l'injuſtice, la corruption, l'impoſture, ainſi que pour l'avarice, alors ce Noble jouit légitimement de cette prééminence de convention qu'on lui accorde volontiers ſur le commun des autres hommes : car ſi celui qui a ce bon eſprit, ce rare courage dans le cœur, n'eſt pas Noble d'origine, il mérite de l'être, de quelque Profeſſion qu'il ſoit, ſur-tout quand ſon état eſt libre, honnête, utile, & indépendant.

(1) Cicéron auroit ſouhaité, *diſoit-il*, de pouvoir préſenter à ſon fils l'image de la Vertu ; perſuadé qu'on ne pouvoit la voir ſans en devenir éperdument amoureux.

On a dit que la Nobleſſe d'épée étoit plus ancienne que celle de Robe : cela pouvoit être vrai dans l'origine, puiſque les hommes ont malheureuſement commencé par ſe battre entr'eux, en voulant ſe rendre juſtice, & à décider leurs différents plutôt par le ſort des armes & des épreuves (1), que par les lumieres de la raiſon ou celles des Loix. Mais à préſent, policés comme nous le ſommes, les Nobles de robe ne ſont-ils pas au même degré que ceux d'épée ?

D'ailleurs, ſi l'honneur & la gloire des familles conſiſtent à pouvoir remonter d'âge en âge, dans les ſiecles les plus reculés, & à ſe perdre dans les ténebres d'une antiquité obſcure ou inconnue, nous ſommes tous également nobles, puiſque nous avons tous & un chacun une origine également ancienne. De plus, quoique l'adoption ne ſoit

(1) Théothberge, femme de Lothaire, Roi de France, ayant été accuſée d'avoir commis, avant ſon mariage, un inceſte avec ſon frere le Duc Habert, pour prouver ſon innocence, contre un ſoupçon, qui, quoique vaguement fondé, déshonoroit le Roi, accepta, ſuivant le Jugement des Evêques, l'épreuve de l'eau bouillante. Le rang & la qualité de Théothberge l'ayant diſpenſée de ſubir elle-même l'épreuve, elle fit choix d'un homme, qui, par zele pour l'honneur de la Reine, mit la main dans l'eau bouillante, & la retira ſans mal apparent ; ce qui ſuffit à ſa juſtification.

point d'usage en France, ne pourroit-on pas cependant appeller adoption honoraire, cette institution qu'on fait d'un héritier, ou d'un légataire universel, à la charge de porter son nom & ses armes; ce qui transmet, ou pour ainsi dire, substitue la Noblesse d'une famille en une autre.

M. de Voltaire, (Histoire Univ. pag. 240, tom. II.) en parlant de l'indifférence que les Nobles d'armes portent à la Noblesse de robe, dit que c'est un reste de l'ancienne barbarie que d'attacher un sentiment en quelque sorte dédaigneux à la plus belle fonction de l'humanité, celle de rendre la justice.

Lorsque cette suprême administration fut confiée à des gens de Loi, les Barons ou Chevaliers s'adonnerent indifféremment les uns à cet emploi honorable, d'autres à la Profession distinguée des armes. Les premiers s'appelloient Chevaliers-ès-Loix, les autres Chevaliers-d'Armes.

Simon de Bucy, Président au Parlement en 1344, ainsi que dans le même temps Jean Lejai, Président aux Enquêtes, & les autres Gens de Robe, étoient qualifiés de Chevaliers-ès-Loix.

Les Présidens du Parlement qui ont succédé dans ces fonctions aux Barons, ont encore retenu le titre & l'ancien habillement des Chevaliers. Ils portoient également le titre & les armes de

Comtes, de Barons, ou de Chevaliers, ſuivant leur droit de naiſſance. Auſſi le Chancelier de Cheverny ſe faiſoit-il nommer Comte de Cheverny : & s'il n'eſt plus d'un uſage auſſi fréquent parmi la Nobleſſe de Robe, de ſe faire appeller du nom de ſa Terre ou de ſa Seigneurie, comme autrefois, c'eſt qu'on préfere le titre qui annonce la puiſſance publique dont on eſt revêtu, plutôt que de porter le nom d'une ſimple Seigneurie.

Ainſi quand la Nobleſſe d'Epée en général tiendroit, par rapport à ſon ancienneté, le premier rang, cela n'empêcheroit pas que la Nobleſſe de Robe ne fût compriſe dans le même Ordre. En effet, il ſeroit abſurde qu'une portion de la Nobleſſe auſſi diſtinguée que l'eſt celle-ci, & qui jouit des mémes honneurs, ainſi que de tous les privileges des Nobles, fît une claſſe ſéparée (1).

Chez nos Ancêtres, quant à l'habillement, il

(1) On peut dire, à l'égard de la Nobleſſe, que les Chinois ſont plus ſenſés que nous. Chez eux la Nobleſſe, à laquelle on ne peut parvenir que par le mérite perſonnel & les talens, n'eſt point héréditaire. Les enfans héritent des biens de leur pere, mais jamais de leurs titres ni de leurs honneurs. Le fils d'un homme qui a poſſédé les premieres dignités de l'Etat, s'il ne ſe ſoutient par lui-même dans ce degré d'élévation, rentre dans l'ordre des autres Citoyens, & ſe trouve confondu dans la foule.

n'appartenoit qu'aux perſonnes du premier rang de ſe ſervir du Manteau fourré. Les Ducs, Comtes, Barons & Chevaliers le portoient d'un drap écarlate ou violet ; c'eſt ainſi que les Cours ont conſervé la Robe rouge ; & cette couleur a prévalu encore dans le long habit de cérémonie pour les Pairs.

Sous la premiere, ſeconde & troiſieme Race de nos Rois, la Robe étoit l'habillement diſtingué des François juſques ſous le regne des Valois, c'eſt-à-dire, juſqu'à Philippe VI, dit le Fortuné, en 1328. Cette Robe étoit d'autant plus commode, que c'étoit un meuble utile en tout temps : la nuit couverture, le matin robe-de-chambre ; & à la Ville, comme à la Campagne, parapluie impénétrable.

Le prix des étoffes augmentant à proportion de l'argent, qui devenoit plus commun ; Charlemagne y pourvut par une Ordonnance de l'an 808, que l'on trouve dans ſes Capitulaires. Il fut défendu de vendre ou d'acheter le Sayon double (1)

(1) Sayon ou Saye, ſorte de vêtement dont les anciens Perſes, ainſi que les Romains, ſe ſervoient en temps de Guerre, lequel avoit quelque rapport au hoqueton, ſoubre-veſte, ou juſte-au-corps que nous connoiſſons, & qui étoit en uſage autrefois parmi nous. Voyez le *Dictionnaire des Arts & des mots à la mode*, par M. de Cailleres, de l'Académie Françoiſe.

plus cher que vingt ſous, & le ſimple plus de dix ſous; ſur quoi il eſt bon d'obſerver que le ſou de ce temps-là, évalué à notre monnoie courante, valoit quarante-ſix ſous (1).

Le Sayon étoit dans l'origine, pour les Gens de Loi, une eſpece de Robe courte, ou Veſte de deſſous, qui alloit juſqu'aux genoux, & ſur laquelle les Grands mettoient un habit long, fendu par le bas, & encore par-deſſus le manteau ou rocher fourré, lequel ne devoit être vendu que trente ſous, s'il étoit de poil de Martre ou de Loutre; & dix ſous, s'il n'étoit que de poil de Chat.

Louis le Débonnaire imita Charlemagne dans la modeſtie des habits, ainſi que dans ſon attachement à l'habillement des François; mais Charles le Chauve, ſon ſucceſſeur, au lieu de ſe conformer à ſes Ancêtres, ſe fit peu conſidérer par l'affectation qu'il faiſoit paroître de s'habiller à la mode des Grecs. Cette parure étrangere ſembla ſi biſarre, que Méſeray, tom. 1, pag. 575, rapporte qu'elle faiſoit peur même juſques aux chiens, qui hurloient quand ils voyoient le Roi ainſi vêtu.

---

(1) Selon le Traité des Monnoies de M. *le Blanc*, & auſſi ſuivant un pareil Traité, par *Bouteroue*, pag. 174. & ſuivantes.

Dans les regnes ſuivans, les guerres qui ſurvinrent, & les révolutions qui arriverent par le changement de Race, dans la Perſonne de nos Rois, leur laiſſerent moins d'attention ſur le luxe de leurs Sujets : d'ailleurs, comme la plupart étoient continuellement à cheval, & que leurs cottes-d'armes couvroient entiérement leurs habits; la magnificence ſe renferma dans cet habillement militaire, qu'ils faiſoient ordinairement de drap d'or ou d'argent, garni de riches fourrures d'hermine, que l'on peignoit encore de diverſes couleurs. Cette dépenſe vint à un tel excès dans les Armées, que vers l'an 1190, Philippe-Auguſte défendit qu'on ſe ſervît à l'avenir de peaux de vair (1), d'hermine, de gris, & même de drap écarlate.

Ce réglement ſubſiſtoit encore dans le treizieme ſiecle, du temps de Louis IX, qui, dans les Croiſades, s'abſtint de porter l'écarlate, le vair & l'hermine. Son exemple fut ſuivi par tous ſes Capitaines ; & Joinville rapporte que tant qu'il fut

---

(1) Vair, terme de Blaſon, c'eſt une fourrure d'argent & d'azur, c'eſt-à-dire, *Blanc* & *Bleu*. On a dit qu'un Seigneur de la Maiſon de Couci, en Picardie, a porté le premier de Vair.

COLOMBIERE, *ch. 6. de la Science Héroïque.*

outre-mer avec ce Saint Roi, il ne vit pas dans son Armée une seule cotte brodée.

Un Concile tenu de son temps à Montpellier, défendit aux Particuliers d'avoir des habits longs, fendus par le bas, & aux femmes de porter des robes traînantes. Car, sous ce pieux & saint Monarque, les états étant réglés par la différence des habits, l'or, l'argent, la soie ou le velours n'étoient réservés qu'aux Princes ou aux Personnes du premier rang, de même que l'hermine, l'écarlate & le vair.

Sous Philippe IV, dit le Bel, vers la fin du treizieme siecle, l'habillement ordinaire des Gens de Cour & de Loix, étoit une longue tunique, & par-dessus un court manteau. L'habit court, excepté à l'Armée, n'étoit que pour les Valets.

Dans le quatorzieme siecle, les mêmes habillemens étoient communs aux hommes & aux femmes. Sous Louis X, on quitta l'habit court; on le reprit sous Philippe de Valois, à l'exception des Princes du Sang & des grands Seigneurs.

Sous le regne de Charles V, dit le Sage, on ne connoissoit ni fraises ni collets; mais l'habit court, qu'on ne portoit anciennement qu'à l'Armée ou en Campagne, devint seul à la mode. Charles VII, le Victorieux, qui avoit les jambes fort courtes, fit revenir les habits longs.

Enfin la forme de l'habillement des deux sexes, fut entiérement changée pendant les premieres années du regne de Louis XI, successeur de Charles VII. Les longues tuniques furent remplacées par de petits pourpoints, qui n'excédoient pas le haut des reins.

On continua de porter l'habit court en 1500, sous Louis XII, ce pere du Peuple : François I, son successeur, introduisit l'usage de la taillade ou juste-au-corps. Un petit pourpoint serré & fermé avec un petit manteau qui ne passoit pas la ceinture, étoit l'habillement favori de Henri II, en 1550; & ses enfans se conformerent à cette mode. Ce Prince introduisit encore l'usage des fraises & des collets; car jusques-là nos Rois, excepté Charles V, avoient eu le cou exactement nud.

Tel étoit enfin l'habillement des François sous le regne désastrueux de Charles IX, second fils de Henri II, & de Catherine de Médicis (1).

(1) En effet, sous ce regne il y eut différens partis entre les Princes de Bourbon & les Guises, & ces divisions furent la cause de toutes les Guerres civiles, des meurtres, & encore des horreurs si connues de ce regne.

A cette occasion qu'il soit permis de dire, qu'on regardera toujours comme des paradoxes historiques, la garde & l'exécution qui s'en est ensuivie de nombre de conspirations ou secrets, qui ayant été confiés à tant de personnes,

On ne fit point uſage des chapeaux avant le regne de Charles VI, c'eſt-à-dire, avant 1400, temps où l'on commença à en porter à la Campagne, ainſi qu'à la Ville, dans les ſaiſons nébuleuſes & de pluie. Louis XII reprit le Mortier : François I s'en dégoûta ; il portoit toujours un chapeau.

Quand Charles VII, en 1437, fit ſon entrée dans Paris, après en avoir chaſſé les Anglois, il avoit la tête couverte d'un chapeau de bievre, doublé de velours & ſurmonté d'une houpe de fil d'or. Ces chapeaux s'introduiſirent peu-à-peu à la

---

n'ont point été éventés. C'eſt cependant ce qu'on a remarqué à l'occaſion de la Ligue concluе à Veniſe contre Charles VIII, & au ſujet de la conjuration du Portugal. Il ſera encore plus étonnant de voir le ſecret conſervé, & que des Nations entieres ſoient reſtées dans le ſilence, lorſque les Romains furent maſſacrés en Aſie, par ordre de Mithridate; les Danois en Angleterre, ſous Elthered II ; les François, aux Vêpres Siciliennes ; les Huguenots à la S. Barthelemi ; les Proteſtans en Irlande, &c.... Il eſt impoſſible de comprendre qu'un Peuple entier ait été capable de cacher un tel ſecret à une multitude nombreuſe qui devoit en être la victime ; que parmi tant d'hommes, vivant les uns avec les autres, & ayant entr'eux toutes ſortes de liaiſons, pas un de ceux qui étoient chargés de l'exécution, n'ait averti aucun de ceux qui étoient deſtinés à périr.

place

place des chaperons, dont on s'étoit servi de tout temps parmi les Gens distingués & les Grands. Ces chaperons tenoient à un bonnet rond, retroussé en forme de bourlet ou turban ; l'un de ces chaperons tomboit sur l'épaule, & l'autre se tournoit autour du cou. Par la suite on supprima ces sortes de bonnets à chaperons, & on y substitua, pour les Gens de robe, le bonnet quarré.

Quand les hommes n'eurent plus pour ornement de tête que des chapeaux, diminutifs de chaperons; ces chapeaux, quoiqu'à bords ou à roue, ne se retroussoient point. On les doubloit de fourrure, & on les garnissoit de plumes ou de franges d'or, de cordons de perles ou de pierreries. Un ruban passé sous le manton servoit à les assujettir.

A l'égard du luxe chez les Dames Françoises, il fut dans le principe très-peu de chose ; car il ne paroît pas qu'elles se soient beaucoup occupées de parures pendant près de neuf siecles. Rien de plus simple, dans l'origine, que la coëffure des femmes, ni rien de moins étudié ; mais en même temps on ne voyoit rien d'aussi propre ni d'aussi fin que leur linge. Le regne galant de Charles VII, amena l'usage des bracelets, des colliers & des pendants-d'oreilles. On n'a bien connu les diamans taillés à facettes que sous ce

Roi; & Agnès Sorel eſt la premiere femme, dit-on, qui en ait porté en France.

La Reine Anne de Bretagne, femme de Charles VIII, & après la mort de ce Prince, encore femme de Louis XII, pour lequel elle avoit eu du goût dans ſa jeuneſſe, regarda tous ces bijoux comme de frivoles ornements; mais toute l'occupation de Catherine de Médicis, femme de Henri II, étoit d'en inventer de nouveaux, ainſi que des ajuſtemens biſarres & recherchés, avec des modes nouvelles. Le caprice, la vanité, le luxe, la coquetterie les ont enfin portés au point où nous les voyons aujourd'hui; & nos Dames Françoiſes ſe ſont bien dédommagées de leur premiere ſimplicité à cet égard (1).

Nous devons cependant rendre juſtice aux femmes de MM. les Avocats, leſquelles pour la plus grande partie, par leur bienſéance, l'honnêteté ou la décence dans leurs ajuſtemens, paroiſſent s'être moins ſoumiſes qu'aucunes autres, à l'empire fanatique de ce luxe, empêchant, même détruiſant nombre de mariages, ainſi qu'aux preſtiges de la mode; oui, de cette tyrannique maî-

---

(1) On a beau s'ajuſter & faire les doux yeux,
A moins d'être jolie, en eſt-on beaucoup mieux?

tresse, livrée sans raison ni motifs à bien des fantaisies ruineuses, & formant le délire de ce siecle (1).

---

(1) La mode est un tyran dont rien ne nous délivre,
A son bisarre goût, il faut s'accommoder;
Mais sous ses folles Loix étant forcé de vivre,
Le sage n'est jamais le premier à les suivre,
Ni le dernier à les garder. *PAVILLON.*

Nous nous rions aujourd'hui d'un prudent Citoyen, parce qu'il n'aura pas encore pris la mode du jour, & nous rirons dans trois mois d'un Provincial qui la portera encore.

LYCURGUE fit des Loix très-séveres contre le luxe, & nota d'infamie les Célibataires. Il y avoit même pour ces Cénobites une solemnité particuliere à Lacédémone : les femmes les conduisant tout nuds aux pieds des Autels, leur faisoient rendre à la nature une espece d'amende honorable, qu'elles accompagnoient de rigoureuses corrections.

SOLON, au rapport de Plutarque, défendit de donner aucune dot aux filles; afin que leurs vertus, ainsi que les charmes de leurs personnes, fussent les seuls motifs qui les fissent rechercher, & que la Ville d'Athenes se remplît de mariages heureux : car de tout temps le but des Législateurs a été de faire propager les mariages dans tous les âges : la femme devant être la compagne fidele de l'homme dans sa jeunesse, comme dans l'âge mûr, & son soutien ou sa garde dans la vieillesse.

Le luxe à Sparte ou Lacédémone, ne survivoit pas aux personnes. Il n'étoit permis de graver le nom d'un défunt sur son tombeau, ou sur son cénotaphe, que lorsqu'il avoit

En effet, si on vouloit dépouiller tous les différens Edits de nos Rois, & sur-tout ceux rendus depuis François I jusqu'à présent (1), on ver-

passé sa vie ou péri à l'Armée, ou qu'il étoit mort au service de la Patrie : & dans ces cas, l'épouse, la mere ou les enfans du défunt n'en portoient pas le deuil.

La Loi *Oppia*, qui étoit la premiere des somptuaires à Rome, défendoit aux femmes de porter des étoffes de différentes couleurs, avec des ornemens d'or, qui excédassent le poids d'une demi-once, ou d'aller en char, à moins que ce ne fût pour se rendre à quelque cérémonie publique. Les Dames Romaines conspirerent entr'elles de ne plus faire d'enfans, jusqu'à ce qu'elles eussent obtenu la révocation de cette Loi, qui, en effet, fut abrogée, malgré le grave discours de Caton le Sévere, vingt ans après qu'elle eut été établie ; tant il est difficile de renoncer aux appas du luxe, sinon dans l'extrême pauvreté.

(1) La Métaphysique & la Dialectique régnoient sous les successeurs d'Alexandre ; la Politique, la Sévérité des Loix & l'Eloquence dans la République Romaine ; l'Histoire & la Poésie au siecle d'Auguste ; la Grammaire, ainsi que la Jurisprudence, sous le bas-Empire ; la Philosophie Scholastique dans le treizieme siecle ; l'Erudition & l'Etude de l'Antiquité dans le quinzieme ; dans le seizieme, la gloire & la passion des Armes ; dans le dix-septieme, la sagesse & le progrès des Loix ainsi que des Belles-Lettres ; enfin la Physique, l'Astronomie, l'Electricité & les Mathématiques, dans le dix-huitieme.

Quel seroit donc le goût dominant que l'on pourroit assigner pour le dix-neuvieme siecle & les suivans ? En combinant les causes Physiques & Morales, ne seroit-ce

roit que tous ces Edits publiés contre le luxe, ont eu principalement pour objet de réprimer celui des femmes, ou leur émulation à ce ſujet: car pour plaire davantage, en s'aſſujettiſſant à des modes qu'elles inventent & renouvellent ſans ceſſe, elles ont toujours recherché le ſecours d'ornemens étrangers, & c'eſt à tort; avec moins d'art elles auroient plus sûrement celui de plaire (1), les graces jointes aux charmes que la

---

pas celui du luxe & des grandeurs, ainſi que le triomphe des Sciences & des Arts; en un mot, les connoiſſances ſupérieures dans tous les différens genres? Car tous les hommes ſont à préſent également inſtruits dans les Nations policées, & il n'y a plus de différence entre celui qui eſt Noble d'origine, & celui qui n'a point cet avantage; d'ailleurs la prévention en faveur de la Nobleſſe, qui ſe tranſmet aux deſcendans, eſt ſi trompeuſe! L'Empereur Commode étoit fils de Marc-Aurele; Caligula de Germanicus; Cambyſe de Cyrus; la chaſte Agrippine étoit fille de l'impudique Julie; & la vertueuſe Octavie naquit de Claude & de la diffamée Meſſaline, &c. &c. &c.

(1) Oui, peut-on être femme, & ne pas vouloir plaire?
(A-t-on dit du beau ſexe, en ne voulant rien taire.)
Toute femme eſt coquette, ou par rafinement,
Ou par ambition, ou par tempérament.

Destouches.

L'homme le plus ſouvent a de la prévoyance,
Il apprend des Fourmis à craindre l'avenir;

nature, à leur égard ſi complaiſante, leur a ſu diſpenſer, devant bien leur ſuffire.

Parcourons les Promenades, les différens Spectacles, la Cour, la Ville, les Capitales* de nos Provinces, enfin les brillantes Sociétés; par-tout on s'appercevra que la beauté, comme une fleur vivace & toujours renaiſſante d'elle-même, ſe plaît particuliérement ſur notre ſol (1) : que les

---

Et pour mieux éviter le froid & l'indigence,
Il cherche le ſecours qui peut les prévenir.
Mais la femme n'a point ce don de la Nature,
Sa conduite paroît ſans ordre & ſans meſure,
Ne voulant calculer, diſſipe tout ſon bien;
Et quoiqu'appercevant que ſon fonds diminue,
Elle n'a pour ſon luxe aucune retenue :
Pour l'en guérir, la honte eſt un foible moyen;
Pourvu qu'elle ait de quoi fournir à ſon intrigue,
Elle n'a point d'égard au bien qu'elle prodigue.
Ne meſurant jamais ſa bourſe à ſes deſirs,
De même que ſi l'or étoit inépuiſable,
Elle veut ſoutenir un luxe inſatiable,
Et ne compte jamais le prix de ſes plaiſirs.

Traduction de Juvenal, Sat. 6. v. 237 & ſuiv.

Sed nulla pudorem
Paupertatis habet, &c.

(1) Vous avez beau charmer, vous aurez le deſtin
De ces fleurs ſi fraîches, ſi belles,
Qui ne vivent qu'un ſeul matin;

beautés de chez nos voisins, ou celles étrangeres qui se transportent en France, y acquérant de nouvelles graces, deviennent ici des objets encore plus aimables & plus charmants (1) : qu'en un

---

Comme elles vous plaisez, vous périrez comme elles.

Mademoiselle SCUDERI, *la Sapho de son siecle.*

Tant qu'on est belle, Iris, il est vrai qu'on fait naître
Des desirs, des transports & des soins assidus;
Mais on a peu de temps à l'être,
Et long-temps à ne l'être plus.

Madame DESHOULIERES.

(1) Car c'est en ce Pays qu'on rend à la beauté
Un légitime hommage, un culte mérité.

On a dit qu'entre la prude & la femme galante, il n'y avoit gueres que la beauté de différence ; & que cette beauté étoit l'ennemi le plus dangereux, & le plus foible de l'homme. Le plus dangereux, parce que la beauté n'a besoin que d'un regard pour vaincre, ou pour rendre l'homme son esclave : le plus foible, parce qu'il suffit de ne la pas regarder pour en triompher. En effet, cet attrait, ce penchant irrésistible qui nous porte vers la beauté, est quelquefois bien pernicieux ; aussi les Grecs avoient-ils fait de cet amour qu'on voue à la beauté, une Divinité à deux faces. Si l'attachement est mal placé, c'est-à-dire, si les qualités de l'ame ne répondent pas à celles extérieures, la constance doit prendre alors le nom d'opiniâtreté, & l'inconstance celui de raison ; car les Grecs ont été les premiers qui aient écrit pour former une espece

mot, cette ſuperbe Ville, la Capitale par excellence, enfin cette Reine du Monde, auroit bien mérité qu'on lui adreſsât ce Vers latin :

Hùc Venerem credas tranſpoſuiſſe Paphon.

On croiroit que Venus tranſporte ici Paphos.

---

de ſyſtême ou de ſcience ſur les agrémens de la vie & ſur ſes plaiſirs, & qui aient oſé imaginer qu'on pouvoit entremêler la volupté avec le ſérieux des affaires ou des autres actions importantes, en raſſemblant, comme ils l'ont fait, dans un même grouppe les différens traits & ſymboles de leurs Divinités, telles que Jupiter & Læda, Mars, Venus & Vulcain, Cérès & Bacchus, Mercure, Minerve, &c. La preuve en eſt qu'on ne trouve dans les Langues anciennes, comme la Syriaque, l'Egyptienne, la Celtique, la Teutonique, aucun terme qui ait rapport à cette théorie des plaiſirs, ni qui puiſſe ſervir à exprimer le rafinement de l'amour, ou la délicateſſe & les amuſemens de la table. La Langue grecque eſt la premiere où ces ſortes de termes ſe ſoient introduits, & on y en trouve une quantité prodigieuſe.

N°. IIIe.

NOTE ſur les avantages de la Gaieté.

IL n'eſt que la gaieté pour donner de beaux jours,
Auſſi la chérit-on, & même dans les Cours :
En allégeant nos maux, ſouvent elle en conſole ;
De la Société c'eſt l'ame & la bouſſole.

En effet, indépendamment de ces avantages, une perſonne gaie par tempérament retient à tout âge une certaine fleur de ſanté, entretenue par cette aimable gaieté que procure auſſi la paix de l'ame. En jouiſſant de cette paix précieuſe, une perſonne enjouée ſait même la procurer aux autres ; car la bonne humeur excitant des émotions agréables par les réflexions qu'elle occaſionne ſur les objets qui nous entourent, fait paſſer ſur nos voiſins des impreſſions ſemblables à celles que nous éprouvons.

Pour être gai, il faut être d'un naturel indulgent, vif & modeſte (1). Ayons la ſimplicité, cette honnête franchiſe du cœur, avec cet air enjoué qui en fait l'ornement : voilà ce qui plaît, ſur-tout ſi la douceur l'accompagne. Soyons complaiſants, ménageons les eſprits, ainſi que leurs intérêts ; mais que notre ſoupleſſe ſoit noble, devant prendre ſa ſource dans l'amitié & la raiſon. En toutes choſes évitons l'excès ; il eſt funeſte & quelquefois criminel (2). En nous renfermant dans les bornes de la décence, l'honneur & la vertu ne nous preſcrivent pas de renoncer aux plaiſirs : car émanés de cette gaieté naïve, ils ſont une eſpece d'intermede, pendant lequel l'homme reſpire, en reprenant des forces pour ſe remettre peut-être à ſouffrir. En effet, qu'eſt-ce que la vie ſans la belle humeur, ſans cette gaieté douce & animée ? L'eſtime mutuelle conduiſant toutes les actions, la liberté donne l'eſſor à tous les eſprits, & l'amitié adouciſſant le ſel de la

(1) Soyons gais ſans folie, aiſés ſans nonchalance,
Modeſtes ſans froideur, hardis ſans inſolence.

(2) On pourroit m'objecter, rétorquant l'argument,
De donner des leçons qu'un cœur zélé m'inſpire :
Faites-vous, dira-t-on, ce qu'on vous entend dire ?
Non : mais, à tout le moins, je le ſouhaite ardemment.

plaiſanterie, développe, aidée de cette fine ſagacité, les idées agréables. Lorſque le cœur, l'eſtime & la politeſſe ſont d'accord, on forme des nœuds d'une ſociété charmante ; & cette ſociété nous conduit inſenſiblement à la parfaite amitié (1).

Pour qu'il n'y ait pas d'affectation dans l'enjouement, il doit être ſimple & naturel ; que le cœur s'ouvre & s'épanche librement, en évitant les airs de hauteur, les vivacités déplacées, & les contretemps fâcheux. En un mot, il eſt néceſſaire que ceux qui ſont enjoués, ordinairement dégagés de tout ſoin, ne paroiſſent pen-

(1) Le meilleur moyen de ſe défaire de ſes ennemis, c'eſt de s'en faire des amis. Cette maxime bien oppoſée à celle déteſtable de Machiavel, qui oſe avancer : *qu'il faut vivre avec ſes amis comme s'ils devoient être un jour nos ennemis*, étoit bien digne de ſortir de la bouche d'un Roi auſſi humain que l'étoit le bon Henri, Prince généreux, qui ne fit jamais mourir qu'un ſeul homme (Biron) ; encore fit-il ce qu'il put pour le ſauver.

Antiſthene, célebre Philoſophe, diſoit qu'il étoit utile d'avoir des amis & des ennemis : des amis, pour nous avertir de nos devoirs ; & des ennemis, pour nous engager à les remplir. Quelqu'un diſant à ce diſciple de Socrate, que la Guerre emportoit bien des miſérables ; vous vous trompez, répondit-il, elle en fait plus qu'elle n'en emporte.

ſer qu'à contribuer aux plaiſirs des autres, ſans vouloir faire les déciſifs, les ſpirituels & les importants.

Caractere des Gens triſtes.

Les perſonnes qu'on nomme graves, & qu'on pourroit appeller triſtes, reſſentent fort peu les bons ſuccès, mais infiniment les mauvais. Leur imagination chargée d'idées noires, en admet difficilement d'autres. En aggravant le poids de leurs malheurs, ils y joignent celui de leurs craintes; & troublant le cours des plaiſirs & de la ſatisfaction des autres, ils y mêlent le poiſon de leurs inquiétudes. Si la ſcene du moment déploie à leurs yeux de riants ſpectacles, ils cherchent à ſe tranſporter dans l'avenir, en ſe préparant de loin les actes les plus tragiques.

Conſolez-les, ou les félicitez, ils vous ſoupçonnent d'être flatteurs ou railleurs. Heureux par ce qu'ils ſentent, & cela trop délicatement, ils ſont toujours malheureux, parce qu'ils s'imaginent l'être. Jamais à leur aiſe, ni bien où ils ſont, en marchant ſur les roſes, ils n'en reſſentent que les épines : abattus ſous les moindres coups, la pierre qui les frappe eſt un rocher qui les écraſe.

Au contraire, un caractere naturellement gai,

ſe joue de tout, des peines, des difficultés, des revers mêmes. Il éclaire d'une lumiere douce & aimable tout ce qui l'environne, il donne une teinte de joie à tout ce qu'il touche : il ne vole d'objet en objet que pour paſſer de plaiſir en plaiſir. Il ſe conſole du paſſé par le préſent, du préſent par l'avenir : en tout il ne ſaiſit que les côtés qui lui ſont analogues, & gliſſant avec rapidité ſur ce qui lui paroît triſte ou fâcheux, il court avec tranſport pour ſe repoſer ſur ce qu'il trouvera d'heureux & d'agréable.

Mais on avance que ce caractere perd du côté du ſentiment, ce qu'il poſſede en gaieté ; que les grandes images ne s'arrêtant point dans leurs ames, elles ſont ſouvent ſuperficielles ; & qu'il eſt rare qu'on ait beaucoup d'eſprit (1) avec beaucoup de gaieté. Rien n'eſt plus problématique : car qu'on cherche le Peuple le plus ſpirituel, on le trouvera chez le François ; aſſurément il n'eſt ni triſte ni trop auſtere, & il ne le cede en rien aux autres Peuples, dans les diverſes connoiſſances, ni dans les Arts & les Sciences.

---

(1) L'eſprit, cet être univerſel, ſemblable au Soleil, éclaire les uns, en éblouit d'autres, ou répand ſur quelques-uns une lumiere réverbérative qui les décore.

Causes de la Gaieté françoise.

On attribue, & avec raison, la cause de la gaieté françoise à la nature du climat. Oui, nous tenons de l'heureux site de la France & de l'avantage de son climat, cet enjouement, disons-le, cette légéreté, & cette libre vivacité qui semblent nous donner une seconde ame, & dont les autres Peuples paroissent privés. Ajoutons encore que l'inaction, qui est la situation la plus douce pour un Espagnol, un Anglois, ou un Levantin, est presque insupportable pour le François (1). Nous appellons ennui ce que ces Peuples nomment repos (2). C'est pour eux un tourment que d'agir, que de se mouvoir; enfin que de rouler sans cesse dans un tourbillon de projets & d'affaires : mais c'est un besoin pour nous. Apparemment que les esprits qui nous animent, sont, ou en plus grande quantité, ou d'un forme plus déliée, plus agile. En effet, le François ne marche point, il court : ses paroles se préci-

---

(1) Le Péruvien est si paresseux, que lorsqu'on lui propose quelque chose à gagner, il répond souvent : *Je n'ai pas faim.*

(2) Qu'est-ce-que s'ennuyer ? S'appercevoir que l'on vit. Qu'est-ce qu'être heureux ? Ne s'appercevoir pas qu'on existe.

pitent plutôt qu'elles ne se suivent. Il dit plus de choses, ou du moins plus de mots en une conversation, qu'un Anglois en cent. Il faut à un Etranger des heures entieres pour considérer une chose curieuse & rare, un bâtiment superbe, un cabinet précieux, &c. le coup-d'œil du François parcourt tout en un instant. L'un est une tortue qui se traîne lentement & avec effort sur la terre ; l'autre est un Aigle qui, dans le même moment, quitte la Terre & plane dans les Cieux.

Si pour goûter les charmes de la Société, il ne s'agissoit que de se réunir, que de se regarder, l'Anglois seroit certainement l'homme le plus sociable. Car en quelque Pays que ces Insulaires se trouvent, ils ne manquent point de se rassembler, au point qu'ils ne voyagent que pour se rejoindre à d'autres Anglois qui se sont volontairement expatriés.

Il est vrai qu'un homme sagement gai & prudent ne se livre pas sans réflexion : le monde, assemblage bisarre d'opinions & de préjugés, exige autant de discernement que de discrétion.

Le grand art consiste donc à se mettre à l'unisson des personnes que l'on fréquente, & à ne laisser appercevoir de gaieté qu'autant qu'il en faut pour développer son caractere, sans cependant rougir d'une diſpoſition d'ame que tout homme ſenſé regardera comme un mérite.

Les hommes ne ſont réellement ſociables qu'autant qu'ils ſont gais ; & ſi on dépouilloit les François de cette aménité , on ne reſpireroit plus dans leur compagnie cet air de franchiſe & d'aiſance qui leur eſt ſi naturel. Il faut les voir à la Ville, à la Cour, à la Campagne, les ſuivre dans les détails de la vie, dans leurs promenades, dans leurs entretiens, dans leurs jeux, pour être perſuadé que rien ne contribue plus que la gaieté aux agréments de leur ſociété. Faciles à ſe conſoler, s'ils ont des chagrins, ils les oublient aiſément ; une chanſonnette leur ſuffit : oui, c'eſt une reſſource plus heureuſe qu'on ne ſe l'imagine, & dont on ne fait la critique, que parce qu'on n'en connoît pas le prix.

Paris n'eſt préférable à Londres , à Péterſbourg, au Grand-Caire, à Pekin, en un mot, à toutes les Villes de l'Univers , que parce que ſes Habitants ſont plus gais , & qu'ils ſavent prendre de l'agrément juſques dans la moindre bagatelle.

C'eſt bien moins l'intérêt, car les François ne ſont point intéreſſés, que l'envie de ſe réjouir, qui les engage à imaginer des modes, à produire chaque jour de nouvelles Brochures , à faire éclore de nouveaux chefs-d'œuvres dans les Arts ;

en

en un mot, à ſe faire continuellement un ſpectacle réjouiſſant de tout ce qu'ils entendent & de tout ce qu'ils voient. C'eſt l'amour du plaiſir & le déſir toujours noble d'acquérir de nouvelles connoiſſances, qui les y portent. On ne trouve que chez eux des promenades agréables, où les viſages toujours gracieux s'épanouiſſent, ainſi que les fleurs, & où les eſprits les plus déliés & les plus fins, philoſophent, même en badinant.

Les Etrangers ont beau qualifier cette gaieté de frivolité, les François en ſont bien vengés, en les voyant eux-mêmes s'efforcer de les imiter. Auſſi chaque Etranger fait-il ſes délices de voyager en France, & ne s'en arrache-t-il qu'avec le deſir d'y revenir (1).

Il eſt vrai qu'on nous a accuſés, par cette légéreté, de perdre ſouvent les avantages d'un caractere plus ſolide & plus ſérieux. Oui, cela pourroit être, ſi le badinage qu'on attribue auſſi aiſément à notre Nation, alloit ſe placer par-tout; ſi dans les Traités, dans les Ecrits, dans le Barreau, & ſur l'auguſte Siege de Thémis, on y plaiſantoit

(1) Il faut, a dit M. le Préſident de Monteſquieu, voyager en Allemagne, ſéjourner en Italie, paſſer en Angleterre, & vivre en France.

mal-à-propos (1) ; si on badinoit au Conseil, à la tête d'une Armée, au centre des affaires, en un mot, dans les choses sérieuses, ce seroit alors une dérision (2). Quelle mûre délibération pour-

---

(1) Un Juge qui seroit léger, ainsi que celui qui seroit partial ou ignorant, seroient également criminels envers ceux qu'ils condamneroient injustement, soit par légéreté, par erreur ou par passion. Qu'on soit blessé par un aveugle, ou par un furieux, on n'en sent pas moins la blessure : & pour ceux qui seroient ruinés, ils n'en seroient pas moins à plaindre, l'eussent-ils été par un Juge qui les auroit volontairement trompés, ou par un autre qui se seroit trompé lui-même.

On a comparé les Tribunaux aux buissons épineux où la brebis cherche un refuge contre les loups, mais d'où elle ne peut sortir sans y laisser une partie de sa toison. Un Peintre peignit deux Plaideurs, après le jugement du Procès, l'un en chemise & l'autre tout nud. Ces emblêmes, quoiqu'exagérées, devroient au moins détourner de cet esprit de chicane, qui n'est que trop commun.

(2) Telle cette cause pourroit paroître. Protagoras, Rhéteur Athénien, étoit convenu d'enseigner la Rhétorique à Evalthe, moyennant une somme que celui-ci lui payeroit s'il gagnoit sa premiere Cause. Le Disciple, instruit de tous les préceptes de l'Art, & refusant de satisfaire son Maître; ce Rhéteur le traduisit devant l'Aréopage, & dit aux Juges : tout Jugement est décisif pour moi ; s'il m'est favorable, il porte la condamnation d'Evalthe ; s'il m'est contraire, il faut qu'il s'acquitte & me paye, puisqu'il gagne

roit-on prendre ? Une plaiſanterie placée à deſſein ſuffiroit pour déranger les meilleurs projets, ou du moins pour les faire échouer. Mais la raiſon aſſaiſonnant toujours les différentes actions d'un François, ce ne ſera pas dans les occaſions importantes que ſa gaieté ſe manifeſtera : il ſait auſſi ſe contenir à propos.

ſa premiere Cauſe. J'avoue, répondit Evalthe, qu'on prononcera pour ou contre moi ; dans l'un ou dans l'autre cas, je ſerai également acquitté : ſi les Juges prononcent en ma faveur, vous êtes condamné ; s'ils prononcent pour vous, perdant ma premiere Cauſe, je ne vous devrai rien, ſuivant notre convention.

Cet Aréopage, qui devint enſuite ſi célebre par la ſageſſe & la profondeur de ſes jugemens, avoua ſon inſuffiſance pour décider une Cauſe qui lui paroiſſoit ſi difficile. Il eſt vrai que dans un Pays où l'on jugeroit à la lettre, comme en Angleterre, la queſtion paroîtroit inſoluble.

Il eſt cependant de fait, qu'en faiſant plus d'attention à la choſe qu'aux paroles, le travail & les peines du Maître méritoient la récompenſe promiſe.

Ce Philoſophe Rhéteur, qui avoit été diſciple de Démocrite le Rieur, fut le Légiſlateur des Thuriens. Il étoit plus ſubtil que ſolide : raiſonnant par dilemmes, il laiſſoit l'eſprit en ſuſpens ſur toutes les queſtions qu'il propoſoit ; cependant il parvint à ſe faire une grande réputation parmi les Juges de l'Aréopage. On trouve dans Platon un Dialogue contre lui.

On a avancé que le séjour de la gaieté pouvoit plutôt se trouver dans un Etat Monarchique, que dans un Etat Républicain ; cette réflexion paroît d'autant plus vraie, que dans un Etat Démocratique, l'idée d'amusement ou de badinage ne s'allie pas trop aux idées graves d'administration, de liberté & de politique. Une chanson réjouiroit assez peu des gens occupés d'une Guerre, d'un Traité de Paix, ou d'un systême d'Administration, & les ridicules d'un Particulier toucheroient foiblement celui qui contempleroit sans cesse les besoins de l'Etat. Dans une République l'esprit s'éleve au grand, & ne descend qu'avec peine au frivole.

Pour se convaincre de la différence qu'il y a sur ce point entre une République, un Etat Despotique, & un Etat Monarchique, que l'on considere une famille. Le pere gouverne, les esclaves languissent, & les enfants s'amusent. Le pere représente les Républicains ; les esclaves, les malheureuses victimes d'un Despote ; & les enfants, les Sujets fortunés d'un Monarque. Ces derniers savent que leur Prince travaille continuellement pour eux ; qu'il ne songe qu'à les rendre plus heureux, & qu'à augmenter leur bien-être ; il n'est donc pas surprenant s'ils ne cherchent qu'à s'amuser : car un des meilleurs secrets pour avoir de la ſanté & de la gaieté, c'eſt que le corps ſoit agité, & que l'eſprit ſe repoſe. Tel eſt l'état du François, qui a toujours autant aimé ſon Roi, qu'il eſt continuellement sûr d'en être chéri (1), & qu'il peut entiérement ſe repoſer ſur la ſageſſe & la juſtice de ſon Gouvernement; ce qui contribue à lui rendre l'eſprit libre, & à exciter davantage cette gaieté ſi naturelle en lui.

---

(1) Cette tendreſſe paternelle & filiale qui regne entre le Prince & les Sujets, & qui fait deſirer ſans ceſſe à ceux-ci de pouvoir jouir de bonne heure de l'Effigie de leur Prince, ne pourroit-elle pas leur ſuggérer d'établir dans cette premiere Capitale du Royaume, une Place ſuperbement décorée, où ils éleveroient la Statue de leur Monarque chéri, laquelle par la ſuite ſe tranſporteroit dans un Cyrque, ou dans un des édifices publics qui auroient été conſtruits de ſon regne; & ainſi ſucceſſivement? Par ce moyen on éviteroit la dépenſe pour les regnes futurs, on formeroit pour le Peuple pluſieurs jours de Fêtes, de ceux de l'inauguration ſolemnelle (*), & du tranſport de la ſtatue; & on n'en conſerveroit que mieux à la poſtérité, la mémoire de tous nos excellens Princes.

(*) Cérémonies qu'on fait au Sacre d'un Empereur, d'un Roi, ou d'un Prélat. On les appelle ainſi à l'imitation de celles que faiſoient les Romains quand ils entroient dans le College des *Augures*. Cicéron, qui étoit de ce College, s'étonnoit de ce que deux Augures pouvoient ſe rencontrer ſans rire, à cauſe de la ridicule vanité qu'ils attachoient à leur Art.

M. Rouſſelet (1), ancien Bâtonnier, qui s'étoit fait connoître par des talens recommandables dans ſa Profeſſion, & eſtimer par l'intégrité & la douceur de ſes mœurs, nous a prouvé, dans un Diſcours du 9 Mai 1769, que la gaieté n'étoit nullement incompatible avec notre État. En égayant la marche didactique de ſon Diſcours, dont le ſtyle étoit, comme lui, ſimple & ſans appareil, & en y employant des agrémens analogues, (car Thémis quelquefois nous permet de ſourire ;) ſes préceptes ne ſe reſſentoient point de l'auſtérité ordinaire, oui, de cette gravité que ſembloient exiger les circonſtances & le lieu ; mais au contraire, il nous démontra avec cette aiſance intéreſſante, que ſi l'Avocat ſe trouvoit doué de cette belle humeur ou de cette gaieté, annonçant la paix de l'ame, & encore de cette libre ſagacité de l'eſprit, lui facilitant la génération de tout ce qu'il veut créer ; alors cet Athlete de la vérité & des Loix, devenant le ſoutien, & formant auſſi l'agrément des Sociétés, parvenoit à la fin d'une longue carriere par une route toujours ſemée de

---

(1) Ce vertueux Confrere, après une longue & paiſible carriere, vient de mourir univerſellement regretté des vrais Membres de l'Ordre, qui étoient tous autant d'amis particuliers pour lui.

fleurs, ou du moins, qui n'étoit pas traversée par beaucoup d'épines ; ce qu'en effet il éprouva lui-même.

Ne pourroit-on pas ajouter que ce qui contribue à cette gaieté, c'est encore l'indépendance de notre Etat. Car on présume que c'est à cette heureuse indépendance que nous sommes également redevables de cette facile disposition à la gaieté, laquelle a donné naissance au proverbe, *la gaieté de l'Avocat*, lorsqu'on veut désigner une personne enjouée, d'un caractere aimable, d'un esprit animé, en un mot, d'une conversation piquante.

Ne confondons pas cependant cette gaieté avec celle apparente ou forcée que semblent avoir les gens qu'on appelle heureux dans le Monde. Car ceux-ci sont d'autant plus éloignés de cette bonne humeur, de cette gaieté, que les chagrins qui les obsedent sont plus vifs, & qu'ils les renferment en eux-mêmes pour contenter leur vanité, ou pour laisser croire aux autres que leur bonheur est véritable. Combien d'apprêts leur faut-il pour faire naître cette gaieté ! Encore ne la recherchent-ils pas pour eux, c'est pour les autres : car souvent ils ne rient pas pour rire, mais bien pour se faire admirer ou pour être applaudis : ils ignorent sans doute que le vrai moyen de n'obtenir l'approbation de perſonne, c'eſt deparoître la mendier.

Le ſentiment de la triſteſſe paroiſſant inné dans l'homme en général, celui de la joie eſt preſque toujours factice, & ne tient gueres contre la réflexion. Mais l'ame honnête & vertueuſe s'anime inſenſiblement de cet eſprit de gaieté ou de bonne humeur que ne peuvent manquer de ſuggérer la pureté de l'ame, & l'intégrité des mœurs, lorſqu'elles ſont jointes à l'indépendance d'un Etat adopté par un goût décidé, ou par une délicateſſe de ſentiments analogues à l'état choiſi, & tel que pourroit être celui de ces ſages Interprêtes de la vérité & de la raiſon, de ces Organes des Loix, en un mot, celui de l'Avocat.

Utile & noble Etat par ton Antiquité,
Ton zele & tes travaux paſſent la force humaine;
Mais le ſiecle préſent & la Poſtérité
Mériteront toujours & tes ſoins & ta peine.
Oui, l'Avocat ardent à défendre, à ſervir
La veuve & l'orphelin, la force & l'impuiſſance,
A faire des heureux mettant tout ſon plaiſir,
Doit encore employer ſon temps, & ſa ſcience
Pour tranſmettre aux Neveux les fruits de ſon loiſir;
Car ſemblable au Soleil dont la chaleur féconde
Ranime l'Univers ſans ſe laſſer jamais,
L'Avocat généreux n'exiſte dans le Monde
Que pour verſer ſur l'homme un torrent de bienfaits.

ÉPITRE

A M. l'Abbé de Mably,

Sur son Traité de la Législation (1).

A Paris, ce 25 Octobre 1776.

J'AI lu, sans le quitter, l'inestimable Ouvrage
Qui ne peut nous venir que de la main d'un Sage ;
Sans avoir vu ton nom, dans mon cœur établi,
Dès la premiere page, Ah ! c'est toi, cher Mably,
M'écriai-je aussi-tôt : quel plaisir de te lire !
Toi que mon cœur chérit, que mon esprit admire.
J'ai dévoré d'abord tout le traité des Loix (2),
Dont dès mes premiers ans mon ame fit le choix :

---

(1) *Ad Respublicas firmandas, & ad stabiliendas vires, sanandos populos, omnis nostra pergit Oratio.*
Cic. de Leg. L. 1. c. 37.

(2) *Nobis ita complectenda in hac disputatione tota causa est universi Juris, ac Legum, ut hoc, civile quod dicimus, in parvum quemdam & angustum locum concludatur : natura enim Juris explicanda est nobis, eaque ab hominis repetenda naturâ : considerandæ Leges, quibus civitates regi debeant...... Lex est ratio summa, insita in natura, quæ jubet ea quæ*

Son Auteur fut toujours mon aſtre & ma bouſſole ;
Avec lui je navige, & ne crains point Eole.

---

facienda ſunt, prohibetque contraria. Eadem ratiò, cùm eſt in hominis mente confirmata & confecta, Lex eſt. Cic. de Leg. l. 1. c. 17. & 18.

Video Legem neque hominum ingeniis excogitatam, nec ſcitum aliquod eſſe populorum, ſed æternum quiddam, quod univerſum mundum regeret, imperandi, prohibendique ſapientiâ. Ita principem Legem illam & ultimam, mentem eſſe dicebant, omnia ratione aut cogentis, aut vetantis Dei, ex qua illa Lex, quam Dii humano generi dederunt, rectè eſt laudata : eſt enim ratio, menſque ſapientis, ad jubendum, & ad deterrendum idonea. Ibid. l. 2. c. 8.

Eſt enim ratio profecta à rerum natura, & ad rectè faciendum impellens, & à delicto avocans ; quæ non tum denique incipit Lex eſſe, cùm ſcripta eſt, ſed tum cùm orta eſt ; orta autem ſimul eſt cum mente divina : quamobrem Lex vera, atque princeps, apta ad jubendum, & ad vetandum, ratio eſt recta ſummi Jovis. Ibid. c. 10.

Quid, quòd multa perniciosè, multa peſtiferè ſciſcuntur in populis, quæ non magis Legis nomen attingunt, quàm ſi latrones aliqua conſeſſu ſuo ſanxerint. Nam neque medicorum præcepta dici verè poſſent, ſi quæ inſcii imperitique pro ſalutaribus mortifera conſcripſerint ; neque in populo Lex, cuicuimodi fuerit illa, etiamſi pernicioſum aliquid populus acceperit. Ergo eſt Lex juſtorum injuſtorumque diſtinctio, ad illam antiquiſſimam, & rerum omnium principem expreſſa naturam, ad quam Leges hominum diriguntur, quæ ſupplicio improbos afficiunt, defendunt ac tuentur bonos. Ibid. c. 13.

Les Principes des Loix, la Légiſlation,
Et le Code immortel où chaque Nation
Peut puiſer à ſon gré, la Raiſon, la Sageſſe,
Et ces grands ſentimens, ſource de la Nobleſſe:
Voilà l'illuſtre but qu'un moderne Caton,
S'eſt propoſé d'atteindre en imitant Platon.
Socrate & Monteſquieu, vous allez donc revivre!
Je vois toute votre ame, empreinte dans ce Livre.
La liberté reſpire & ne ſe perdra pas,
Cicéron reſſuſcite & marche ſur vos pas.
Tu ſais (*Mably*) reſtituer le plus beau de l'Antique,
Tu nous rends en ce jour toute ſa République (1).

---

(1) Le Traité *de la République* de Cicéron, en ſix Livres, encore plus précieux, s'il eſt poſſible, que celui des Offices du même Auteur, lequel cependant au jugement des Savans, eſt le meilleur morceau de l'Antiquité, & que toutes les perſonnes qui ſe deſtinent à la haute Juriſprudence, ne peuvent trop lire: ce Traité *de la République*, diſons-nous, a été perdu dans ces temps de Ténebres, dans une de ces trop fréquentes époques, où le goût éteint par l'ignorance nous a privés des meilleures choſes; auſſi ne poſſédons-nous plus de cet excellent Traité que ce que Saint Auguſtin & quelques autres Docteurs en ont cité. Quelle perte, & quels regrets! *Voyez la Note générale qui termine cette Épitre.*

C'eſt un nouveau Soleil qui luit pour l'Univers;
Tout cœur te doit des vœux, tout Poëte des vers.
Ainſi que ce Romain, tu peins en Dialogues,
Tu ſemes l'intérêt, tu fuis les monologues :
Et chaque perſonnage, aimant la vérité,
Eſt digne, en la diſant, de la poſtérité.
Ton ſtyle, avec l'éclat de l'onde la plus pure,
Puiſe un charme enchanteur au ſein de la Nature.
Le cœur eſt enflammé du feu de tes Diſcours.
C'eſt un fleuve abondant qui ravit dans ſon cours.
Sans ceſſe ton Suédois, la raiſon dans la bouche,
Me convainc, me pénetre, & m'éclaire & me touche.
Mylord, eſprit ſublime, homme fier, vertueux,
A tant de vérités, cede en impétueux.
Et toi, docte Mably, l'Auteur de cet Ouvrage,
Tu n'y parles jamais qu'en l'honneur de ton Sage;
Jamais avec plus d'art l'on n'offrit la raiſon :
Sous ta plume l'erreur a perdu ſon poiſon.
Ton Œuvre ſe diviſe en deux ſimples parties,
Que la nature & l'art enſemble ont aſſorties :
Tes quatre Livres ſont quatre nobles tableaux;
Où du grand Raphael j'adore les pinceaux;
Et l'artiſte y peignant le vrai bonheur du monde,
En fait jaillir la ſource éternelle & féconde.

Muſes, inſpirez-moi vos plus nobles accens,
Accourez à ma voix, préſidez à mes chants;
Préſentez à mes yeux les bords de l'Hypocrêne :
Je crois voir Uranie, Erato, Melpomene.
Jamais plus beau ſujet ne mérita leur main.
Equité (1), Loi du cœur & de l'eſprit humain,
Que votre vrai portrait ſe trouve en cette Epître (2);

---

(1) L'Auteur de cette Epître s'occupe à former un Traité de l'Equité naturelle, & du droit des Tiers intéreſſés, qu'il enviſage ſous pluſieurs points de vue :

1°. Relativement au Droit naturel, au Droit des gens; à ceux de la Guerre, de la Paix, de la Politique & du Commerce.

2°. Relativement au Droit public, au Droit civil des Romains; enfin à nos Ordonnances, à nos Coutumes & à nos engagemens. Ouvrage qui demanderoit un génie vaſte, d'abondantes reſſources & un temps conſidérable; mais qui ne peut exiger plus de zele, puiſque c'eſt le zele qui le lui a fait entreprendre, & qui peut ſeul le ſoutenir.

(2) L'objet de cette Epître eſt d'élever le cœur & l'eſprit; d'échauffer, d'éclairer, & de conduire à la perfection du ſyſtême total de l'humanité; de briſer le joug des vices & des préjugés plus funeſtes encore; enfin d'étendre la ſphere de l'ame. Progrès de l'eſprit, énergie du cœur, douceur, honnêteté de l'ame, vœu du bonheur de tout ce qui reſpire, vous ferez toujours la ſeule ambition du Sage.

Votre Prêtre est mon guide, & vos droits sont
mon titre.
Oui, mon ame en naissant essaya vos crayons;
Elle adora toujours l'éclat de vos rayons :
Quoiqu'au milieu des flots, dont elle est agitée,
Elle vous a chérie & toujours respectée.
Attentive & fidelle à marcher sur vos pas,
Elle fit son bonheur de vos divins appas;
Perçant le voile épais d'un séducteur nuage,
Elle vous a rendu le plus ardent hommage.
Vous fûtes le foyer de ses brûlans desirs,
Et ce n'est que par vous qu'elle eut de vrais plaisirs.
Au milieu de la nuit, au lever de l'Aurore,
A midi, vers vous-même, elle soupire encore.

O vous, Pere du jour, qui brillez dans les
Cieux,
Vous enchantez le monde en éclairant nos yeux!

Equité, vos rayons perçant le fond des ames,
Eclairent la raison des plus célestes flammes;
Et portant dans le sein la vie & la chaleur,
Nous rapprochent des Dieux, soutenus par l'honneur.

Avant qu'un feu brillant eût éclairé le monde,
L'éternelle Equité, toujours sage & profonde,
Exerçoit son empire & balançoit ses droits.
Peut-il être un cœur sourd aux accens de sa voix?

Ce que le Soleil eſt à nos yeux qu'il éclaire,
N'eſt rien qu'une débile & fragile lumiere.
L'éternelle Equité regne ſur l'Univers,
Embraſſe tous les lieux & tous les temps divers;
Il n'eſt de l'Equité qu'une mobile image;
De celle-ci le Trône eſt dans le cœur du Sage;
Et c'eſt-là qu'eſt le Dieu, le Pontife & l'Autel
Où fume pour jamais un encens immortel.

Le fond de l'Equité, c'eſt la vérité pure,
La chere égalité, l'ame de la nature,
Le plus doux mouvement, & le vrai cri du cœur,
Ta baſe inébranlable, ô notre vrai bonheur!

Diſparoiſſez, Plaiſirs, Grandeurs, & vous Richeſſes,
Vous n'êtes rien au prix de ſes chaſtes careſſes.
Qui cede à l'Equité, devient le ſeul heureux,
Il trouve le bonheur & comble tous ſes vœux.

Comme en nos Prés fleuris le ruiſſeau qui ſerpente
Ne fait en ſes détours que pourſuivre ſa pente;
Ainſi de l'Equité, dès qu'on entend la voix,
On ſuit le vrai penchant, & l'on fait un bon choix.
Tout autre nous détourne, ou plutôt nous égare:
Tels le Voluptueux, l'Ambitieux, l'Avare,
N'ont dans leurs vains tranſports, que de plus vains plaiſirs.

Oui, l'Equité bénit nos travaux, nos loiſirs.
En naiſſant l'Equité, de ſa main libérale,
Vient eſſuyer nos pleurs : diligente, elle étale
Une ſuite de ſoins, de bonté, de ſecours,
A l'appui généreux de nos fragiles jours.
Mon cœur en eſt ému ; ſa voix touchante & tendre
Sçait juſqu'en ſes replis le fléchir & s'étendre.
Et s'entr'ouvrant au cri de la compaſſion :
Prompt, il vole au ſecours... O douce émotion !..
Je mets tout mon bonheur dans le bonheur des autres !
Vos plaiſirs ſont les miens, & les miens ſont les vôtres.
Rien de moins étranger qu'un trait d'humanité.
Non, rien ne m'émeut plus qu'un acte de bonté (1),
De vertu généreuſe, ou de reconnoiſſance.....
D'amitié tendre & pure, ou bien de complaiſance,
D'eſtime, d'union, de douceur & de paix.....
Mon ame s'attendrit & s'y livre à jamais.

---

(1) *Homo ſum, & nihil humani à me alienum puto.*

Je ſuis homme, & je ne puis regarder comme une choſe qui me ſoit étrangere, rien de ce qui touche les hommes.

Ce Vers de l'*Heautontimorumenos* de Térence, cauſa une émotion générale dans le cœur des Romains aſſemblés, ces fiers Républicains. *Voyez la Note qui eſt à la fin de cette Epitre.*

Pour

Ah ! pour un Citoyen, si chacun s'intéresse ;
Que d'ardeur, que de feu, quelle vive tendresse
Ne doit-on point avoir pour tout le genre humain,
Sa Patrie & son Roi ; ce sage Souverain ! . . .
Ce spectacle me touche, & rentrant en moi-même,
Pour écouter la voix de l'Équité Suprême,
J'en réserve le culte à cet Être Immortel,
Qui voit le fond du cœur, son Offrande & l'Autel :
Culte pur comme lui, digne de son Essence,
Et qui répond enfin à sa toute-puissance.
J'adore le Moteur de ces globes divers :
Le vrai temple de Dieu, c'est le vaste Univers.
Sa Loi réside en nous, & son Code est le Monde :
Oracle tout divin ! Sa sagesse féconde
Est toujours agissante & juste, ainsi que lui ;
Elle fut & sera ce qu'elle est aujourd'hui :
Et tel l'Astre brillant de sa propre lumiere,
Tel cet Etre immortel nous guide & nous éclaire.
Oui, ce vaste Univers de l'un à l'autre bout,
Embrasse la famille & le Pere en son tout.
Nous sommes ses enfans; le tout est son ouvrage;
Vivre, c'est l'adorer; l'aimer, est notre hommage.
Le flambeau de la vie est la sage raison :

Le menſonge impoſteur en eſt le ſeul poiſon.
Il eſt ſi doux d'aimer & ſi beau de connoître !
Nous n'avons tous qu'un Dieu, prenons-le donc
pour Maître.
Il pénetre notre ame, & parlant au-dedans,
C'eſt-là qu'il met ſon Trône où brûle notre encens.
C'eſt par le ſentiment que Dieu ſe communique (1);
Le cœur parle en ſecret, & la raiſon s'explique
Sans intérêt, ſans faſte & ſans nul appareil,
Ainſi que l'œil s'entr'ouvre aux rayons du Soleil.
Tel eſt encor le cri de notre conſcience (2),
Qui guide la vieilleſſe & qui conduit l'enfance.
On entend cette voix digne de l'Age d'or :
« Que la probité ſeule eſt le premier tréſor (3) ».

---

(1) ὅθεν; ποῦ; ποῖ;

UNDE? UBI? QUÒ?

(2) Τῷ μηδὲν ἑαυτῷ ἄδικον συνειδότι ἡδεῖα ἐλπὶς ἀεὶ πάρεστι.

Quand la conſcience ne reproche rien, on a toujours bonne eſpérance.

(3) Voici l'Éloge de la probité par Démoſthene, cet Aigle de la parole, ce foudre de l'éloquence, dans ſa belle Oraiſon contre Ariſtogiton. On trouvera la traduction du paſſage grec dans la note générale, à la fin de cette Épître.

Πάντα τὰ τοίαῦτα ἔθη παριδόντας τήμερον ὀρθῶς δεῖ δικάσαι, τὴν τὰ δίκαια ἀγαπῶσαν εὐνομίαν περὶ πλείστου ποιησαμένους, ἣ

C'eſt le pur ſacrifice, & c'eſt la juſte offrande
Que le ſuprême Auteur à notre cœur demande.

π αας καὶ πόλεις καὶ χώρας σώζει καὶ την ἀπωραίτητον καὶ σεμνὴν δίκην, ἣν ὁ τὰς ἁγιωτάτας ἡμῖν τελετας κάτα δείξας Ορφεὺς παρὰ τον τῦ Διὸς θρονον φησὶ καθημένην πάντα τὰ τῶν ἀνθρωπῶν ἐφορᾶν.

Penſée de Démoſthene.

Il faut que les Légiſlateurs conſacrent à la Juſtice les Loix qu'ils établiſſent, & qu'ils placent au-deſſus de tout, cette Equité, qui ne deſirant que les choſes juſtes, conſerve l'union dans les Cités, & la paix entre toutes les Nations. Auſſi Orphée a-t-il peint cette auguſte & incorruptible Juſtice aſſiſe ſur le Trône du Pere des Dieux, & à ſa droite, toujours occupée du ſoin des Mortels, & ſurveillant à toutes leurs actions.

Et encore à ce ſujet, voici un paſſage qu'on ne devroit jamais oublier, de Noël le Comte, fameux Ecrivain du ſeizieme ſiecle, natif de Veniſe, & duquel on a une Mythologie & d'autres bons Ouvrages.

Ille ſolus vir bonus jure habetur, qui naturæ ductu, ad ea quæglorioſa, quæ honorifica, quæ honeſta, quæ decora ſunt, contendit; at non metu pœnarum : ille integer, ille æquus, ille probus.

Inde contigit, ut ſcripſerint Poëtæ, juſtitiam è terris aufugiſſe & in cœlum convolaſſe, quæ naturæ fuit æquitas in animis hominum inſita, quæ paulatim creſcentibus ſcriptis legibus, ob hominum malitiam, ex animis hominum deleta eſt. Non illa è terris avolavit, quæ ſcripta eſt in tot tantiſque Juriſperitorum codicibus.

Qui peut ne pas l'aimer ? Eſt-il rien de ſi doux
Dans ce vaſte Univers qu'il forma ſeul pour nous ?
Sa Sageſſe & ſes Loix embraſſant toutes choſes,
Enrichiſſent les champs, embelliſſent les roſes ;
Et nous donnant un cœur compatiſſant, humain,
De tout ce qui reſpire, il eſt le Souverain.....
Mais la Société chez nous caractériſe
Le fonds de la nature ; elle en fait la franchiſe.
Notre force s'accroît par la Société ;
Nous trouvons dans ſon ſein notre félicité ;
Source du vrai bonheur nous pouvons tout par elle :
On doit donc conſtamment lui demeurer fidelle,
Se dévouer ſoi-même à ſon bien général,
Ne voir que par ſes yeux & le bien & le mal ;

Nam quantò erant ſimpliciores homines, tantò erant juſtiores naturâ : ubi legum volumina in civitatibus, quaſi Aſtreæ teſtamenta compoſita ſunt ; illa ſimplicitas, ad ruſticos homines, extrà civitatem receſſit, & ad horum teſtamentorum ignaros.

Profectò nulla major eſt in ſenectute aut in morte conſolatio ſapienti viro, nihil quod leviorem mortem efficiat, quàm rectè antè actæ vitæ recordatio, *& per univerſum vitæ curſum ſervatæ integritatis memoria.*

Jure igitur Orphæus Eunomiam, quaſi bonam legem, ut nomen ſignificat, ſive juſtitiam, tanquam omnis felicitatis auctorem, ad Thronum Jovis collocavit.

NATALIS COMES.

Comme elle doit auſſi ſans ceſſe nous défendre
En Pere généreux, en Mere la plus tendre. (1)
Peut-on après cela regarder ſans douleurs,
(Que dis-je, ſans verſer mille torrens de pleurs !)
Tous ces foibles humains enivrés de la Guerre,
Déſoler à la fois les deux bouts de la Terre ;
Se déchirer ſans ceſſe, & ſe percer le flanc,
Pour en faire ſortir d'énormes flots de ſang ;
S'en infecter ſouvent, & ſe plaire au maſſacre,
Que leur propre fureur elle-même conſacre ?
Effets de l'avarice & de l'ambition,
Et trop ſouvent, hélas ! de la Religion :
De la Religion ! Non, de la véritable.
Celle-ci toujours ſage, honnête & charitable,
Brûlant d'un vif amour pour chacun des Mortels,
Voudroit les unir tous par des nœuds éternels.
Elle ne voit de l'Inde au bord de la Caſtille,
Qu'une même maiſon, une ſeule famille ;
Et comme le Soleil l'éclaire tour à tour,
Elle ne veut auſſi qu'un ſeul & même amour.
Voilà quels ſont ſes traits & ſon vrai caractere ;
C'eſt l'humanité même : un ſentiment contraire
Ne tend qu'à ſéparer, diviſer, déſunir,
Et porte les Mortels ſans ceſſe à ſe haïr.
Tel eſt l'eſprit de Secte & celui de diſcorde ;
Le cruel ennemi de la Miſéricorde. . . . .

(1) *Voyez la Note générale à la ſuite de l'Épitre.*

Pendant le peu de jours qu'ici nous respirons,
Sous le joug de l'erreur, courbés nous végétons,
Nous rampons sur la Terre, & traînant notre chaîne,
Nous transmettons les maux d'une coupable haine.
Mais les fastes des temps à mes yeux sont fermés,
Je n'y vois que malheurs; mes sens sont allarmés.
J'abhorre, & mon cœur hait la colere & la guerre:
L'Amour & l'Amitié sont les Dieux de la Terre;
Rien n'en trouble la paix qu'une funeste erreur,
Qui cause ses tourments, qui forme son malheur.
Affreuse ambition, détestable avarice,
Vous, de tous les fléaux l'auteur & le complice!
Vous causâtes nos pleurs presque dans tous les temps;
Et nous aurions sans vous un éternel Printemps.
Pour nous rendre la paix, cette union si vive,
L'administration juste & fœdérative (1)
Vient offrir à nos vœux le plus puissant secours;
L'amour propre l'éloigne & le refuit toujours:
Les Arts ont embelli la face de l'Europe,
Mais le vice a gâté le cœur de Pénélope.
Quand sortirons-nous donc de ce profond sommeil?
Le Génie a parlé; c'est l'instant du réveil.

---

(1) *Voyez la Note générale à la fin de cette Epitre.*

Assez & trop long-temps, dans Rome & dans la
Grece,
Des folles passions on a suivi l'ivresse.
Le Démon de la guerre & celui des forfaits,
N'ont que trop accablé le Monde de leurs traits.
L'intérêt personnel (1), & la gloire frivole
L'ont tenu sous le joug de leur trompeuse idole.
La vérité paroît; l'intérêt général
Annonce son empire, & donne le signal.
Poëtes imposteurs, illusion chérie,
Que vous avez semé, dans le cours de la vie,
De crimes, de dangers, de peines, de douleurs,
En chantant les Héros, & leurs lauriers vainqueurs!
Oui, que de maux tombés sur les plus cheres
Têtes!
Tels sont les attentats de l'esprit de conquêtes!
Les Sectes, les Partis & les Divisions
N'ont que trop déchiré le sein des Nations;
On connoît les abus de leur intolérance:
Le Génie est humain & rempli d'indulgence.

---

(1) Les hommes, a dit M. Duclos, n'ont qu'un penchant décidé, c'est celui de leur intérêt; si cet intérêt les porte à la vertu, ils sont vertueux sans effort: que l'objet change, le disciple de la vertu devient l'esclave du vice, sans avoir changé de caractere.

Le voile eſt arraché, la vérité paroît ;
L'on n'entend que le cri du commun intérêt.
Tel eſt, Mably, tel eſt le vif & pur hommage,
Que ton Œuvre ravit à ma Muſe ſauvage ;
Foible enfant de Thémis, accablé ſous ſes Loix,
Puis-je chanter LOUIS, ou PROVENCE, ou D'ARTOIS ?
Mon cœur leur a rendu le tribut de ma Muſe,
Lorſqu'aux pieds de LOUIS interdite & confuſe,
Celle qui l'a nourri par mes vers lui parla,
Et que dans ſes malheurs elle l'intéreſſa (1) ;
Pour célébrer nos Dieux il faudroit un Virgile ;
Si mon zele eſt ardent, ma Muſe eſt trop débile,
Et Thémis épuiſant ma plus vive chaleur,
Ses Loix ont conſumé ce que j'avois d'ardeur.
Hertzogs, Wolff & Leibnitz, ſitôt que je m'éveille,
Me préſentent des fleurs, dont je deviens l'Abeille (2) ;

(1) L'Auteur fit au Roi, alors Dauphin, en 1773, une Epître qui lui fut préſentée par ſa Nourrice.

(2) Une fleur n'eſt qu'une fleur pour le Papillon ; pour l'Abeille, c'eſt un riche patrimoine. C'eſt ainſi que le même Livre, qui ne ſert que de paſſe-temps pour quelques Lecteurs, eſt une ſource d'inſtructions pour le Philoſophe.

Sans cesse mon esprit attaché sur leurs pas,
Médite leurs Leçons, use de leur compas (1).
Ils ont de l'Art des Loix débrouillé la Logique;
Leur démonstration claire & mathématique,
En les illuminant, confirme l'Equité,
Les droits de la raison & de la vérité.
L'Equité régira l'un & l'autre Hémisphere,
Elle est la loi du cœur; sa force & sa lumiere
Font des efforts puissants pour se développer:
C'est l'éclat d'un beau jour tout prêt à nous frapper;
C'est le fruit précieux de la Philosophie,
Des beaux Arts, des Talens & des feux du Génie,
Réunis par le goût du sublime & du beau:
On ne voit point de tache en un parfait tableau.
L'éclair sort du nuage & parcourant le Monde,
Pour y porter la vie, & sa chaleur féconde,
Le Globe s'agrandit, & le Septentrion
Présente à nos regards un nouvel horison.
L'illustre Frédéric, par son célebre Code,
A montré le premier la nouvelle Méthode;
Et peu de temps après, l'Héritiere du Czar
A fait, pour Pétersbourg, ce qu'a tenté César.

Voyez à ce sujet ce qui est dit dans la Note générale terminant cette Epître; ainsi que sur Wolff, Leibnitz, le Chancelier Bacon, & leurs Ouvrages.

Le droit de la Nature, aux bords de l'Atlantique ;
Fait ſentir ſon pouvoir & ſa force énergique..... (1).
Mais ce n'eſt point aſſez que d'aimer l'Equité,
D'en connoître l'eſſence & ſon utilité ;
D'avoir approfondi ſes plus ſages maximes,
Ce qui donne des mœurs & les rend légitimes ;
D'avoir purgé ſon cœur des folles paſſions,
Et d'en avoir calmé juſqu'aux émotions :
Semblable à l'Ecuyer qui ſait tenir la bride,
Et qui rompt d'un courſier la volte trop rapide ;
Celui-ci devenu docile ſous ſa main,
S'avance avec meſure, & ſuivant le chemin,
Le porte avec nobleſſe où ſon deſir l'incline ;
Il ſemble qu'en marchant le courſier le devine.
Il faut de même à l'homme, à chaque individu,
Un lien plus étroit que ne l'eſt la vertu.
L'eſprit eſt noble & grand, mais le cœur eſt ſen-
ſible ;
Il faut pour le régler un objet plus viſible,
Plus palpable, plus fixe & plus déterminé ;
De même qu'à notre œil l'horiſon eſt borné.
Ainſi l'on doit à l'homme indiquer un ſyſtême,
Enflammer ſon génie & l'enchaîner lui-même.
Parcourez d'un coup d'œil toutes les Nations,
Tous les temps, tous les lieux, toutes les Ré-
gions ;

(1) *Voyez la Note générale à la fin.*

Vous verrez que les Loix, les Rits & les Uſages,
Deviennent différens ſelon les divers Ages.
Monteſquieu nous l'a dit : *Je crois voir les climats*
Porter leur influence aux plus lointains Etats.
Qu'on remonte au berceau de la ſuperbe Rome,
La Légiſlation ſemble y croître avec l'homme,
De ſon Roi Romulus, au Dictateur Céſar,
J'admire la naiſſance & les progrès de l'Art :
D'abord foible & débile, & prenant ſa croiſſance
Par mille événements, notre Juriſprudence
Se formant avec eux, compoſe un vaſte Corps,
Dont la raiſon humaine agite les reſſorts.
Je remplirois en vain un énorme volume
A nommer ſeulement les Loix & la Coutume
Des Peuples différens de chaque Région ;
C'eſt nombrer les Soldats de chaque Légion :
Mais que de leur enſemble on recueille & qu'on prenne
La fleur de l'Equité ; l'on verra qu'elle enſeigne
Que la Juſtice rend ce qui nous appartient,
Et fait envers chacun tout ce qui lui convient,
Selon l'état, le droit que l'on a dans la choſe,
Suivant que l'action perſonnelle en diſpoſe :
Voilà les trois objets du grand Juſtinien,
Et qu'ont ſi bien remplis Domat & Dumoulin :
Que le grand Frédéric, l'illuſtre Catherine

Ont su développer d'une façon divine (1). . . .
Je vois, docte Mably, ton sublime projet,
Digne d'une ame tendre & de ton vaste objet;
C'est d'exciter enfin les Princes de la Terre,
A bannir pour jamais les horreurs de la Guerre;
A s'en rapporter tous au commun Tribunal,
Où le droit de chacun ait un pouvoir égal:
Sages Amphictyons (2), qui, tenant la balance,
Déciderez au vrai du poids de l'Alliance (3);
Vos Arrêts aussi-tôt seront exécutés
En vertu du pouvoir porté dans les Traités.
Le commun intérêt, c'est la Loi, la Maxime
Qui constate le droit, qui le rend légitime:
Et l'intérêt privé, ce ressort général,
Concourt à l'harmonie, ou lui devient fatal.

---

(1) *Voyez la Note finale.*

(2) Les Amphictyons étoient ceux qui chez les Grecs présidoient à l'Assemblée des Etats, ainsi qu'au Conseil général des Villes, & qui décidoient des différents. *Lisez la Note générale terminant cette Epître.*

(3) *Tria sunt genera fœderum : unum cùm bello victis dicerentur Leges : alterùm cùm pares bello æquo fœdere in pacem & amicitiam venirent : tertium cùm qui numquam hostes fuerunt, ad amicitiam fœdere coëunt, qui nequè dicunt nequè accipiunt Leges.*

TITE-LIVE.

Une force invincible, active & fulminante,
Doit armer une main juste & toute-puissante,
Toujours prête à punir, ou bien à réprimer
Le premier des Mortels qui voudroit résister;
Mais qui frappant d'abord contre le Despotisme,
Terrassera l'injuste, & l'affreux fanatisme.
Enfant du préjugé, ton funeste poison
Va céder aux efforts d'une saine raison,
Ainsi qu'à ce penchant de l'amour de soi-même,
Qui régit l'Univers par son pouvoir suprême.

Heureux temps, renaissez, revenez, Age d'or,
Où les seules vertus étoient le vrai Trésor;
Alors, chaste Thémis, vous formerez un Code
Des leçons de Mably, de sa sage méthode,
Du Droit de la Nature & du pur suc des Loix;
Seguier ou Lamoignon présideront au choix.
Le vœu du Grand Henri, dont la fidele image
Ne tend qu'à consommer un si parfait Ouvrage,
Sera par l'Univers digne d'être accueilli:
Mais pour l'exécuter il faudroit un Sully.

Franklin l'a presque fait dans tout le Nouveau Monde;
Tout parle en sa faveur, & veut qu'on le seconde;
Il va naître bientôt un Hercule, un Atlas,
C'est un présent des Dieux, qu'on demande à Pallas.

Tous les Arts à l'envi, présentant leurs offrandes,
Accompagnent leurs vœux de fleurs & de guirlandes.....
Mais sachons oublier l'intérêt personnel;
Tous au bien général élevons un Autel.
Le Ciel entend nos voix, & brisant son Tonnerre,
Saura par un Héros pacifier la Terre.
La Science & les Arts, & l'Amour & la Paix,
Ensemble s'uniront pour régner à jamais:
La raison du Vaisseau sera le sage guide,
Les Voiles, les Vertus; le Pilote, Aristide (1):

---

(1) Aristide, surnommé *le Juste*, florissoit 450 ans avant notre Ere, dans la superbe Athenes, avec Thémistocle son rival. Celui-ci le fit exiler par l'*Ostracisme*; mais Aristide ayant été rappellé peu de temps après, ne voulut jamais se joindre aux ennemis de Thémistocle pour le faire bannir à son tour, rien ne pouvant l'écarter des regles de la modération & de la Justice. Aristide porta les Grecs à se réunir contre les Perses, & se distingua aux fameuses Batailles de Marathon, de Salamine & de Platée. Il établit ensuite un fonds annuel pour subvenir à la Guerre. Cet homme aussi supérieur dans les Lettres que dans les Armes, mourut si pauvre, quoiqu'il eût eu le maniement des revenus de la Grece, que l'Etat fut obligé de payer ses funérailles, de marier ses filles, & de faire subsister son fils Lysimachus.

Quant à Thémistocle; ce fameux Général Athénien

On n'aura plus à craindre au ſein même des
Mers,
Ni de flots, ni d'écueils, ni d'orages divers.
Miniſtres, Magiſtrats; Vous, Pontifes & Princes,
Ne penſerez qu'au bien du Peuple & des Provinces.
Rival de Marc-Aurele & du ſage Trajan,
Chacun de la vertu ſera le partiſan (1).
Répandre le bienfait au ſein du miſérable,
Donner aux opprimés un appui ſecourable,
Comme un autre Titus ne perdre pas un jour
Sans un trait de vertu, ſans un acte d'amour,
D'équité, de juſtice & de munificence
Envers le vrai mérite ou la foible innocence;
Inſtruire l'ignorant, enſeigner les humains,
Et de la vérité préparez les chemins:
Voilà ce qu'ils ont fait, & ce qu'ils ont dû faire.

étoit auſſi tellement attaché à ſa Patrie, qu'il préféra la mort, en avalant du ſang de Taureau, plutôt que de porter les armes contre ſon Pays.

(1) Voyez la cinquieme Lettre du Livre troiſieme de Pline le Jeune, à Marcus, ſur l'emploi du temps, & la néceſſité de le conſacrer à la vertu, ainſi que le Panégyrique de Trajan étant à la ſuite par le même Auteur. Enfin Cicéron, dans ſon Traité des Devoirs, ainſi que ſa Vie, par François Fabrice (*Edition de Verburg, Amſterd.* 1724.)

Sans ces vertus, hélas ! pourroient-ils encor plaire ?
Malgré leurs jours bornés, ils reſſembloient aux Dieux ;
C'eſt en faiſant le bien qu'on ſe rend digne d'eux.
On a ſi peu de temps à reſpirer, à vivre !
Peut-on mieux l'employer qu'en tâchant de les ſuivre ?
Les Sages & les Rois marcheront ſur leurs pas,
Leurs Loix & leurs avis n'auront que des appas :
Ce ſeront des tréſors de raiſon, de ſageſſe,
De vertu, de bonté, d'équité, de juſteſſe ;
On deviendra ſous eux Télémaque ou Neſtor ;
Que ne ſuis-je Zeuxis pour peindre l'Age d'or !
Le Monde ne ſera qu'une famille immenſe,
Que conduiront l'amour, & la reconnoiſſance ;
Vœu digne de mon Roi, qu'annonce auſſi l'Auteur,
Mais qui de l'Univers fera le vrai bonheur (1).

---

(1) Jamais l'accompliſſement déſirable de ce vœu ne ſeroit plus à ſouhaiter que dans ce ſiecle ; oui, que dans ce ſiecle, où l'on ne peut trop répéter & trop faire ſentir, par les traits les plus animés, cette révérence pour les Loix, pour la Patrie, & pour le Monarque, qui en eſt le Pere, voulant des mœurs, & en donnant l'exemple ; en un mot, ce reſpect pour l'Egalité, l'Equité univerſelle & pour la

L'injuſtice frémit à ſa préſence auguſte,
Il jura d'être Pere & promit d'être juſte,
Sachant que l'Equité, dont il eſt le ſoutien,
Du Monarque & du Peuple eſt le premier lien.
Son cœur compatiſſant, humain & pacifique,
N'aſpire que vers vous, Félicité publique!
Enchaîner la malice, & domptant ſes ſoutiens,
L'enfermer elle-même en ſes propres liens,
Ne lui ravir enfin que le pouvoir de nuire,
Aux droits de la Vertu la forcer de ſouſcrire,
C'eſt le plus beau des Arts, le chef-d'œuvre des
Loix,
Qui place au rang des Dieux les Héros & les Rois.
Il ſait qu'il ne réſulte, en allumant la Guerre,
Que des malheurs ſans fruit pour déſoler la Terre,
Outrager la Nature, opprimer les Sujets,
Et ne traîner par-tout que d'horribles objets:

Juſtice Nationale & Privée; reſpect, non tracé dans les Livres ou ſur le bronſe, mais imprimé en caracteres ineffaçables au fond de nos ames, & que la dépravation la plus exceſſive ne peut détruire. A cet effet ne perdons point de vue cette maxime de Maffei. *L'Amore*, dit ce délicat Auteur dans ſa Langue faite pour l'amour, *l'Amore è per ſe buono, e ei fu dato dalla natura per iſpignerci al noſtro bene; m'a pao eſſer reſo cattivo, è per l'oggetto & per l'inordinata tentenza.*

Sans que l'aimable Paix, que le Destin rappelle,
Puisse encore effacer un sang versé pour elle.
Des Peuples moissonnés, des Trésors engloutis
Ne feroient qu'arracher des larmes à Louis.
Qu'on consulte les Temps : la seule expérience
Prouve que les Combats ne sont qu'une démence;
A moins qu'un Ennemi, bravant jusques aux Cieux,
N'irrite la vengeance & la foudre des Dieux.
Adorons ces grands Rois, qui, gouvernant le Monde,
Savent le maintenir dans une paix profonde,
A la perpétuer, ils semblent concourir :
O Ciel, favorisez un si noble desir (1)!
C'est celui des bons Rois, Tel est toujours le nôtre,
Pere de ses Sujets, il n'en peut avoir d'autre :
Son cœur plein de bonté, de sagesse & d'amour,

(1) Voyez le dernier Discours du mois de Mai 1777, de M. Formey, Secrétaire perpétuel de l'Académie de Berlin, dans lequel cet illustre Savant semble décerner, au nom de tous les Gens de Lettres, à Louis XVI, Joseph II, Frédéric II, Gustave III, à Thérese & à Catherine, le laurier civique pour le prix d'une Paix, que toutes ces Puissances desirent rendre perpétuelle & universelle.

Ne veut qu'à leur bonheur consacrer chaque jour.
Vous, Disciples des Loix, Enfans de la Justice,
Entrez avec courage en sa pénible lice ;
Frayez-vous une route, ô Jeunes Orateurs :
Enfin de l'Equité soyez les Défenseurs......
J'apperçois à nos vœux le Ciel même répondre,
La vérité régner, le vice se confondre ;
Le Sceptre de Thémis en tous lieux rétabli ;
Goûtons-en les leçons & celles de Mably.
Comme il n'est qu'un Soleil pour éclairer le Monde,
Il n'est qu'une raison toujours sage & profonde :
Dans l'ombre de la nuit elle guide nos pas :
Si les Jours ont leurs Nuits, l'Equité n'en a pas,
S'emparant de notre ame, & l'arrachant sans cesse
Au délire des sens, à leur trompeuse ivresse,
Elle commande à l'homme, & captivant son cœur,
Le force de céder à son charme vainqueur.
Si loin de la Vertu, le vice nous entraîne,
La main de l'Equité toujours nous y ramene :
Reine de l'Univers, elle fait tout fleurir ;
Ses Loix sont sans réplique, il faut leur obéir.
Au lieu de les fronder, hâtons-nous de les suivre,
C'est en les observant qu'on apprend à bien vivre.
Equité, c'est ainsi qu'épris de ton pouvoir,
Je dépose en ton sein mes vœux & mon espoir.

Qui vole vers la Gloire, évite les Profanes(1).
Les vertus de l'esprit en sont les vrais organes,
La prudence est son œil, ses Graces l'Équité,
Le courage sa main, la pudeur sa santé (2).
Voilà, docte Mably, ce que ton Livre enseigne :
Tu veux de l'Equité consolider le regne ;
Héroïque desir d'un esprit noble & grand,
Qui voit le monde entier de son regard perçant ;
Qui planant comme l'Aigle au-dessus du Tonnerre,
Des pieds de Jupiter vient éclairer la Terre.
Mais ce qui m'échapoit, revient à ce propos,
C'est l'Education ; elle fait le Héros :
Sans Chiron le Centaure, il n'étoit point d'Achille (3) ;

---

(1) *Odi profanum vulgus & arceo.* HOR.

(2) PLATO, in Legibus : *Prudentiam oculum, justitiam pulchritudinem, Temperantiam sanitatem, fortitudinem manum animi virtute instituti eleganter nuncupabat.*

(3) CHIRON, fameux Centaure, fils de Saturne & de Phillyres, habitoit sur les Montagnes ; il devint, par la connoissance des Simples, un des plus célebres Médecins de son temps ; & enseigna cette Science à Esculape. Ensuite il devint Gouverneur d'Achille, qu'il nourrissoit de moëlle de Lions & de Sangliers, pour le rendre fort & cou-

C'est aux Maîtres qu'on doit Alexandre & Virgile (1).
Aidés par la Nature, & nous donnant le fonds;
On doit la cultiver par d'utiles leçons.
Non, ce n'est point assez de brûler d'un beau zele;

---

rageux. Enfin, ayant été blessé par une fleche décochée par Hercule, qui lui tomba par hasard sur le pied, il pria les Dieux de lui ôter la vie; Jupiter, exauçant ses vœux, le plaça dans le Ciel, où Chiron forme un des signes du Zodiaque, sous le nom de Sagittaire.

(1) Voyez au Traité *des Etudes* de M. Rollin, la Lettre qu'il a traduite, de Philippe à Aristote, par laquelle ce Roi des Macédoniens l'engagea de vouloir bien se charger de l'éducation d'Alexandre : c'est un des chefs-d'œuvres de l'Antiquité sur la nécessité de l'éducation.

Voici encore, à ce sujet, une maxime remarquable de ce Chef de la Secte des *Péripatéticiens : Non parvi refert, hoc an illo pacto protinus à pueris consuefiamus, imò plurimùm interest, vel potiùs omne in eo monumentum est situm.*
Trad. D'ARIST. in Ethicâ.

On pourra voir encore Panœtius, autre Philosophe Grec, dont les Ouvrages ont fourni les plus belles connoissances philosophiques aux Scipions ses Disciples, à Caton le Censeur, à Virgile, & à tant d'autres illustres Romains, tels que Cicéron, &c. On remarque principalement dans le Traité *des Devoirs* de ce fameux Orateur, nombre de passages & d'idées qui ont été prises d'après Panœtius; aussi Cicéron en parle-t-il souvent, & toujours avec éloge.

Nous devons être instruits ; on ne peut rien sans
elle (1)
De cette source coule ou le bien ou le mal,
Elle est, ce qu'au Pilote, en Mer est le fanal.
Unissons nos efforts pour former un génie
Destiné par les Loix au bonheur de la vie ;
Et comme sur les bords du plus excellent fonds,
On voit périr sans soin les meilleurs rejettons :
De même sans l'Etude un esprit né sublime,
Toujours de plus en plus devient pusillanime.
D'abord sous la paresse il est enseveli,
Il se livre au sommeil, au léthargique oubli ;
Dans peu tout son ressort se relâchant sans cesse,
Du vice de ses sens il ne suit que l'ivresse.
Oui l'homme se dégrade en un lâche repos,
Et c'est par le travail qu'il devient un Héros.

---

(1) Lisez, au sujet de l'éducation, ce qu'a écrit Jo. Auguste Erneste, Vénitien, dans son excellent Livre, intitulé : *Initia Doctrinæ Solidioris*, cinquieme Edit. à Leipsick, 1769, chez Fritsch, chap. 10 ; *de Modo*, &c. dans lequel il cite cette pensée de Quintilien : *In cibis iis, quibus hoc mortale corpusculum alitur, parandis apponendisque munditiei & elegantiæ ratio habebitur : & illum ingeniorum animorumque pastum, hunc quasi humanitatis cibum immundum, sordidumque, & esse patiemur, & sumerè sustinebimus ?*

Savoir former le cœur, perfectionner l'ame,
C'eſt, Maître de la foudre, en détourner la flâme (1).
Voyez Pierre Premier, dans ſes vaſtes Climats,
En nouveau Promethée animer ſes Etats;
Et cédant à l'eſſor d'un rapide génie,
Semer, en vrai Héros, le bonheur & la vie,
Le germe des beaux Arts s'accroiſſant ſous ſes pas:
N'eſt-ce point de l'Egide uſer comme Pallas?
D'abord à ſes Sujets donnant un caractere,
Il n'indique à leur cœur que ce qui doit lui plaire;
Leur eſprit embraſé dévore ſes leçons;
Il anime la pierre, échauffe les glaçons:
« C'eſt la Gloire », *dit-il*;... alors comme l'argile,
L'imagination à ſa voix eſt docile;
La gloire les enflamme au gré de ſes deſirs,
Et les porte au bonheur ſur l'appas des plaiſirs.

Tantôt il les applique aux travaux du Commerce,
Verſant l'or & l'argent ſur celui qui l'exerce;
Et tantôt à Cérès ouvrant de vaſtes champs,

---

(1) *Voyez dans la Note générale à la ſuite de cette Epitre, la Note particuliere concernant M. Franklin, au ſujet de la Foudre*, page 408.

De Derpt (1) jusqu'à la Chine il nourrit ses enfans (2).
On doit donc espérer des talens d'un grand homme
Ce que n'ont jamais fait les Scipions dans Rome.
L'humanité conduit les cœurs des plus grands Rois;
Tous concourent au bien d'une commune voix.
Leur ame s'aggrandit avec la connoissance:
LOUIS ne borne plus tous ses vœux à la France.
Le feu qui les éclaire échauffe aussi leur cœur,
Et dilate en tous lieux la sphere du bonheur.
Puisse-t-elle sans cesse & s'accroître & s'étendre,
Chaque Roi devenir le pere le plus tendre;
Sur la famille entiere épuisant leurs bienfaits,
Qu'ils soient toujours unis par le nœud de la Paix.

---

(1) Ville située proche la Riviere d'Ambeck, dans la Livonie, conquise par Pierre I, & dont le gain de la Bataille de Pultova, contre Charles XII, lui valut cette Province, la possession de laquelle lui fut encore assurée par le Traité de Nieustad.

(2) Tous les Génies de ce siecle semblent s'être réunis pour préconiser l'Education, l'Agriculture & le Commerce; en effet, si ces objets capitaux étoient portés à leur point de perfection, on concourroit plus facilement au triomphe de la félicité publique. *Voyez ce qui est dit à ce sujet aux Notes insérées dans cet Ouvrage*, pages 108 & 109.

ENVOI.

Reçois, ſage Mortel, ce qu'une foible Muſe,
D'un cœur tout enflammé me dicte en ta faveur :
Je n'en ſuis plus le Maître ; active, elle s'abuſe,
En t'offrant cette Epître, en ſa premiere ardeur.
Puiſſe-t-elle eſpérer de l'un & l'autre Freres
Un accueil indulgent : ils ſont ſi généreux !
CONDILLAC (*) enrichit l'eſprit de ſes lumieres ;
MABLY, pour le bonheur, a le projet des Dieux.

(*) M. l'Abbé de Condillac, Inſtituteur de l'Infant Duc de Parme, & frere de M. l'Abbé de Mably, s'eſt auſſi diſtingué par pluſieurs Ouvrages de génie, tels que ſon Traité de l'*Union des Idées*, celui des *Senſations* ; & ſon Traité de l'*Education*.

Outre la Légiſlation de M. de Mably, on a encore de lui une infinité d'Ouvrages de Politique, d'Hiſtoire & de Critique, qui l'avoient déja fait connoître avec avantage.

NOTE GÉNÉRALE

Sur l'Epître à M. DE *Mably, au sujet de son Traité de la Législation, ou Principes des Loix.*

Sur l'Amitié.

LEX *amicitiæ prima sanciri debet, ut & ab amicis honesta petamus, & amicorum causâ honesta faciamus.*

Cicero, de Amicitiâ, n°. 13, Edit. 1688, apud Blaëv, Amstelodami.

Voyez ce que dit Thémistius, dans son Discours sur l'Amitié, lequel commence ainsi : πολημήσεις τῷ ανδρὶ καλῷ τε καὶ αγαθῷ; &c.

Thémistius, cet Orateur Grec, du quatrieme siecle, & qui fut surnommé *Euphrade*, c'est-à-dire, *Beau diseur*, s'annonça avec tant d'éclat à Antioche, à Nicomédie, à Rome & ailleurs, qu'il parut effacer tous les Philosophes de son temps. On assure aussi que les Commentaires qu'il fit sur Aristote, dans sa premiere jeunesse, furent ſi eſtimés, qu'un des meilleurs Rhéteurs de la Grece (*Harpocration* (1)) quitta ſon Ecole pour l'aller voir. L'Empereur Conſtantin lui conféra la dignité de Préteur, & l'honora d'une Statue d'airain. Théodoſe le Grand le fit Préfet de Conſtantinople, & le choiſit, tout Païen qu'il étoit, pour être Précepteur de ſon fils. Ce qui prouve d'autant plus ſon mérite, c'eſt qu'il fut toujours lié d'une étroite amitié avec Saint Grégoire de Naziance. Il nous reſte de lui pluſieurs Harangues, qui ſont eſtimées, & dont la meilleure édition eſt celle que le Pere Hardouin donna en 1684, en grec & en latin.

SUR LA LOI NATURELLE.

Ergo unum debet eſſe omnibus propoſitum, ut eadem ſit utilitas uniuſcujuſque & univerſorum: quam ſi ad ſe quiſque rapiat, diſſolvetur omnis humana conſortio. Atque ſi etiam hoc natura præſcribit, ut homo homini, quicumque ſit, ob eam ipſam cauſam, quòd is homo ſit, conſultum velit, neceſſe eſt ſecundùm eamdem naturam om-

(1) Valerius Harpocration, Rhéteur d'Alexandrie, dont il nous reſte un excellent *Lexicon* ſur les dix Orateurs de la Grece. Il y en a une bonne Edition en grec & en latin, avec des Notes de MM. Mauſſac & de Valois.

nium utilitatem esse communem. Quod si ita est, unâ continentur omnes, & eâdem Lege Naturæ.

CICER. de Officiis, Lib. 3, n°. 6.

Oui, la Loi Naturelle renferme en soi le germe de toutes les Loix; l'Empereur Julien reconnoissoit cette parenté étroite formée par la Nature même entre tous les hommes :

ἄνθρωπος γὰρ ἀνθρώπῳ καὶ ἑκὼν καὶ ἄκων πᾶς ἐστὶ συγγενής.

JULIANUS, in Fragmentis.

Qu'il le veuille ou qu'il ne le veuille pas, rien de plus prochain à l'homme que l'homme même.

SUR LE DROIT DES GENS.

Neque naturâ, id est, jure gentium, neque Legibus Populorum licet sui commodi causâ nocere alteri. CIC. de Offic. Lib. 3, n°. 5.

Ni le Droit des Gens, ni les Loix des Peuples, n'autorisent personne à nuire à autrui, pas même pour son propre intérêt.

Itaque enim multò magis est secundùm naturam excelsitas animi & magnitudo : item comitas, justitia, liberalitas, quàm voluptas, quàm vita, quàm divitiæ : quæ quidem contemnere & pro nihilo ducere comparantem cum utilitate communi, magni animi & excelsi est. Detrahere autem alteri sui commodi causâ, magis est contrà naturam, quàm mors, quàm dolor, quàm cætera generis ejuſdem : itemque magis eſt ſecundùm naturam, pro omnibus gentibus, ſi fieri poſſit, conſervandis aut juvandis maximos labores, moleſtiaſque ſuſcipere, imitantem Herculem illum, quem hominum fama, Beneficiorum memor, in Concilium cœleſtium collocavit : quàm vivere in ſolitudine, non modò ſine ullis moleſtiis, ſed etiam in maximis voluptatibus, abundantem omnibus copiis, ut excellas etiam pulchritudine & viribus, &c.

Ibid.

En deux mots, l'homme né avec une belle ame préfere la juſtice & le bien de la Société, à tout, même aux plaiſirs, aux richeſſes, à la gloire & à la vie.

Aristote, Polit. L. 2, p. 6, dit, que plus on eſt homme de bien, honnête & né avec une ame élevée, plus on eſt propre à la Société :

κοινωνικώτερος καὶ πολιτικώτερος ;

& qu'au contraire, ſi on rapporte tout à ſoi, ſi on eſt complaiſant à ſatisfaire à cet amour de l'Egoïſme, (paſſion qui ne domine que trop dans ce ſiecle) on devient mépriſable aux yeux de cette Société : καὶ ὁ ἄπολις οὗτος φαῦλός ἐστιν, &c.

Sur les SIX LIVRES *du Traité de la République de Cicéron, qui ſe ſont perdus.*

Outre pluſieurs Ouvrages de ce fameux Républicain, que le Temps a dévorés, tels que ceux *de Virtutibus*, *de Gloriâ*; nous déplorerons toujours la perte de ſon Traité *de la République*. Cet Orateur en parle lui-même en pluſieurs endroits, & notamment dans ſon ſecond Livre *de Finibus*, nombre 18, qu'il termine par ce morceau ſi touchant :

Sed ſi ſcieris, inquit Carneades, Aſpidem occultè latere uſpiam & velle aliquem imprudentem ſuper eam aſſidere, cujus mors tibi emolumentum futura ſit, improbè feceris, niſi monueris ne aſſideat; ſed impunè tamen: ſciſſe enim te quis coarguere poſſit? Sed nimis multa. Perſpicuum eſt enim, niſi æquitas, fides, juſtitia proficiſcantur à naturâ, etſi omnia hæc ad utilitatem referantur, virum bonum non poſſe reperiri. Deque his rebus ſatis multa in noſtris de Republicâ Libris ſunt dicta à Lœlio.

Pour rendre ce paſſage en peu de mots, diſons avec Cicéron; on doit avertir du danger ou des périls que pourroit courir ſon ennemi, & même celui dont la mort nous ſeroit utile ou avantageuſe ; car ſi l'on rapporte ou qu'on meſure tout à ſon intérêt perſonnel , & non pas ſelon les mouvemens de l'équité , de la probité & de la vertu , on ne trouvera plus d'homme de bien.

L'Orateur , à la fin du n°. 17 de ſon ſecond Livre des Offices, en parlant des dépenſes & des ſacrifices que le Citoyen généreux doit faire dans les occaſions en faveur de l'Etat , annonce & déſigne clairement ſon Traité de la République , puiſque nommément il dit : *Sed de hoc genere toto , in iis Libris , quos de Republicâ ſcripſi , diligenter eſt diſputatum.*

Saint Auguſtin , Lactance , ainſi que quelques Auteurs, ont cité des paſſages de cet admirable Ouvrage , & c'eſt tout ce qui nous en reſte.

*Sur l'*ÉQUITÉ *que les Grecs appelloient* EUNOMIE*, fille de Jupiter & de Thémis.*

Démoſthene , dans ſon premier Diſcours contre Ariſtogiton (1), (*Edition de Francfort, 1604,*

---

(1) Cet Ariſtogiton étoit un des deſcendans d'Ariſtogiton, ce fameux Athénien qui fit tuer , par Harmodius , Hipparque, fils de Piſiſtrate , Tyran d'Athenes , environ inq cens ans avant l'Ere chrétienne. Les Athéniens lui firent cependant élever une Statue , comme ayant été l'ami de la Patrie.

pag. 829, *& p.* 772 *de l'Ed. de Reiskc, t.* 1.) après s'être élevé avec un mâle courage contre les vices & contre quelques Orateurs corrompus, dit : « Il faut qu'honorant la Déesse *Eunomie*, » vous jugiez aujourd'hui avec autant de droiture que de sincérité ; car c'est par l'Equité » qu'on conserve les Villes & les Pays : d'ailleurs cette inexorable Justice, qu'Orphée, qui » nous a dévoilé les principes sacrés des Mysteres, représente assise sur le Trône de Jupiter, » & jettant sans cesse ses regards sur toutes les » actions des hommes, ne vous fera point de » grace ; au contraire en vous punissant plus sévérement que tout autre coupable, elle vous » rendra encore l'exécration & la risée des Nations barbares ».

L'Equité n'est autre chose que cette droite raison que la Nature a gravée dans le cœur de tous les hommes, & que ce qu'ils ont établi par le Droit Ecrit. *Nihil enim aliud est jus, quàm quod vel natura, vel civitas, aut populus, vel gens, vel consuetudo jubet.*

TERENT. Heaut.

Car comment pourroit-on traiter avec des gens qui n'auroient point de Loix ni de principes, ou qui même n'en voudroient point reconnoître ?

Quid enim cum illis agas, qui nequè jus, nequè

què Legem, nequè bonum, nequè æquum ſciunt?

Ibid.

Cicéron, Livre premier des Devoirs, dit : « C'eſt par cette raiſon que ceux-là penſent bien, » qui nous défendent de faire une choſe, lorſque » nous ſommes incertains ſi elle eſt juſte ou in» juſte : car l'Equité brillant de ſa propre lu» miere, le moindre doute annonce qu'il y a un » ſoupçon d'injuſtice ». *Quocirca benè præcipiunt, qui vetant quidquam agere quod dubitas, æquum ſit, an iniquum. Æquitas enim lucet ipſa per ſe : dubitatio cogitationem ſignificat injuriæ.*

Cic. de Off. n°. 9, Lib. 1, pag. 37, Edit. d'Amſterd. 1688, *in*-8°.

Et ſur ce doute, voici, dans la Vie de Timoléon, une réflexion de Plutarque, qui avoit lu Cicéron avec fruit : « Il faut non ſeulement que » ce que nous faiſons ſoit juſte & honnête ; mais » il faut encore que nous ſoyons parfaitement » convaincus, que nous ne l'avons fait, que parce » que nous avons jugé nous-mêmes la choſe » bonne & équitable ».

Requiritur non modò ut quod agitur ſit honeſtum juſtumque, ſed firma ac conſtans adſit perſuaſio, ut quod fit, fiat idèo quòd animus ita faciendum judicaverit. Traduction du Grec,

SUR LA PATRIE.

Patria præſtat omnibus Officiis.

Cic. de Offic. L. 1, n°. 23.

Patriæ ſalutem filius anteponat ſaluti Patris.

Patria una omnes omnium civitates complexa eſt, pro quâ quis bonus dubitet mortem oppetere, ſi ei ſit profuturus ? Ibid. L. 1, n°. 17.

Patria conducit pios cives in parentes habere.

L. 3, n°. 23.

Patriæ & parentibus primo loco tribuendum Officium, quorum Beneficiis maximè obligati ſumus. Lib. 1, n°. 17.

Patriæ, parenti, amico, ſi periculum allatum ſit, ſapiens ſubvenit eis, relictis & abjectis ſtudiis ſuis, præponens Officia Juſtitiæ, quæ pertinent ad hominum caritatem, quâ nihil homini debet eſſe antiquius.

Cic. ibid. Lib. 1, n°. 43, in fine.

Liſez le Dialogue entre Hiéron, Roi de Sicile, & le Poëte Simonide, par Xenophon (1), imprimé à Amſterdam, chez Schette,

---

(1) *Hiéron* I, Roi de Syracuſe dans l'ancienne Sicile, 475 ans avant Jeſus-Chriſt, ſe fit d'abord déteſter par ſes

1711, vous verrez qu'il y eſt dit, au chapitre 10, que la Patrie mérite toute notre tendreſſe par les ſoins qu'elle prend pour nous, & deſquels l'Hiſ-

---

violences & par ſon avarice; mais il ſe corrigea dans la ſuite par les entretiens qu'il eut avec Simonide, Pindare, Bacchylide, & les autres Savans de ce temps-là. Il remporta pluſieurs fois le prix aux Jeux Olympiques & aux Jeux Pythiens; Pindare chanta ſes Victoires.

Xenophon, très-célebre Capitaine, Philoſophe & Hiſtorien Grec, l'un des plus illuſtres Diſciples de Socrate & contemporain d'Hiéron, ayant d'abord pris le parti des Armes, entra à la tête des Troupes dans Byzance, & empêcha, par ſon éloquence, que cette Ville ne fût pillée. Cyrus le Jeune ayant été vaincu & tué, Xenophon fut déclaré le Chef de la fameuſe retraite de ces dix mille Grecs dont il a été tant parlé dans l'Hiſtoire, & en eut preſque tout l'honneur. Quelque temps après ayant été banni d'Athenes, à la ſollicitation d'Artaxercès, il s'appliqua à l'Etude de la Philoſophie, & compoſa divers Traités de Morale & d'Hiſtoire: ce fut lui qui publia l'Hiſtoire de Thucydide, & qui la continua. Les meilleures Editions de ſes Œuvres ſont celles de Francfort, en 1674, & d'Oxford, en grec & en latin. On y trouve toute l'Urbanité Attique, & l'on y admire les belles qualités qui caractériſent les grands Ecrivains. Il y a ſur-tout dans ſon Livre *de l'Education de Cyrus l'Ancien*, une beauté de langage & une douceur de ſtyle inexprimables. Les Grecs ont fait tant de cas des Ecrits de ce Savant, qu'ils lui ont donné le ſurnom d'*Abeille Grecque*, & de *Muſe Athénienne*.

torien fait le détail. Si Xenophon, ainsi que Cicéron, semblent avoir épuisé toute leur éloquence en faveur de l'amour de la Patrie, que n'ont-ils eu le même zele pour l'humanité, pour tout ce genre humain qui renferme la Patrie & la postérité ?

Sur la République Fédérative, sur les Amphictyons, & sur le Congrès général.

Le mot *Fédératif* n'est pas encore consacré par l'usage, ni par nos Dictionnaires françois, mais il est expressif & admis dans les Pactes, Traités & Conventions entre Puissances, & dans les Papiers Politiques & Ephémeres ; il vient de *Fœdus, eris,* (*Cicer.*) qui signifie *Alliance, Confédération, Ligue, Traité, Loi, Réglement.*

Dans l'excellent Dictionnaire de Kahl, Professeur en Droit à Heidelbert, (*in-fol. 1640.*) le mot *Fœderati*, signifie des Peuples libres, & gouvernés par leurs propres Loix.

La Loi *non dubito, ff. de Captivis & Postlim.* parle *de Fœderatis civitatibus.* La Loi finale *de Locat.* au Code, parle des Soldats tirés *ex Fœderatis Populis.* La Novelle 117 de Justinien en fait aussi mention : ειτε φοιδέρατον, *sive Fœderati.*

Fœdus ex eo dictum est quòd in pascíscendo vic-

timæ fœdè & crudeliter necabantur : ejusque mors aptabatur ei, qui à pace resilisset.

La Loi 7, *ff. de Capt. & Postlim.* distingue deux especes d'alliance : *Fœderis duo genera.* Celle qui est juste & celle qui ne l'est pas. Cicéron dans son Oraison *pro Balbo*, & Tite-Live, au trente-quatrieme Livre, établissent la même division & les mêmes principes que ceux portés dans la Loi citée ci-dessus.

La République *Fédérative*, ou le Congrès général est donc l'Alliance de plusieurs Peuples chacun soumis à leurs Loix & à leurs Usages, qui se réunissant pour leur intérêt commun, fondent & établissent des Réglemens relatifs au bien & au succès de leur Alliance.

Les Amphictyons (*Hist. Anc.*) étoient des Députés des différens Peuples de la Grece, qui, dans leur Assemblée générale, représentoient toute la Nation. Ils avoient d'elle un plein pouvoir de proposer & de résoudre tout ce qu'ils jugeoient d'utile & d'avantageux à la Grece.

Henri Etienne, dans son Trésor de la Langue Grecque, rapporte, à ce mot, les deux origines que les Savans lui donnent, Αμφικτιόνες, *qui circum circa habitant*, ou Αμφικτυόνος, d'Amphictyon, fils de Deucalion, qui régna sur douze Peuples de la Grece.

L'Encyclopédie semble adopter cette derniere opinion, qui, en effet, mérite le plus d'être accréditée.

Les Amphictyons étoient donc en Grece, à peu près ce que sont aujourd'hui les Etats-Généraux dans les Provinces-Unies ; en Amérique, ce que sont les Représentans du Congrès Général; ou plus assimilant encore, ce qu'on appelle en Allemagne, *la Diete de l'Empire.*

Celui qui donna l'idée de ces Assemblées, & qui en convoqua une le premier, fut cet Amphictyon, troisieme Roi d'Athenes, petit-fils de Prométhée, & fils de Deucalion, Roi de Thessalie, qui avoit épousé Pirra sa parente, lesquels échapperent tous deux à une grande inondation qui arriva de leur temps, environ quinze cens ans avant notre Ere, & dans laquelle, selon la Fable, tout le genre humain périt. On connoît à cette occasion la réponse qu'on a fait rendre par l'Oracle de Thémis à Deucalion & Pirra, pour réparer cette perte du genre humain, & ce qu'ils firent en conséquence. Quant à leur fils Amphictyon, disons-nous, ce fut lui qui le premier institua les Juges appellés Amphictyons de son nom; il fit cet établissement pour veiller au bien public de la Grece; & l'imagina afin d'unir encore plus étroitement les Grecs entr'eux & de les rendre par-là la terreur de leurs voisins. Cœlius dit que ce Prince apprit aussi le premier aux hommes à tremper leur vin.

Pausanias, (1) l'Historien, rapporte la liste des Nations qui envoyoient des Députés à ces Assemblées générales, & Eschine (2) celle des Cités qui y étoient admises.

Acrisius, Roi d'Argos, vers l'an 1380 avant l'Epoque chrétienne, & pere de Danaë, institua un nouveau Conseil d'Amphictyons, qui s'assembloient deux fois l'an dans le fameux Temple de Delphes; & ces assemblées subsistoient encore du temps de Strabon, environ l'an 25 de notre Ere (3).

---

(1) Pausanias Historien, & Orateur Grec vivoit sous le regne d'Antonin le Philosophe. Ce savant après avoir demeuré long-temps dans la Grece, alla à Rome, où il mourut fort âgé. Nous avons de lui une excellente Description de la Grece, en dix Livres, dans laquelle on trouve non seulement la situation des lieux, mais aussi les Antiquités, & tout ce qu'il y a de plus curieux & de plus intéressant à savoir sur l'ancienne Grece. L'Abbé Gedoin en a donné une Traduction françoise, en 2 vol. *in*-4°.

(2) Voyez, à l'occasion d'Eschine, ce rival de Démosthene, la Note qui est à la page 310 de ce Livre.

(3) Strabon, célebre Géographe, Philosophe & Historien Grec, Disciple de Xenarchus, florissoit sous Auguste, & mourut sous Tibere dans un âge fort avancé. Il avoit composé plusieurs Ouvrages, dont il ne nous reste que sa Géo-

D'après l'Hiſtoire & les Mémoires de Sully, Henri-le-Grand avoit formé le projet d'un pareil Tribunal pour le bien général de l'Europe ; ſon fidele Miniſtre s'occupa avec le Monarque du ſoin de le réaliſer ; mais un regne malheureuſement trop court, nous fruſtra de l'exécution. Enfin ſous le digne Petit-Fils de ce grand Roi, le Philoſophe Franklin (1) vient de l'établir dans le nouveau Monde, ſous le titre de Congrès Général.

Sur la Démonſtration Légale.

Le Chancelier Bacon, dans ſon Organe des Sciences, a paru deſirer qu'on les traitât toutes avec la même préciſion que les Mathématiques,

---

graphie en dix-ſept Livres. Il y fait paroître tant d'érudition, de jugement & d'exactitude, que cet Ouvrage paſſe, avec raiſon, pour le plus excellent Livre qui nous reſte des Anciens ſur la Géographie.

(1) M. Franklin, né en Amérique, en 1706, a été un des premiers qui ait découvert l'Electricité, & qui en ait expliqué les effets. Nous lui ſommes redevables, entr'autres découvertes, d'être parvenu à ſavoir diriger la foudre, même s'en rendant en quelque ſorte le maître, à pouvoir en détourner les cruels effets. L'Amérique lui doit auſſi ſon Congrès & ſes Loix.

& comme ſi on tenoit la regle & ſe compas ; il en fit lui-même l'eſſai le plus heureux. Wolf, ainſi que Leibnitz, ont traité le Droit Naturel & Civil avec cette préciſion qui annonce qu'ils étoient d'excellens Mathématiciens. Auſſi entre leurs mains, une chaîne merveilleuſe de propoſitions & de conſéquences naiſſant les unes des autres, ſont-elles toutes ſuivies, & chacune géométriquement démontrée dans leur genre ?

Sur le Code de FRÉDÉRIC, *& ſur celui de* CATHERINE.

Le premier compoſé de pluſieurs volumes *in*-8°. parut en l'année 1752. C'eſt un corps de Droit pour les Etats de Sa Majeſté le Roi de Pruſſe, fondé ſur la raiſon & ſur les Conſtitutions de ſon Pays, dans lequel ce Monarque a fait diſpoſer le Droit Romain dans un Ordre naturel, en a retranché les Loix arbitraires, aboli les ſubtilités, & éclairci les doutes & les difficultés.

Catherine II, Impératrice de Ruſſie, vient de faire la même choſe pour ſon vaſte Empire : par-tout on y voit l'empreinte du génie & celle des hautes Sciences, qui, écartant tous les nuages, ne laiſſent briller que la plus éclatante lumiere.

Si l'ingénieux M. Loën a desiré un nouvel Alexandre qui coupât le *Næud Gordien*, pour former un nouveau corps de Droit, dont les Loix fussent toutes fondées sur les principes invariables d'une raison saine & épurée ; son souhait s'est trouvé accompli, & jusqu'à quatre fois en peu de temps ; dans la Prusse, en Russie, dans la Sardaigne & dans le Nord de l'Amérique.

SUR L'ATLANTIQUE.

PLATON, dont rien n'a pu égaler l'élévation du génie, a dit, dans ses Ouvrages, qu'au bout de la Mer Atlantique, nommée ainsi du Mont Atlas, qui traverse l'Afrique, il y avoit une immensité de Pays habités. Ce sont ces vastes régions que Christophe Colomb a le premier découvertes, & que l'on nomme Amérique, d'Améric Vespuce, qui lui donna son nom, quoiqu'il n'y ait constamment voyagé qu'après Colomb. *Sic vos non vobis*, &c.

Sur le Traité de Législation, par M. l'Abbé de MABLY.

M. l'Abbé de Mably divise en deux parties son Traité de la Législation ; dans la premiere, il s'agit du ressort général d'un Gouvernement ;

& dans la seconde des ressorts particuliers : le tout fondé sur le bonheur.

Ces deux Parties forment quatre Livres, & chaque Livre quatre Chapitres.

PREMIERE PARTIE.

LIVRE PREMIER.

Sommaires des Chapitres.

CHAP. I. *Qu'il faut connoître le bonheur auquel l'homme est appellé par la Nature, & les conditions auxquelles elle lui permet d'être heureux, pour juger des Loix les plus utiles à la Société. Le devoir du Législateur est de faire fleurir les qualités sociales par lesquelles nous sommes invités à nous unir en Société.*

CHAP. II. *La Nature a voulu que l'égalité dans la fortune & la condition des Citoyens, fût une condition nécessaire à la prospérité des Etats.*

CHAP. III. *De l'établissement de la propriété. Elle n'est point la cause de la réunion des hommes en Société. La Nature les invitoit à la communauté des biens.*

CHAP. IV. *Des obstacles insurmontables qui s'opposent au rétablissement de l'égalité détruite. Dans l'ordre des choses où nous nous trouvons, le Législateur doit, avec prudence,*

LIVRE SECOND.

SECONDE PARTIE.

LIVRE TROISIEME.

LIVRE QUATRIEME.

Sur les Loix, la Justice, la Bonne foi, la Prudence & la Connoissance du cœur humain.

Il y a bien des choses que l'on dit, par la seule raison qu'on les a toujours dites. On ne se lasse pas de nous répéter qu'un Corps complet de Loix est une entreprise au-dessus des forces humaines & des talens les plus sublimes. D'autres osent assurer le contraire, en avançant qu'il ne seroit pas plus difficile de faire en France ce que le Roi de Prusse & le Roi de Sardaigne ont fait à ce sujet dans leurs Etats, sur-tout dans un siecle aussi éclairé qu'est le nôtre, & dans un Gouvernement sage & modéré où il est si satisfaisant de participer à la conduite des affaires, n'y ayant rien de si doux ni de plus flatteur que de se procurer les occasions & les moyens de faire des heureux (1).

Tacite, en parlant de la multiplicité des Loix & du grand nombre de Jurisconsultes, remarque que cela témoigne une grande corruption dans la République ; & Platon dit aussi, (*de Republ. Lib. 3.*) que la multitude des Jurisconsultes &

(1) Secourir l'Infortune est le premier devoir,
Le plaisir le plus pur de l'absolu pouvoir.

des Médecins eſt le témoignage le plus certain des déſordres d'un Etat : voici la raiſon qu'ils en donnent ; c'eſt que les maladies du corps ſont le plus ſouvent les ſuites des maladies de l'ame, & que parmi les maladies de l'ame, la pire de toutes, eſt la mauvaiſe foi qui engendre les procès & multiplie les Juriſconſultes. Si la barriere de l'honneur & de la bonne foi, *ajoute Platon*, eſt preſque rompue dans ce ſiecle, s'il faut aujourd'hui plus d'habileté pour traiter avec un ſeul homme, qu'il n'en falloit autrefois pour traiter avec tout un Peuple, combien de connoiſſances réelles, d'exactitude & de probité ne doivent donc pas avoir nos Orateurs modernes ? Ecoutez tout le monde, dit Mentor à Télémaque ; croyez peu de gens ; méfiez-vous de vous-même ; craignez de vous tromper ; ſur-tout ſoyez en garde contre votre humeur, c'eſt un ennemi que vous porterez par-tout & juſqu'à la mort ; il entrera dans vos Conſeils, & vous trahira, ſi vous le ſuivez. On en peut dire autant à tout homme qui ſe deſtine à défendre ſon ſemblable ; mais on pourroit ajouter qu'on eſtime ou qu'on mépriſe un homme ſelon ſa bonne ou mauvaiſe foi, & que pour attirer la confiance des autres, on doit être exact à remplir ſes engagemens, & ne jamais recourir à des faux-fuyans ou des chicanes qui déshonorent ; c'eſt-là ce qui diſtingue particuliérement l'Avocat, qui, en donnant aux autres tous ſes ſoins, s'efforce d'éloigner de leur eſprit les maux qu'occaſionnent la chicane & les procès.

Auſſi la connoiſſance du cœur humain lui eſt-elle encore indiſpenſable ; il faut qu'il étudie le caractere des gens à qui il a affaire, leur paſſions & leur maniere d'agir ; un œil pénétrant voit les mouvemens de l'ame ; les phyſionomies ne feront point trompeuſes pour lui : il diſtinguera les démonſtrations extérieures auxquelles le cœur ne répond pas, il développera le caractere, & par-là découvrira la vérité qui lui eſt ſi importante de connoître.

La prudence eſt encore de ſon reſſort ; qui ſe preſſe trop, s'expoſe à ſe tromper : c'eſt un eſprit de combinaiſon que celui de la prudence ; douée d'un bon diſcernement, elle n'agit pas ſans réflexion, & ſes réſolutions ſont toujours tardives.

Séneque veut qu'on diſcute à loiſir les partis divers, avec leurs motifs, & quand il ſurvient quelques doutes, qu'on ne paſſe pas outre ſans les avoir éclaircis : à cet effet il faut, dit-il, prendre le temps néceſſaire. Malheur à ces eſprits impétueux

&

& bouillants ; la prudence eſt incompatible avec de tels caractères, les plus ſolides marchant toujours accompagnés de la prudence , de l'Equité, de la diſcrétion & de la bienfaiſance : auſſi les vrais grands Hommes, aſpirant ſans ceſſe à la perfectibilité de toutes ces vertus, quelque ſublimes que puiſſent être leurs Ouvrages , ils ne ſeront jamais qu'un foible hommage rendu à l'excellence de ces mêmes vertus, à moins que, profondément gravées dans le fond de leur cœur, la pratique ne s'en manifeſte avec vérité dans l'extérieur de leurs actions: alors on pourroit équitablement leur adreſſer ce Diſtique fondé ſur l'expérience :

On dit toujours bien ce qu'on dit,
Quand le cœur fait parler l'eſprit.

Car pourquoi mettre au jour tous ces diſcours frivoles,
Et ces riens renfermés en de grandes paroles.

Despr.

De la ſaine Equité, gardons toujours les Loix;
Qui peut nous ébranler dans un ſi juſte choix (1)?

(1) *Parti civium conſulentes, partem negligentes aut opprimentes, rem perniciosiſſimam inducunt, ſeditionem atquè diſcordiam.* Cic. de Offic. L. 1, n°. 25.

Oſtendere Patriæ lumen animi, ingenii conſiliique ſui oportet. Cic. Somnium Scipionis.

Naturam optimam vivendi ducem ſequi oportet.
Cic. de Amicitiâ, n°. 5.

Si la Religion consacre en apparence
L'usage de la force & de la violence,
Contre des innocens, victimes de l'erreur,
Succombants sous le poids de leur propre fureur;
Celui qui de Thémis suit l'équitable Empire,
Aime mieux sur l'Autel user, pour les conduire,
Du flambeau qui l'éclaire & peut les consoler,
Que du glaive cruel pris pour les immoler.
Quand c'est l'humanité qu'on blesse ou qu'on étonne,
En défendre les droits, c'est porter la Couronne.

On peut rappeller ici le beau trait d'Histoire du Comte d'Orthez, Commandant pour le Roi à Bayonne, qui sauva, malgré les ordres de Charles IX, les Protestans de sa Ville & du Pays de Béarn; comme aussi celui de Jean Hennuyer, Précepteur de Charles IX, puis Evêque de Bayeux, lequel sauva pareillement, dans son Diocèse, ces malheureuses victimes, de l'affreuse

---

Observare debemus bene de Republicâ sentientes, & bene meritos, aut merentes, aliquo honore aut imperio affectos.
Cic. de Offic. L. 1, n°. 41.

Naturam optimam ducem, tanquàm Deum, sequamur eique pareamus. Cic. de Senectute, n°. 2.

Deus neque irasci solet, neque nocere.
Cic. de Offic. Lib. 3, n°. 29.

nuit de la S. Barthelemy. Leurs noms, quoiqu'écrits dans bien des Mémoires, ne sauroient être trop répétés, ainsi que ceux des Comtes de Tendes & de Charny; & encore de MM. de Saint-Herem, Tannegui-le-Veneur, de Mandelot, de Bordes, & Thomasseau de Cursay, Gentilhomme Angevin. La réponse que ce dernier fit au Duc de Guise, qui l'avoit chargé du massacre des Religionnaires, est conçue en termes bien énergiques :

Monseigneur, je porte d'honorables marques de mon zele & de ma fidélité pour le service de mon Roi; je chéris plus ces blessures, que les marques d'honneur dont V. A. me veut décorer, parce que je les ai acquises par des actions nobles. Vous me dénigreriez dans votre cœur, Monseigneur, si je les acceptois en vous obeissant dans un office qui ne convient qu'aux Ennemis du Roi & de son Etat; il n'y a pas ici un seul homme dans les Citoyens, ni dans la raffataille, qui ne soit prêt à sacrifier son bien & sa vie pour le service du Roi; mais il n'y en a pas un seul dans ces différens Etats, qui voulût exercer un office aussi odieux & si contraire à l'humanité. Je suis, &c.

Signé, THOMASSEAU DE CURSAY.

13 Août 1572.

Ce n'est donc pas assez de ne faire aucun tort.
Il nous reste un devoir non moins grand, mais plus fort.

C'eſt d'être toujours prêt à conſtamment défendre
Celui qu'injuſtement l'on voudroit entreprendre,
Tyranniſer, proſcrire, avilir, dépouiller,
Il faut dans tous les temps prompt à le protéger,
Conſacrer ſes talens, ſa fortune & ſon zele,
Et ſervir l'innocence, en ſe vouant pour elle.
Qui n'eſt point toujours prêt à voler ſur ſes pas,
Ne peut être qu'au rang des lâches, des ingrats.
Défenſeur des abſens & de la République,
Il faut qu'on ait encor l'ame toute publique,
Le cœur tout plein de feu, les yeux toujours ouverts,
Et qu'on ſoit le fléau de ces Monſtres pervers,
Qu'un horrible Démon a vomi dans ſa rage,
Pour nuire au genre humain & pour lui faire outrage.
Le vrai ſage eſt un Roi qui ſait ſécher nos pleurs,
En réparant les maux, en verſant ſes faveurs.
Défendre l'opprimé, mourir pour ſa Patrie,
Voilà les plus beaux traits d'une innocente vie.
Tels ſont, ô Démoſthene, & vous grand Cicéron,
Les faits qui vous ont joint au ſublime Caton (1):

(1) Voyez à la page 293 du Diſcours, la Note (2), ſur la fin auſſi tragique qu'héroïque de Démoſthene & de Cicéron, & celle ſur Caton, page 54.

Oui, le Monde vieillit, en dépit de l'Hiſtoire,
Mais vos lauriers ſans prix, ſoutiendront votre gloire;
Du nuage des temps perçant l'obſcurité,
Ils ſont un monument pour la Poſtérité.
Courage de l'eſprit, c'eſt ton plus bel exemple !
Chacun avec reſpect l'admire & le contemple.
Qui craint les fers, la mort, ou qui ne ſait ſouffrir,
De la ſainte équité, n'a point le ſouvenir;
Sans force & ſans vigueur, comme le ſort l'ordonne,
Tantôt il ſuit ſon char, tantôt il l'abanbonne;
Et vrai Caméléon, rapportant tout à lui,
Il change avec le temps de ſyſtême & d'appui.

TRADUCTION ou imitation libre d'un paſſage des Offices de Cicéron, au Livre premier, n°. 9, commençant par ces mots : PRÆTERMITTENDÆ AUTEM DEFENSIONIS, DESERENDIQUE OFFICII PLURES SOLENT ESSE CAUSÆ, &c.

Juſtus nemo eſſe poteſt, qui mortem, qui dolorem, qui exilium, qui egeſtatem timet, aut qui ea, quæ his ſunt contraria, æquitati anteponit, maximèque admirantur eum, qui pecuniâ non movetur : quòd in quo viro perſpectum ſit, hunc igni ſpectatum arbitrantur. Itaque illa tria, quæ propoſita ſunt ad gloriam, omnia juſtitia conficit ; & benevolentiam, quòd prodeſſe vult plurimis : & ab eandem cauſam, fidem : & admirationem, quòd eas res ſpernit & negligit, ad quas plerique inflammati aviditate rapiuntur.

Cic. de Off. Liv. 2, n°. 11, pag. 221, Edit. 1688, Amſtel.

Combien de gens dans la Société, qui, induſtrieux & tout occupés du ſoin de leurs affaires, ou plus ſouvent encore de leurs plaiſirs (*), ſe con-

(*) N'eſt-il pas à propos que l'homme ſe ſouvienne,
(Ainſi que je l'ai dit, pour qu'il s'en abſtienne ;)
Que l'excès du plaiſir, fruit d'une folle erreur,
Comme les maux réels, produiſant la douleur,
Doit toujours s'éviter, ſi l'on veut vivre en Sage,
Et des cuiſants remords, ſe ſouſtraire à la rage.
Que ſeroient les plaiſirs ſans l'aimable ſanté ?
Elle a le pas ſur tout, même ſur la beauté ;
En vain ſans ſes Bienfaits, la fortune careſſe ;
Elle ouvre tous les cœurs à la douce allégreſſe,
Source de tous les biens, ſource du vrai bonheur,
Santé paſſe richeſſe, agrément & grandeur.

Voyez au Diſcours les Notes inſérées pages 187, 218 & 272, n°. 2, relatives à cet objet.

tentent de ne ſaire aucun tort aux autres; n'imaginant point qu'ils tombent dans une eſpece d'injuſtice, en ne prenant pas la défenſe du Citoyen opprimé. Cette défenſe ſi naturelle étant un des plus beaux privileges de tout homme inſtruit, & formant celui qui caractériſe la Profeſſion d'Avocat; c'eſt donc à un devoir ſi noble, que l'Interprete de ces Loix, ſauves-gardes de l'Empire, que cette Sentinelle toujours en faction à ce dépôt ſacré de lumieres publiques, dont elle eſt le vigilant Conſervateur; c'eſt, diſons-nous, à cette légitime défenſe, à ce ſecours ſi patriotique & ſi ſalutaire, que l'Avocat, en un mot, doit tout conſacrer & tout ſacrifier, talens, veilles, amour-propre, fortune, exiſtence; & encore ſans balancer, ce qu'il a de plus cher, la gloire & l'honneur même, s'il étoit poſſible.

L'homme n'eſt point méchant de ſa propre nature,
Il eſt né bon, ſenſible, humain & généreux,
Il goûte au fond du cœur une volupté pure,
En eſſuyant toujours les pleurs du malheureux.

ODE,

A Madame DUMONT, *en lui envoyant l'Épître sur l'Équité, que l'Auteur soumettoit aux talens, & au goût décidé de cette Dame pour la Poésie.*

SAPHO, dans tes charmans Ouvrages,
Du vrai beau, j'ai puisé le goût;
Eleve de nos doctes Sages,
Chez toi, l'on les retrouve en tout.
De d'Olivet, de Fontenelle,
Tu reçus les hautes leçons.
Qu'il est heureux d'être fidelle,
A cultiver un riche fonds!
Ils t'ont légué tout leur génie,
Leurs sublimes talens, leur Art;
Sans vouloir te porter envie,
Que ne peux-tu m'en faire part!
D'un Poëte tel que Voltaire,
Tu sus fixer l'œil pénétrant;
Il voulut, cherchant à te plaire,

Favoriser ton bel enfant (1).
Du talent l'Arbitre suprême,
Accueillant la nouvelle Hébé,
La rendit célebre elle-même,
Pour l'honneur de l'avoir chanté.
C'est un privilege au Parnasse,
(Quand on y tient le premier rang,)
D'enchaîner l'esprit par la Grace,
Qui soumet les cœurs au talent.
Vénus déploya sa ceinture
En faveur du Berger Pâris;
Et sa plus brillante parure
Orna ses plus chers Favoris.
Mais où m'emporteroit mon zele;
En citant la Mere d'Amour,
Quand c'est l'esprit d'une Mortelle
Que je veux chanter en ce jour.
Dans ses Œuvres, l'aimable Horace,
Nous semble vivre & respirer,
Elle recueille sur sa trace
L'art séducteur d'intéresser (2).

---

(1) Les Vers que M. de Voltaire adressa à Madame Dumont, sont dans un Recueil d'excellentes Pieces composées par cette Dame, imprimé chez de Hansy, en 1764.

(2) Les Odes les plus agréables de ce Poëte sont traduites, avec autant de sagacité que de goût, dans le Re-

De Lafontaine & de la Suze,
Sans cesse la légéreté,
En tes écrits, nouvelle Muse,
Réunit toute la gaieté.
L'Amour & la Philosophie
Semant des fleurs sur le chemin
D'une rapide & courte vie;
Tu les cueillis à pleine main.
Mais les jolis Vers, dont ta Muse
M'honora sans les mériter,
Sont la cause que j'en abuse
Jusqu'à t'oser solliciter,
De vouloir relire une Epître,
Dont tu louas quelques morceaux,
Seulement en faveur du titre,
Ou de quelques coups de pinceaux.
Daigne donc reprendre la lime,
Sans épargner le moindre endroit;
J'abandonne à ton goût sublime,
Tout le poids du paternel droit.
Non, ne crains rien de ma foiblesse,
Et songe à la postérité,
Il faut oublier sa tendresse
Pour tendre à l'immortalité.

---

cueil de Poésies de Madame Dumont, laquelle est insérée parmi les Femmes célebres.

Je puis ſoumettre à ton enclume,
Quelques autres eſſais divers,
Si tu veux exercer ta plume
Dans l'art de reforger mes Vers.

RÉPONSE de Madame DUMONT à l'Auteur de l'Ode ci-deſſus.

Le blond Phébus voulant à Jupiter,
Offrir des fleurs au lever de l'Aurore,
Parcouroit les Jardins de Flore;
Et plus agiſſant que l'éclair,
En un inſtant dépouilloit chaque Arbuſte.
Il en faiſoit l'amas délicieux;
Quand Minerve, au front ſérieux,
Lui dit: « Si par un choix plus juſte,
» Aſſortiſſant mieux vos couleurs,
» Vous amonceliez moins de fleurs,
» De votre ſublime guirlande
» Le Dieu de l'Univers flatté,
» Payeroit cette digne offrande
» Du don de l'immortalité.

Vous la méritez, Monſieur, dans tous les genres, & je me hâte de vous dire que perſonne ne ſent mieux que moi, le prix de vos talens, & la beauté de votre ame. . . . .

Vous voyez que j'uſe de la permiſſion que vous m'avez donnée de faire quelques remarques ; & en vérité, je trouve qu'elles ſont bien légeres dans un Ouvrage où je découvre mille beautés pour une négligence.

Je dois beaucoup aux illuſtres Ecrivains qui ont aſſez cultivé mon goût, pour que je ſente tout le prix de vos productions : elles ſont auſſi ſavantes dans le genre érudit, qu'agréables dans tous les autres objets.

Je ne puis rien répondre à l'Ode élégante dont vous m'honorez, qu'en admirant combien votre imagination brillante adopte avec politeſſe les choſes qu'elle préſume ; & je voudrois, pour la gloire de cette Piece, que le ſujet en fût plus digne : mais comme le zele tient lieu de beaucoup, je mettrai le mien à la place du talent. Cette penſée me rappelle une Fable qui paroît le prouver.

L'Aigle & le Linx.

En décrivant ſon vol rapide,
L'Aigle vit un fruit précieux,
Digne du Souverain des Dieux ;
De le lui préſenter avide,
Il s'élevoit juſques aux Cieux.
Quand un Linx, en portant les yeux
Sur ce chef-d'œuvre de Pomone,

Voyant une paille, s'étonne
Qu'elle y réside par hazard;
Et la détachant avec art,
Offre la peinture fidelle,
Que rien n'est petit, quand le zele,
Au succès, aime à prendre part.

L'envie de remettre au plutôt l'Epître me l'a fait parcourir rapidement, sans cependant avoir négligé d'y mettre l'attention qu'elle mérite, en sacrifiant le plaisir qui résulte de se fixer sur ce qui en vaut la peine.

Mille choses à la plus respectable des Tantes (1); j'ai dit bien des fois, *Utinam* que je la visse tous ses jours.

VERS en Réponse à la Lettre de Madame DUMONT.

Sage Sapho, vous êtes ma Minerve,
Vous le savez, je ne suis point Phébus;
S'il me dota d'un peu de votre verve,
Ce ne fut qu'en faveur de mon culte à Venus.
Mon œil vous vit d'abord sur le Parnasse,

(1) Madame Barreau, tante de l'Auteur, veuve de l'Ancien Avocat au Parlement, lequel étoit bien connu par l'exactitude & la sévérité de son zele pour la Justice.

Et recevant & donnant des lauriers (1).
Je m'avançois sur les hauts monts de Thrace,
Pour y chanter vos Vers & nos Guerriers.
  Le Dieu soudain intimida ma veine,
Et d'un regard fit pâlir mon espoir !
Dès ce moment mon attente fut vaine,
Et je jurai de ne le plus revoir.
Trop vain serment ! ma Muse se ranime
En relisant la *Législation* :
J'aime Thémis. Phébus m'en fait un crime,
Et me punit par l'incorrection.

---

(1) Ce fut à l'Académie Françoise, un de ces jours solemnels de la distribution des Prix, que l'Auteur vit, pour la premiere fois, Madame Dumont : ce qui lui procura le bonheur de pouvoir ensuite cultiver cette heureuse connoissance. Mesdames Geoffrin, de Puisieux & du Boccage, augmentoient le mérite de la brillante Assemblée.

ÉPITRE
SUR L'ÉQUITÉ,
A M. L'ABBÉ DE MABLY,
A l'occasion de son Traité DE LA LÉGISLATION.

N. B. *Cette Piece se lit déja dans ce Volume*, page 361 ; *mais comme elle avoit été imprimée avant que l'Auteur eût pu y mettre la derniere main, on a cru devoir la replacer ici revue & augmentée.*

Æquitas enim lucet ipsa per se.
Cic. Offic. 1.

J'AI lu, sans le quitter, l'inestimable Ouvrage,
Qui ne pouvoit sortir que de la main d'un Sage ;
Sans avoir vu ton nom, dans mon cœur établi,
Dès la premiere page, ah ! c'est toi, cher Mably,
Ai-je dit aussi-tôt ; quel plaisir de te lire,
Toi que mon cœur chérit, que mon esprit admire !
J'ai dévoré d'abord, dans le Traité des Loix,
Ce Fragment précieux dont ton goût a fait choix :
Son Auteur fut toujours mon astre & ma boussole,
Navigeant avec lui, qui pourroit craindre Eole ?
Principes immortels, où chaque Nation
Puise, selon ses mœurs, sa Législation :
Trésors toujours croissans de raison, de sagesse :
Perpétuels foyers de force, de noblesse :
Voilà ce que nous offre un moderne Caton,
Qui répand sur le vrai les graces de Platon.
A sa voix, Phocion, Socrate vont revivre :
Mably, je vois leur ame empreinte dans ton Livre.
Mais quoi ! Cicéron même est sauvé du trépas :
Ton organe est le sien, l'on ne s'y méprend pas:
Tu sais restituer le plus beau de l'antique,

E e

Et nous rends en ce jour toute sa *République*. (*)
C'est un nouveau Soleil qui luit pour l'Univers :
Tout cœur te doit des vœux, tout Poëte des Vers.
Ainsi que ce Romain, tu peins en dialogues ;
Tu semes l'intérêt jusqu'en tes monologues :
Et chaque personnage, aimant la vérité,
Est digne, en la disant, de la postérité.
Ton style, avec l'éclat de l'onde la plus pure,
Coule, comme un ruisseau, du sein de la Nature.
Le cœur est entraîné du flot de tes discours ;
Et ce fleuve bientôt nous ravit dans son cours.
Sans cesse ton *Suédois*, la raison dans la bouche,
M'éclaire & me convainc, me pénetre & me touche.
Milord, esprit sublime, homme fier, vertueux,
A tant de vérités cede en impétueux.
Et toi, docte Mably, l'Auteur de cet ouvrage,
Je reconnois ton cœur, à l'accent de ton Sage :
Jamais avec plus d'art on n'offrit la raison ;
Et ta plume à l'erreur a ravi son poison.
Ton Œuvre se divise en deux simples parties,
Que l'Art & la Nature ensemble ont assorties :
Dans tes Livres je vois quatre vivans tableaux
Où du Grand Raphaël j'admire les pinceaux ;
Et l'Artiste y peignant le bonheur de la terre,
Puise dans l'ÉQUITÉ ses traits & sa lumiere.
Muses, inspirez-moi les plus sublimes chants :
Rendez ma voix plus forte, & mes sons plus touchans ;
Présentez à mes yeux les bords de l'Hippocrène. . . .
Je crois voir Uranie, Erato, Melpomène ;
Et prends avec respect la lyre de leurs mains.
ÉQUITÉ, Loi du cœur, ressource des humains,
Que toutes vos beautés brillent en cette Epître ;
Votre Prêtre est mon guide, & vos droits sont mon titre.
Oui, mon ame en naissant essaya vos crayons ;
Toujours elle adora l'éclat de vos rayons :
Quoiqu'au milieu des flots, inquiete, agitée,
Elle vous a toujours chérie & respectée :

(*) On sait que les six Livres de la *République* de Cicéron sont perdus, & qu'il en reste des Fragmens qui font sentir toute l'importance de la perte.

Attentive & fidelle à marcher sur vos pas ;
Elle fit son bonheur de vos divins appas ;
Et sous le voile épais d'un séducteur nuage,
Jusques en s'égarant vous rendit son hommage.
Vous fûtes le foyer de ses brûlants desirs,
Et ce n'est que par vous qu'elle a de vrais plaisirs.
Au milieu de la nuit, au lever de l'aurore,
A midi c'est vers vous qu'elle soupire encore.
Comme l'Astre du jour étincelant aux Cieux,
Echauffe notre sang en éclairant nos yeux ;
Telle cette Equité, perçant le fond des ames,
Eclaire les esprits de ses célestes flammes ;
Et par le vif éclat d'un feu toujours vainqueur,
Porte dans notre sein la vie & la chaleur.
Avant que la lumiere eût éclairé le Monde,
Eternelle Equité ! ton empire se fonde :
Sur ceux que tu choisis, tu balances tes droits,
Primitif élément des cœurs purs, des cœurs droits.
Ce que le plus beau jour présente à notre vue
N'est rien qu'une lueur par nos sens apperçue :
L'Equité rayonnante est l'œil de la raison.
Le Soleil en sa course, éclairant l'horison,
N'offre de l'Equité qu'une mobile image.
De celle-ci la base est dans le cœur du sage ;
Et c'est-là qu'est le Dieu, le Pontife, & l'Autel
Où brûle le parfum d'un encens immortel.
Le fonds de l'Equité, c'est la vérité pure,
L'aimable égalité, le vœu de la nature ;
Elle est le mouvement, la volupté du cœur,
L'aliment de notre ame ; & notre vrai bonheur.
Disparoissez, grandeurs, plaisirs, & vous, richesses,
Vous n'êtes rien au prix de ses chastes caresses.
Qui cede à l'Equité, devient toujours heureux ;
Il remplit à la fois ses devoirs & ses vœux.
Comme en nos prés fleuris le ruisseau qui serpente,
Ne fait tant de détours que pour suivre sa pente ;
Ainsi de l'Equité dès qu'on entend la voix,
On suit le vrai penchant, & l'on fait un bon choix.
Tout autre nous détourne, ou plutôt nous égare :
Tels le voluptueux, l'ambitieux, l'avare

N'ont dans leurs vains transports que de plus vains plaisirs.
L'Equité fait aimer les travaux, les loisirs.
En naissant, l'Equité, de sa main libérale
Vient essuyer nos pleurs : diligente, elle étale
Une suite de soins, de bontés, de secours;
Appui toujours actif de nos fragiles jours.
Mon cœur en est ému; cette voix douce & tendre
Sait, jusqu'en ses replis, le toucher & l'étendre;
Et s'entr'ouvrant au cri de la compassion,
Prompt, il vole au secours.... ô douce émotion!..
Je mets tout mon bonheur dans le bonheur des autres:
Vos plaisirs sont les miens, & les miens sont les vôtres.
Offrez-moi l'à-propos d'un trait d'humanité:
Pour moi c'est un besoin qu'un acte de bonté.
Ah! pour le citoyen si mon cœur s'intéresse,
Que d'ardeur, que de feu, quelle vive tendresse
Pour mon Pays, mon Roi, vont échauffer mon sein!
Mais combien plus de feux pour tout le Genre humain!
Ce spectacle me touche; & rentrant en moi-même,
J'entends l'auguste voix de l'Equité suprême,
Me dire que mon Dieu n'accepte que l'encens
Qu'allument à ses yeux les Hommes bienfaisans:
Culte pur comme lui, digne de son essence,
Et qui répond enfin à sa toute-puissance.
Sa bonté s'est empreinte en ces Globes divers.
Pour temple il a voulu tout le vaste Univers.
Sa loi réside en nous; & son code est notre ame.
Sa Sagesse féconde, intarissable flamme,
Est toujours agissante, & juste ainsi que lui;
Elle fut & sera ce qu'elle est aujourd'hui:
Dans le moindre clin d'œil elle parcourt l'espace;
Des mondes infinis renaissent sur sa trace.
Jettant avec bonté les yeux sur les humains,
Elle aime à protéger l'ouvrage de ses mains.
Astre toujours brillant de sa propre lumiere,
Son flambeau nous concentre en sa source premiere.
Oui, dans cet Univers, de l'un à l'autre bout,
Il fait de la famille & du Chef un seul tout.
Nous sommes ses enfans; le monde est son ouvrage:
Vivre c'est l'adorer; l'aimer comble l'hommage.

La vie a deux flambeaux : la raison & l'amour,
Mais que l'erreur, le vice éteignent tour à tour.
Qui doit les rallumer ? C'est le souverain Etre.
En lui voyons l'ami, plus encor que le maître :
Il pénetre notre ame, & pour y régner mieux,
Y place avec plaisir & son trône & les Cieux.
C'est par le sentiment que Dieu se communique ;
Le cœur parle en secret, & la raison s'explique
Sans secours, sans effort, & sans nul appareil,
Ainsi que l'œil s'entr'ouvre aux rayons du Soleil.
Tel est, tel est le cri de notre conscience,
Qui guide la vieillesse & qui conduit l'enfance.
On entend par sa voix, si l'on l'écoute encor,
Qu'un cœur droit & sensible est le premier trésor.
C'est le pur sacrifice & c'est la juste offrande
Que pour nous rendre heureux notre Auteur nous demande.
Qui peut ne pas l'aimer ? Est-il rien de si doux ?
Dans ce vaste Univers qu'il ne fit que pour nous,
Sa sagesse, ses loix embrassent toutes choses,
Il enrichit les champs, il parfume les roses ;
Et nous donnant un cœur compatissant, humain,
C'est par ce dernier trait que triomphe sa main.
  Mais la Loi sociale éleve, épure, attise
Le feu de la nature ; elle le civilise.
Notre force s'accroît par la Société :
Nous trouvons dans ses nœuds notre félicité ;
Source du vrai bonheur, nous pouvons tout par elle.
On doit donc constamment lui demeurer fidelle,
La servir en tout tems d'un dévouement égal,
Ne voir que par ses yeux & le bien & le mal :
Elle-même toujours active à nous défendre,
Nous prodigue ses soins en mere la plus tendre.
  Peut-on, après cela, regarder sans douleurs,
Que dis-je ? sans verser d'amers torrents de pleurs,
Ces féroces humains, enivrés de la guerre,
Désoler à la fois les deux bouts de la terre ;
Se déchirer sans cesse, & se percer le flanc ;
N'être désaltérés que par des flots de sang,
S'y plonger avec joie, & se plaire au massacre,
Que l'aveugle fureur ennoblit & consacre ?

Triſtes fruits de l'orgueil & de l'ambition ;
Et trop ſouvent, hélas ! de la Religion. . . . .
De la Religion ? Non de la véritable :
Celle-ci toujours juſte , humaine , charitable ,
Brûlant d'un vif amour pour chacun des mortels ,
Voudroit les unir tous par des nœuds éternels.
Elle ne voit , de l'Inde aux bords de la Caſtille,
Qu'une même maiſon , qu'une ſeule famille ;
Et comme le Soleil les éclaire en ſon tour ,
Elle voudroit par-tout un ſeul & ſaint amour.
  Voilà quels ſont ſes traits & ſon vrai caractere ;
C'eſt-là l'humanité : le ſentiment contraire
Qui tend à refroidir, diviſer , déſunir ,
En s'abreuvant de fiel , nous porte à nous haïr :
Tel eſt l'eſprit de ſecte ; & l'affreuſe diſcorde
Vient troubler les beaux jours que le Ciel nous accorde.
  Pourquoi de l'Equité ne pas ſuivre la voix?
Sans elle, hélas ! un cœur peut-il vivre une fois ?
Elle regle les mœurs , elle indique la route ;
Dès que l'on s'en écarte , on erre dans le doute :
Au milieu des débris , bronchant à chaque pas ,
La chûte eſt ſans eſpoir , on n'en releve pas.
La ſimple vérité facilement nous mene ;
Il ſemble que ſon poids , vers elle nous entraîne ,
Et quand on lui réſiſte , on devient l'ennemi
De la lumiere même , en voyant à demi.
Elle nous abandonne , & l'on eſt ſans reſſource ;
C'eſt un fleuve trompé remontant vers ſa ſource ,
Qui voyant de ſes eaux diſperſer les tréſors ,
Ne peut les réunir malgré tous ſes efforts.
  Ah ! de la vérité reconnoiſſons l'empire ,
Et ne réſiſtons plus au charme qu'elle inſpire.
L'on ne parvient au vrai que par le ſentiment ;
Mais de la paſſion naît le faux jugement.
Enchaînons donc nos cœurs , pour ſuivre la nature ;
C'eſt de la vérité la route la plus sûre.
  Pendant le peu de jours qu'ici nous reſpirons ,
Sous le joug de l'erreur courbés nous végétons ;
Nous rampons ſur la terre , en y traînant la chaîne
Que forge pour nos maux une infernale haine...

Que les fastes des tems à mes yeux soient fermés !
Je n'y vois que fléaux : mes sens sont allarmés :
Je frémis, mon cœur hait la colere & la guerre.
L'amour & l'amitié sont les Dieux de la Terre :
Elle seroit en paix, sans cet honneur fatal
Que l'Homme crut trouver à dompter son Egal.
Orateurs désastreux ! Funeste Poésie !
Que vous avez semé, dans le cours de la vie,
De crimes, d'attentats, de peines, de douleurs,
En chantant les Tyrans & leurs lauriers vainqueurs !
Oh ! que de maux tombés sur les plus cheres têtes,
Pour avoir fait un Dieu de l'Esprit de conquêtes !
Jusqu'à quand les Drapeaux de nos dissentions
Seront-ils abreuvés du sang des Nations ?
Assez & trop long-tems, tous les lieux, tous les âges ;
Ont d'un fer destructeur éprouvé les ravages :
Le Démon des combats, & celui des forfaits,
N'ont que trop accablé le Monde de leurs traits :
Un absurde intérêt, une gloire frivole
L'ont tenu sous les pieds de leur trompeuse idole.
La Paix, la douce Paix nous offre son secours,
Et notre orgueil blessé le rejette toujours.
Les Arts ont embelli la face de l'Europe ;
Mais pour la désarmer, il faut plus d'un Esope.
Quand cessera-t-il donc ce féroce sommeil ? ....
  Le génie a parlé ; c'est l'instant du réveil.
Nos cœurs, loin d'applaudir au mal qu'ont fait les armes,
Le veulent effacer par nos dernieres larmes.
Le voile est arraché, la vérité paroît ;
L'on n'entend plus qu'un cri : LE COMMUN INTÉRÊT.
  Tel est, Mably, tel est l'humble, mais pur hommage,
Que ton Œuvre ravit à ma Muse sauvage.
Héraut de l'Equité, que n'ai-je plus de voix !
Je chanterois LOUIS, & PROVENCE, & D'ARTOIS ;
Ces noms, chers à nos cœurs, suffiroient pour entendre
Jusqu'où de l'Equité les droits peuvent s'étendre.
Mais pour oser chanter la gloire de nos Dieux,
Homere ! il me faudroit tes sons harmonieux.
Mon cœur offrit pourtant le tribut de ma Muse,
Lorsqu'aux pieds de LOUIS, interdite, confuse,

Celle qui l'a nourri, par mes vers lui parla,
Et que dans ses malheurs elle l'intéressa. (*)
Par un succès si doux ma lyre consolée
A de plus grands efforts pouvoit être appellée,
Apollon m'eût souri; mais contraignant mes feux,
A Thémis que je sers j'ai borné tous mes vœux.
Dans ses champs, Wolff, Leibnitz, sitôt que je m'éveille;
Me présentent des fleurs, dont je deviens l'abeille;
Sans cesse mon esprit attaché sur leurs pas,
Médite leurs leçons, & saisit leur compas.
Ils ont de l'art des Loix débrouillé la logique;
Leur démonstration claire, mathématique,
En les développant, confirme l'Equité,
Les droits de la raison & de la vérité.
  L'Equité régira l'un & l'autre hémisphere;
Elle va triompher: sa force, sa lumiere
Font des efforts puissants pour se développer:
C'est l'éclat d'un beau jour, tout prêt à nous frapper;
L'erreur est fugitive, & le Vrai l'a bannie.
Vous allez donc enfin, raison, talent, génie,
Réunis par le goût du sublime & du beau,
A nos yeux attentifs achever le tableau.....
L'éclair sort du nuage: à son aspect le monde
Sent redoubler sa vie & sa chaleur féconde:
Le globe s'agrandit, & le Septentrion
Présente à nos regards un nouvel horison.
L'illustre Frédéric, par son célebre code,
Fit luire le premier la nouvelle méthode.
S'embrâsant à ce feu, l'héritiere du Czar
A fait pour Pétersbourg ce qu'a tenté César
Le droit de la nature, aux bords de l'Atlantique,
Exerce son pouvoir & sa force énergique.
  Mais ce n'est pas assez que d'aimer l'Equité,
D'en connoître l'essence, & toute la beauté;
D'avoir approfondi ses plus sages maximes,
Ce qui donnant des mœurs étouffe tous les crimes:

(*) En 1773 l'Auteur eut l'honneur d'adresser au Roi, alors Dauphin, une Epître en vers, en faveur de la Dame Maillard, Nourrice de Sa Majesté.

D'avoir purgé ſon cœur des folles paſſions,
Et d'en avoir calmé juſqu'aux émotions.
Semblable à l'Ecuyer qui retenant la bride,
Rompt d'un courſier fougueux la volte trop rapide ;
Celui-ci devenu docile ſous ſa main,
S'avance avec meſure ; & ſuivant le chemin,
Le porte avec nobleſſe, à ſon geſte s'incline :
Il ſemble qu'en marchant le courſier le devine.
Il faut de même à l'homme, à chaque individu,
Un lien plus étroit que ne l'eſt la vertu.
L'eſprit eſt noble & grand, mais le cœur eſt ſenſibl
Il faut pour le régler un objet plus viſible,
Plus palpable, plus fixe & plus déterminé :
A l'eſprit comme à l'œil l'horiſon eſt borné.
Ainſi l'on doit à l'homme indiquer un ſyſtême ;
Enflammer ſon génie & l'enchaîner lui-même.
Protée, il a beſoin des nœuds les plus puiſſans.
Parcourez d'un regard tous les lieux, tous les tems,
Vous verrez que les loix, les rits & les uſages,
Par-tout ont varié, ſelon les divers âges,
Monteſquieu nous l'a dit : *je crois voir les climats,*
Porter leur influence aux plus lointains Etats.
Qu'on remonte au berceau de la ſuperbe Rome,
La Légiſlation ſemble y croître avec l'homme :
Depuis ſon Romulus, juſqu'au premier Céſar,
Je contemple l'enfance & les progrès de l'Art.
D'abord foible en naiſſant, mais prenant ſa croiſſance
Par mille événemens, notre Juriſprudence
Se formant avec eux, compoſe un vaſte corps,
Dont la raiſon humaine agite les reſſorts.
Je remplirois en vain d'innombrables volumes
A nommer ſeulement les Loix & les Coutumes
Des peuples différens de tant de régions ;
Eh ! ce ſeroit nombrer Soldats & Légions.
Mais que de leur enſemble on recueille & qu'on prenne
La fleur de l'Equité ; qu'elle ſeule m'apprenne
Que Thémis en nos rangs nous place & nous ſoutient,
Fixe par ſes décrets ce qui nous appartient,
Nous adjuge nos droits pour recouvrer la choſe,
Selon qu'aux Tribunaux l'action en diſpoſe.

Voilà tes trois objets, ſage Juſtinien,
Que Domat éclaircit d'après Papinien :
Que le grand FRÉDÉRIC, l'illuſtre CATHERINE
Ont extrait du cahos, comme l'or de la mine.
Je vois, docte Mably, ton ſublime projet,
Digne d'une belle ame & de ton vaſte objet ;
C'eſt d'exciter enfin les Princes de la terre,
A bannir pour jamais les horreurs de la guerre,
A s'en rapporter tous au commun Tribunal,
Où le droit du Puiſſant n'ait qu'un pouvoir égal :
Sages Amphictyons, qui, tenant la balance,
Maintiendront conſtamment le poids de l'alliance ;
Leurs ſuprêmes Arrêts ſeront exécutés
Avec ce ſaint reſpect que l'on doit aux Traités.
La Loi fédérative eſt la ſeule maxime
Qui conſtate le droit, qui le rend légitime ;
Et l'intérêt privé, reſſort trop général,
A l'harmonie enfin ne devient plus fatal.
Une force invincible, active, fulminante,
Doit armer une main juſte & toute-puiſſante,
Dont l'aſpect menaçant ſaura déconcerter
Le premier Potentat qui voudroit réſiſter ;
Et ſourde à tous les cris de l'odieux ſophiſme ;
Elle terraſſera le cruel Fanatiſme.
Enfant du préjugé, ton funeſte poiſon,
Va céder aux efforts d'une ſaine Raiſon,
Qui, réglant les penchans de l'amour de ſoi-même,
Les transforme en vertus par ſon pouvoir ſuprême.
Hâtez-vous tems heureux, jours ſereins paroiſſez :
Les Aſtres malfaiſans reſteront éclipſés.
Alors, chaſte Thémis, vous formerez un code
Des leçons de Mably, de ſa ſage méthode,
Du droit de la nature, & de l'ame des loix :
Seguier & Lamoignon préſideront au choix.
C'eſt le vœu de Henri, dont la vivante Image
Brûle de conſommer cet important ouvrage.
Franklin l'a commencé dans un Climat nouveau,
Dont le premier Vainqueur fut le premier Bourreau ;
Ce cruel, que le ſort amena ſur des rives,
Que dans un doux repos la Paix tenoit oiſives.

Peuples ! il vous porta le carnage, l'horreur ;
Lorſque ſa main eût pu combler votre bonheur,
En vous donnant ces Arts non moins charmans qu'utiles,
Et du bien ſocial architectes habiles.
Pour abſoudre l'Europe, élevons un Autel,
Où nous immolerons l'intérêt perſonnel.....
Le Ciel entend ma voix, & briſant ſon Tonnerre,
Saura par un Héros pacifier la Terre.
La Science & les Arts, la Sageſſe & la Paix
Enſemble s'uniront pour régner à jamais.
La Raiſon, du vaiſſeau ſera le ſage guide,
Les voiles, les Vertus; le Pilote, Ariſtide.
On n'aura plus à craindre au ſein même des mers,
Des flots & des écueils les funebres revers.
Miniſtres, Magiſtrats, vous, Pontifes & Princes,
Ne penſerez qu'au bien du Peuple & des Provinces.
Rival de Marc-Aurele & du ſage Trajan,
Chaque Chef, du vrai bien deviendra l'artiſan.
Répandre le bienfait au ſein du miſérable :
Donner aux opprimés un appui ſecourable :
Comme d'autres Titus ne perdre pas un jour
Sans un trait de vertu, ſans un acte d'amour,
D'équité, de juſtice & de munificence
Envers le vrai mérite ou la foible innocence :
Diſſiper les erreurs, enſeigner les humains :
A la félicité préparer les chemins ;
Voilà ce qu'ils ont fait & ce qu'ils ont dû faire.
Sur toutes ces vertus, quel cœur pourroit ſe taire ?
Malgré leurs jours bornés, ils reſſembloient aux Dieux ;
Ils pouvoient foudroyer : ils ont fait des heureux.
On a ſi peu de tems à reſpirer, à vivre !
Peut-on l'employer mieux qu'en tâchant de les ſuivre ?
Modernes Souverains, marchez tous ſur leurs pas ;
Vos préceptes, vos loix n'auront que des appas :
Ce ſeront des tréſors de raiſon, de ſageſſe,
De vertu, de bonté, de grandeur, de nobleſſe :
Par-tout je vois régner ou Minerve ou Mentor :
Que ne ſuis-je Zeuxis pour peindre l'Age d'or !
Le monde ne ſera qu'une famille immenſe,
Que conduiront l'amour & la reconnoiſſance.

Vœu digne de mon Roi, que je lis en
Et qui de l'Univers présage le bonheu
L'injustice frémit à sa présence auguste;
Il jura d'être pere, & promit d'être juste.
Sachant que l'Equité, dont il est le soutien,
Du Monarque & du Peuple est le premier lien;
Son cœur compatissant, humain & pacifique
Ne soupire que vous, Félicité publique!
Enchaîner la malice & briser ses soutiens,
L'enfermer elle-même en ses propres liens;
Et ne lui ravissant que le pouvoir de nuire,
Aux droits de la vertu la forcer de souscrire;
C'est le plus beau des arts, le chef-d'œuvre des loix,
Le plus pur des lauriers, & Louis en fait choix.
Il sait qu'on ne recueille, en allumant la guerre,
Que des malheurs sans fruit pour désoler la terre,
Outrager la nature, opprimer les Sujets,
Et ne laisser par-tout que d'horribles objets;
Sans espoir que la Paix, quand le sort la rappelle,
Etouffe les regrets d'un sang versé pour elle.
Des Pays dévastés, des Peuples engloutis,
Ne feroient qu'arracher des larmes à Louis.
Interrogeons les tems; la seule expérience
Prouve que les combats ne sont qu'une démence;
A moins qu'un ennemi, bravant jusques aux Cieux,
N'appelle la vengeance & la foudre des Dieux.
Adorons-les ces Rois, qui, maîtrisant le Monde,
Voudroient le gouverner par une paix profonde;
Ils cherchent dans la paix leur gloire & leur plaisir:
O Ciel! favorisez un si noble desir!
C'est celui des bons Rois, & c'est celui du nôtre:
Pere de ses sujets, il n'en peut avoir d'autre;
Son cœur plein de bonté, de tendresse, d'amour,
Ne veut qu'à leur bonheur consacrer chaque jour.
Vous, Disciples des Loix, Enfans de la Justice,
Entrez avec courage en sa pénible lice;
Frayez-vous une route, ô jeunes Orateurs!
Toujours de l'Equité, soyez les défenseurs.
Soutenant tout le poids de votre ministere,
Vous pouvez en Héros parcourir la carriere.

Aux sublimes talens d'Eschine & Cicéron,
Joignez les mœurs d'Æmile & le cœur de Caton.
C'est là le vrai devoir que l'honneur nous impose;
Et le but attrayant que la loi nous propose:
Si nous la secondons, le vice est abattu,
Nous tiendrons nos lauriers des mains de la vertu.
A ce vœu j'apperçois le Ciel même répondre,
La vérité régner, le vice se confondre;
Le sceptre de Thémis est par-tout rétabli:
Goûtons-en les leçons dans celles de Mably.
Comme il n'est qu'un Soleil pour éclairer le monde,
Il n'est qu'une Raison équitable & profonde.
Dans l'ombre & le silence elle guide nos pas:
Si les jours ont leurs nuits, l'Equité n'en a pas.
S'emparant de notre ame, & l'arrachant sans cesse
Au délire des sens, à leur trompeuse ivresse,
Elle commande à l'homme; & captivant son cœur,
Le force de céder à son charme vainqueur.
Si, loin de la vertu le vice nous entraîne,
La main de l'Equité toujours nous y ramene:
Reine de l'Univers, elle fait tout fleurir;
Ses loix sont sans appel, il faut leur obéir.
Au lieu de les fronder, hâtons-nous de les suivre;
C'est en les observant qu'on est heureux de vivre.
Equité, c'est ainsi qu'épris de ton pouvoir,
Je dépose en ton sein mes vœux & mon espoir.
Qui peut te posséder, touche à la jouissance
Du solide & vrai bien, qui fait sa récompense;
Et sans cesse entraîné par un nouveau desir,
Il met dans la vertu son unique plaisir.
L'amant de l'Equité dédaigne les profanes:
Dans les pures Vertus il puise ses organes;
La Prudence est son œil, son front c'est la Pudeur,
Le Courage est son bras, la Justice est son cœur.
Il laisse les mortels, en courant vers le vice,
De leurs propres malheurs creuser le précipice,
Et rompant le tissu de leurs fragiles jours,
Trouver leur triste fin au plus beau de leur cours.
Voilà, docte Mably, ce que ton Livre enseigne;
Tu veux de l'Equité consolider le regne.

Héroïque desir d'un esprit noble & grand,
Qui voit le monde entier de son regard perçant;
Qui planant comme l'Aigle, & tout près du Tonnerre;
Du feu de l'Equité, vient éclairer la terre.
Mais en vain ce beau feu jettera ses splendeurs,
Si de prudentes mains n'y disposent les cœurs.
Sans Chiron le Centaure, il n'étoit point d'Achille;
C'est aux Maîtres qu'on doit Alexandre & Virgile.
Les ames des Héros naissent en tous climats,
Mais l'art de les former fait le sort des Etats.
Joignons donc nos efforts, formons-les ces Génies,
Hâtons-nous, ou leurs fleurs restent ensevelies:
La Nature départ les talens & les dons,
Qui ne peuvent briller sans d'utiles leçons.
Non, ce n'est point assez d'avoir une ame belle;
Il faut de la culture, on ne peut rien sans elle.
Sur le sol généreux du plus excellent fonds,
Sans soins on voit périr les meilleurs rejettons;
De même nous voyons qu'un esprit né sublime,
Sans l'ardeur au travail devient pusillanime.
D'abord l'oisiveté le tient enseveli;
Il se livre au sommeil, au léthargique oubli:
Bientôt tous ses ressorts s'affaissent, s'amollissent;
Et de honteux penchans à jamais l'avilissent.
Oui, l'homme se dégrade en un lâche repos;
Et c'est par le travail qu'il devient un Héros.
Un sujet secondé par la riche nature,
Prétend-il exceller dans l'Art de la Peinture?
Qu'il dévore des yeux le Titien, Raphaël,
Ou Rubens, ou Lebrun, notre Artiste immortel (1):

(1) Ch. Lebrun, Peintre François, dont le génie poëtiquement pittoresque peut à lui seul balancer les talens de toutes les autres Ecoles. Ce fut M. le Chancelier SEGUIER, qui, frappé de ses rares dispositions; lui facilita les premiers pas dans l'étude de la Peinture; & n'y eût-il que ce seul trait dans la vie de cet illustre Magistrat, il suffiroit pour justifier le beau titre de Protecteur des Lettres & des Arts, que lui décerna l'Académie Françoise, lorsqu'elle le choisit pour son Protecteur.

Que ſans ceſſe enivré de leurs parfaits Ouvrages ;
Il conçoive de l'Art les plus riches images,
Et qu'épris des beautés de leurs traits précieux,
Il peigne de leurs mains, & voye par leurs yeux.
Son ame, avec la leur cherchant à ſe confondre,
Ne pourra rien créer qui ne ſache y répondre.
Ainſi, dans la Vertu, comme pour les beaux Arts,
Choiſiſſez un objet digne de vos regards (1).
Si le modele eſt digne, il faut qu'on le contemple ;
Pour pouvoir à ſon tour devenir un exemple.
Si toujours le grand homme enfante des rivaux,
Cette rivalité rend les talens égaux :
Chacun par ſes élans ſe ſurpaſſant lui-même,
Souvent l'on eſt porté juſqu'au degré ſuprême.
Le Sage, dont la main conduit tant de reſſorts,
Fait au bien général concourir ces efforts.
Savoir former le cœur, perfectionner l'ame,
C'eſt, maître de la foudre, en diriger la flamme.
Voyez ce Czar fameux, dans ſes vaſtes climats,
En nouveau Prométhée animer ſes Etats:
Et guidé par l'eſſor d'un rapide génie,
Semer, ſur les frimats, le bonheur & la vie :
Le germe des beaux Arts fermentant ſous ſes pas ;
Il peuple un Univers qu'on ne connoiſſoit pas.
D'abord à ſes Sujets il ouvre la carriere :
Il les dirige au vrai, leur donne un caractere.
Leurs eſprits embraſés dévorent ſes leçons :
Il anime la pierre, échauffe les glaçons.
A la gloire, dit-il ...... Alors comme l'argile ;
L'imagination à ſa voix eſt docile :
La gloire les enflamme au gré de ſes deſirs :
Il les porte au bonheur : il y joint les plaiſirs.
Tantôt il les applique aux travaux du Commerce ;
Sachant répandre l'or ſur celui qui l'exerce :
Et tantôt à Cérès ouvrant de vaſtes champs,
De Derpt juſqu'à la Chine il nourrit ſes enfans.

---

(1) *Aliquis vir bonus nobis eligendus eſt, ac ſemper antè oculos habendus, ut ſic tanquàm illo ſpectante vivamus, & omnia tanquàm illo vidente faciamus.* (SENEC. Epiſt. XI. ad Lucil.)

Oui, l'on peut eſpérer des talens d'un grand homme,
Plus que n'ont jamais fait les Scipions dans Rome.
Ainſi l'humanité guide les plus grands Rois ;
Tous concourent au bien, d'une commune voix.
Le ſentiment s'accroît avec la connoiſſance ;
LOUIS ne borne plus tous ſes vœux à la France :
Des BOURBONS réunis le PACTE glorieux,
Régénere la Terre, & conſole les Cieux.
De cette loi d'amour on reſſent tout l'empire ;
Les Potentats émus s'empreſſent d'y ſouſcrire :
Le feu qui les éclaire, échauffe auſſi leur cœur,
Et dilate en tous lieux la ſphere du bonheur.
Puiſſe-t-elle toujours & s'accroître & s'étendre,
Chaque Roi devenir le pere le plus tendre ;
Sur la famille entiere épuiſant leurs bienfaits,
Être à jamais unis par le nœud de la Paix.

ENVOI.

Reçois, ſage Mortel, ce qu'une foible Muſe,
D'un cœur tout enflammé me dicte en ta faveur :
Je n'en ſuis plus le maître ; active, elle s'abuſe,
Et t'offre cette Epître, en ſa premiere ardeur.
Elle va recevoir de l'un & l'autre Freres
Un accueil indulgent : ils ſont ſi généreux !
CONDILLAC enrichit l'eſprit de ſes lumieres ;
MABLY, pour le bonheur, a le projet des Dieux.

CALLIÉRES DE L'ESTANG.

Paris, 25 Octobre 1777.

VERS

VERS
A M. DE VOLTAIRE,
En lui envoyant l'Epître sur l'Equité.

NOBLE Arbitre du Pinde, ô ! toi dont le génie
Fut mon premier flambeau : dont l'ame rajeunie
Se rit de la vieillesse & de ses coups pesans ;
Si tu fus le Soleil de mes plus jeunes ans,
Souffre qu'avec leur cours s'accroisse mon hommage ;
Et qu'il ait quelque prix en acquérant plus d'âge.
   J'ose te les offrir, mes vers sur l'Equité,
Sur le Bonheur public & sur la Liberté :
Objets toujours chéris de ta féconde veine :
Jamais pour les chanter tu ne manquas d'haleine ;
Et sans cesse à les peindre animant tes pinceaux,
Tu mis en mouvement tes magiques tableaux.
Ces grandes vérités, en passant par ta bouche,
Portent un sentiment qui m'éclaire & me touche.
   Celui qui sut venger la tendre humanité
Sera le favori de la postérité.
Apollon de nos jours, oui, ta lyre céleste
Nous fait pour ses doux sons oublier tout le reste ;
Et l'avenir instruit, charmé par tes leçons,
Ne voudra plus chanter que tes doctes chansons.
Dans ces jours fortunés où ton nom fait époque,
Ce nom devient Minerve à l'Auteur qui l'invoque.
   Quel plus brillant éclat que celui de tes Vers ?
C'est l'Electricité, l'ame de l'Univers !
Sophocle est moins brûlant que ta flamme tragique.
Ta Muse en nous charmant, sérieuse ou comique,
Enchante tous les cœurs, contente la raison ;
Elle écrit comme Pline, & peint comme Platon ;
De l'aimable Vénus dérobant la ceinture,
Elle ajoute des traits à la belle Nature.
   La trompette à la main, tu nous rends de Henri
L'ame qui sut aimer & notre amour pour lui :

Virgile de la France, en chantant notre hommage,
Tes accens & nos vœux vont vivre d'âge en âge.
Le rapide intérêt bouillonne en tes discours ;
C'est du Rhône ou du Rhin le fier & vaste cours.
Au sens exquis d'Horace, au sel pur de Térence,
Tes vers harmonieux ajoutent la cadence.
Ta prose non moins belle, en prodiguant son or,
Enrichit ton Lecteur d'un immense trésor :
Mon ame, dévorant tes cinquante volumes,
Croit feuilleter le Monde & toutes ses coutumes ;
Et courant avec toi dans de vastes climats,
Sent qu'elle s'agrandit en marchant sur tes pas.
J'aime à te voir juger les Héros de l'Histoire ;
Déterminer leur rang au Temple de Mémoire :
Balançant Charles Douze avec Pierre Premier,
Enlacer sur leur front l'équitable laurier.
Les Siecles sous tes yeux s'empressent de paroître :
Que tu sais bien les peindre & les juger en Maître !
Quand ce noble spectacle a fatigué mes yeux,
Je rentre dans mon cœur, & jouis encor mieux ;
Ton nerveux Mahomet & l'émeut & l'agite,
Son âpreté sublime à flots s'y précipite.
Puis, quand mes sens enfin en sont un peu remis ;
De nouveau je m'élance avec Sémiramis :
Amoureux, je me hâte, en adorant Zaïre,
De partager ses pleurs, son précieux délire.
Voltaire, puisses-tu, Cygne mélodieux,
Prolonger tes accens toujours harmonieux.
Que ta vie, en son cours, sans cesse ranimée,
N'éteigne son flambeau qu'avec ta renommée.
C'est le juste tribut que ma Muse te doit :
Quel charme pour mon cœur, si le tien le reçoit !

CALLIÉRES DE L'ESTANG.

Paris, 15 Novembre 1777.

F I N.

Fautes essentielles à corriger.

Page vij de l'Avant-Propos, 14e. *ligne* ; le Philosophe moralise, *lisez* : le Philosophe moraliste.

Page 10, *lig.* 7 *de la Note*, ou n'en fait pas sans l'être : *Lisez*, on n'en fait pas sans l'être.

Page 15, *ligne* 3, pour des fideles Sujets ? *lisez*, pour de fideles Sujets ?

Page 20, *ligne* 5, en est-il de plus cretaine : *lisez*, en est-il de plus certaine.

Page 21, *ligne* 18 *de la Note*, y dit : *lisez*, dit.

Page 29, *ligne* 1 *de la Note*, suinom : *lisez*, surnom.

Page 39, *ligne* 10, en pût appeller : *lisez*, n'en pût appeller.

Page 42, *ligne* 11, plants : *lisez*, plans.

Page 51, *ligne* 13 *de la Note*, l'autre à un autre : *lisez* : l'autre à une autre.

Page 69, *ligne* 5, la célébrité d'un chacun : *lisez*, la célébrité de chacun.

Page 74, *avant derniere ligne*, tout ce qui émane de sa justice : *lisez*, tout ce qui émane de leur justice.

Page 78, *ligne* 4 *de la Note*, M. le Comte d'Angeviller, *lisez*, M. le Comte d'Angerviller.

Page 80, *premier vers de la Note*, effort à son génie : *lisez*, l'essor à son genie.

Ibid. troisieme vers, la tolle s'anima : *lisez*, la toile s'anima.

Page 86, *ligne* 4 *de la Note*, on employoit : *lisez*, on n'employoit.

Page 96, *ligne* 5, qu'ils l'auroient reçu : *lisez*, qu'ils l'auront reçu.

Page 109, *ligne* 2 *de la Note*, *asperitas quœ fugit* : lisez, *asperitasque fugit*.

Page 123, *ligne 4 de la Note*, où il y apprit : *lisez*, où il apprit.

Page 136, *ligne 7*, & qui frappées : *lisez*, lesquelles frappées.

Page 158, *ligne 4*, fera en sorte les concilier : *lisez*, fera en sorte de concilier.

Page 162, *ligne 9*, ainsi que partout : *lisez*, ainsi que tout.

Page 168, *septieme vers de la Note*,

Ami de l'humanité il satisfait les Loix,

lisez.

Humain & toujours juste, il satisfait aux Loix.

Page 169, *ligne* 8 *de la Note*, se polissent l'un l'autre : *lisez*, se polissent les uns les autres.

Page 174, *ligne 7*, à cet aveugle Déité : *lisez*, à cette aveugle Déité.

Page 240, *avant derniere ligne*, aussi bien prononcé que dirigé : *lisez*, aussi bien prononcé que rédigé.

Page 246, *l'avant-derniere ligne*, On contient facilement, *ajoutez*, par leurs secours,

Page 293, *ligne* 8, ont-ils cueillis des palmes : *lisez*, ont-ils cueilli de palmes.

Page 361, *lisez ainsi le second vers* :

Qui ne pouvoit sortir que de la main d'un Sage.

Page 365, *au dernier vers*, *lisez* :

Que votre vrai portrait éclate en cette Epître.

Page 366, au lieu de ces deux vers ;

O vous Pere du jour, qui brillez dans les Cieux,
Vous enchantez le Monde en éclairant nos yeux.

Substituez-y :

Telle que le Soleil, en brillant dans les Cieux,
Eleve nos esprits, en éclairant nos yeux.

Page 367, second vers, lisez ainsi:

N'est rien qu'une débile, une foible lumiere.

A la même page, dixieme vers, La chere égalité, *lisez :*

L'aimable Egalité, l'ame de la Nature,
Mouvement précieux & le vrai cri du cœur,

Idem, dix-huitieme vers, lisez ainsi :

Ne fait tant de détours, que pour suivre sa pente.

Page 368, septieme vers, le fléchir & s'étendre, *lisez :* l'amollir & s'étendre.

Page 369, 3e. & 4e. vers, lisez ainsi :

Ne dois-je point avoir pour tout le genre humain,
Ma Patrie & mon Roi, ce sage Souverain.

Et les 7e. & 8e. vers de la même page, lisez :

Je réserve mon culte à cet Etre immortel,
Et le fond de mon cœur est l'offrande & l'autel.

Page 374, 20e. vers,

Mais le vice a gâté le cœur de Pénélope,

Substituez-y :

Mais pour la rendre sage, il faudroit un Esope.

Page 379, 23 & 24e. vers, lisez ainsi :

Voilà tes trois objets, sage Justinien !
Que Domat éclaircit d'après Papinien.

Page 380, premier vers, lisez-le ainsi :

Ont su développer, tirant l'or de la mine.

Page 383, pénultieme vers, préparez les chemins ; *lisez* :
Et de là vérité préparer les chemins.

Page 386, 13e. *vers*, *lisez-le ainsi* :
C'eſt celui des bons Rois, tel eſt celui du nôtre.

Page 390, *à la Note*, au lieu d'Erneſte de Veniſe, *lisez & ajoutez* : Erneſti né à *Leipſick*, vénérable & laborieux ſeptuagénaire, univerſellement connu des Savans, par nombre d'Ouvrages d'un mérite rare, & par ſa magnifique Edition des meilleurs Auteurs Grecs & Latins.

Page 391, 8e. *vers*, *lisez* :
C'eſt ſavoir de l'Egide uſer comme Pallas.

Et au 18e. *lisez ainsi* :
Sachant répandre l'or ſur celui qui l'exerce.

Page 392, 2e. *vers*, *lisez-le* :
On doit tout eſpérer des talens d'un grand homme.

Page 416. 14e. *ligne*, découvrira la vérité qui lui eſt ſi importante de connoître, *lisez* : découvrira la vérité qu'il lui eſt ſi important de connoître.

TABLE.

Fin de la Table.